FEMINISMO NA PERIFERIA

Mikki Kendall

COMENTÁRIOS
DAS MULHERES
O
QUE
MOVIMENTO
FEMINISTA
ESQUECEM

FEMINISMO NA PERIFERIA

Mikki Kendall

*Comentários das mulheres que
o movimento feminista esqueceu*

Traduzido do inglês por Camila Javanauskas

Copyright © 2021 by Mikki Kendall

First Published by Viking, an imprint of Penguin Random House LLC
Translation rights arranged by Jill Grinberg Literary Management LLC and Sandra Bruna Agência Literária, SL. All rights reserved

Conselho Editorial:
Felipe Damorim, Leonardo Garzaro, Lígia Garzaro, Vinicius Oliveira e Ana Helena Oliveira.

Edição: Felipe Damorim e Leonardo Garzaro
Arte: Vinícius Oliveira e Silvia Andrade
Tradução: Camila Javanauskas
Revisão: Odisseia Consultoria e Lígia Garzaro
Preparação: Leonardo Garzaro e Ana Helena Oliveira

Dados Internacionais de Catalogação na Publicação (CIP)
(Câmara Brasileira do Livro, SP, Brasil)

K33

Kendall, Mikki

　　Feminismo na periferia: comentários das mulheres que o movimento feminista esqueceu / Mikki Kendall; Tradução de Camila Javanauskas. - Santo André - SP: Rua do Sabão, 2022.

　　Título original: Hood feminism: Notes from the women that a movement forgot

　　304 p.; 14 x 21 cm

　　ISBN 978-65-86460-49-0

　　1. Feminismo. 2. Sociologia. I. Kendall, Mikki. II. Javanauskas, Camila (Tradução). III. Título.

CDD 305.42

Índice para catálogo sistemático
I. Feminismo

Catalogação na publicação
Elaborada por Bibliotecária Janaina Ramos – CRB-8/9166

[2022]
Todos os direitos desta edição reservados à:
Editora Rua do Sabão
Rua da Fonte, 275 sala 62B
09040-270 - Santo André, SP.

www.editoraruadosabao.com.br
facebook.com/editoraruadosabao
instagram.com/editoraruadosabao
twitter.com/edit_ruadosabao
youtube.com/editoraruadosabao
pinterest.com/editorarua

Para a comunidade que me proporcionou tudo. Drexside, o lado sul... para sempre.

ÍNDICE

- 9 Introdução
- 21 Solidariedade é para mulheres brancas
- 37 Violência armada
- 54 Fome
- 71 Hipersexualização infantil e liberdade
- 94 Está chovendo patriarcado
- 114 Como escrever sobre mulheres negras
- 129 Bonita para uma...
- 145 Meninas negras não sofrem de transtornos alimentares
- 160 A fetichização da ferocidade
- 172 A periferia odeia gente inteligente
- 182 Desaparecidas e assassinadas
- 195 Medo e feminismo
- 211 Raça, pobreza e política
- 227 Educação
- 244 Habitação
- 257 Justiça reprodutiva, eugenia e mortalidade materna
- 278 A parentalidade enquanto marginalizado
- 292 Aliados, raiva e cúmplices
- 303 Agradecimentos

INTRODUÇÃO

Minha avó não se consideraria uma mulher feminista. Ela nasceu em 1924 — depois que mulheres brancas conseguiram o direito ao voto — e foi criada no ápice dos Estados Unidos de Jim Crow.[1] Ela não enxergava mulheres brancas como suas aliadas ou irmãs. Minha avó se manteve firme em sua crença em relação a alguns papéis de gênero e não tinha paciência para debates que surgiram, depois da Segunda Guerra Mundial, sobre mulheres trabalhando. Ela sempre trabalhou, assim como sua mãe e sua avó; e quando o meu avô quis que ela parasse de trabalhar e o deixasse como o ganha-pão principal, bem, aquilo pareceu a coisa mais lógica do mundo para ela; porque minha avó estava cansada, e trabalhar em casa para cuidar dos filhos não era nada diferente de trabalhar fora de casa. Na cabeça dela, todas as mulheres tinham que trabalhar. Era apenas uma questão de quanto e de onde você estava trabalhando. Além do mais, como muitas mulheres daquela época, ela tinha a sua própria criatividade e, quando necessário, utilizava formas um pouco ilegais de trazer dinheiro para casa.

Ela obrigou suas quatro filhas a estudarem e elas lhe deram seis netos e netas. Para qualquer primo, vizi-

---
[1] Conjuntos de leis estaduais e locais que vigoraram de 1876 a 1965 e impunham a segregação racial no sul dos Estados Unidos.

nho e amigo, a regra era a mesma. A sua resposta para quase tudo era: vá para a escola. Nunca passou pela cabeça de nenhuma de nós que largar a escola era uma opção, não só porque temíamos a sua ira, mas porque sua sabedoria sempre foi respeitada. O ensino médio era obrigatório e a faculdade era fortemente encorajada, o nosso gênero não importava nem um pouco para ela. Assim como o trabalho, ela considerava a educação algo a que todo mundo deveria ter acesso, e pouco lhe importava o que você conquistasse ou aonde você chegasse, contanto que conseguisse tomar conta de si mesmo.

Minha avó continua — apesar dos de seus esforços fúteis de querer que eu seja mais feminina — uma das mulheres mais feministas que eu já tive o prazer de conhecer, e mesmo assim, ela nunca carregou esse título consigo. Muitas das retóricas feministas da sua época eram laçadas com premissas racistas e classicistas em relação a mulheres como ela. Então, ela focou no que podia controlar e era abertamente desdenhosa de vários tópicos feministas. Ela vivia o seu próprio feminismo, e suas prioridades estavam alinhadas com as visões feministas sobre saúde individual e comunitária.

Ela me ensinou que ser capaz de sobreviver, tomar conta de mim mesma e daqueles à minha volta era muito mais importante do que me preocupar com respeitabilidade. O feminismo, definido pelas prioridades das mulheres brancas, era articulado com base na disponibilidade de mão de obra barata em suas casas, fornecido por pessoas não-brancas. Trabalhar na cozinha de uma mulher branca nunca foi fonte de ajuda para outras mulheres. Esses trabalhos sempre estiveram disponíveis, sempre pagaram mal e sempre foram perigosos. Liberdade não seria encontrada através dos mesmos trabalhos e da suposta possibilidade de acesso a oportunidades que provavelmente nunca viriam. Um bom negócio para as mulheres brancas não poderia, e não seria, o caminho para a liberdade das mulheres negras.

Ela me ensinou a ser crítica com toda e qualquer ideologia, e principalmente se aqueles que as trouxessem não se importassem em escutar o que eu queria e o que eu precisava. Ela me ensinou a duvidar. O que os progressistas que ignoram a história não entendem é que, da mesma forma que o racismo é ensinado, a desconfiança também é. A importância de ficar fora de confusão era algo aprendido desde cedo e, sobretudo, em casas como a minha — na qual pais e avós viveram Jim Crow, COIN-TELPRO,[2] Reaganomics[3] e A Guerra Contra as Drogas. Nós não precisávamos de pessoas de fora nos dando palestras sobre o que tinha de errado com nossas comunidades e com nossa cultura, não quando policiais nos abordavam e não se preocupavam em nos proteger enquanto atos de violência ocorriam na vizinhança. Nós precisávamos do privilégio econômico e racial que nos faltava para que eles nos servissem e nos protegessem. Aprender a ser cética ante aqueles que dizem se importar, mas não fazem nada para ajudar os marginalizados, é uma habilidade de vida que pode te servir bem quando a sua identidade te torna um alvo. Não há escudos mágicos na classe média que podem te proteger das consequências de estar em um corpo que é criminalizado apenas por existir.

---

2 Programa de Contrainteligência, em português. Foi um programa secreto criado por J. Edgar Hoover, constituído por uma série de operações ilegais e clandestinas conduzidas pelo FBI. Foi implantado e executado entre os anos de 1956 e 1971, com o intuito de desestabilizar grupos de protestos, grupos de esquerda, ativistas e dissidentes políticos dentro dos Estados Unidos.

3 Nome criado da fusão de Reagan e economics (economia, em inglês), que refere-se à política econômica adotada por Ronald Reagan durante a década de 80, cujos quatro pilares eram: redução do gasto público; redução do imposto sobre a renda e sobre os ganhos de capital; redução da regulação da economia; e controle da oferta de moeda para reduzir a inflação.

Provavelmente, há algum valor em ser vista como uma "boa garota". Em ser alguém que valoriza se encaixar e abraçar o *status quo*. Recompensas, por menores que sejam, para aqueles que querem ser vistos como cidadãos de classe média, respeitados e sem nenhuma borda áspera inconveniente. Eu nunca consegui me encaixar nesse padrão; então, não vou fingir que sei dizer em detalhes qual é o valor dele, nem irei julgar aqueles que nele se encaixam. Eu apenas aceitei que nunca irei e nem terei vontade de cortar qualquer parte de mim para me encaixar. Eu gosto de não viver as expectativas daqueles que não gostam de mim. Eu gosto de saber que as minhas escolhas não são aceitas por todos. O meu feminismo não foca naqueles que estão confortáveis com o *status quo*, porque, no fim das contas, o *status quo* nunca leva à equidade para garotas como eu.

Quando eu era criança, pensei que deveria ter algum jeito de poder ser boa, ser feminina para garantir minha segurança em relação ao sexismo, ao racismo e a outros tipos de violência. Afinal, minha avó estava tão determinada a me fazer entender isso que só poderia ser algo importante. O que acabei descobrindo foi que ser boa não me oferecia nenhum tipo de proteção — pelo contrário, as pessoas viam isso como sinal de fraqueza, e, se eu quisesse alcançar algo além da simples sobrevivência, eu teria de aprender a revidar. Meninas boas eram delicadas, quietas e nunca sujavam suas roupas, enquanto as meninas malvadas gritavam, brigavam e, mesmo que nem sempre conseguissem impedir a violência, faziam com que os outros se arrependessem de as ter machucado. Tentar ser boa era entediante, frustrante e, às vezes, machucava o meu próprio bem-estar.

O processo para aprender a me defender e para estar disposta a correr os riscos por ser uma menina malvada não foi uma linha reta, mas uma curva íngreme. No entanto, assim como muitas outras coisas, eu aprendi como me manter em pé, mesmo quando outras pessoas tinham certeza de que eu deveria me contentar em estar sentada. Ser boa em ser má tem sido um caminho assustador, divertido, recompensador e, provavelmente, o único caminho que eu estava destinada a seguir. Por ter sido uma criança difícil, aprendi que poderia ser uma adulta que seguiria seu próprio caminho e que faria o que precisasse ser feito, porque eu não focava em agradar os outros às minhas próprias custas. Minha avó era sábia para o seu tempo, mas não necessariamente a melhor juíza para o que eu precisava fazer. Ela abraçou a ideia de feminilidade da classe média porque, para ela, era um caminho que trazia certa segurança. Para mim, apenas me deixou despreparada e tive que aprender, na marra, como navegar o mundo fora da minha comunidade e da bolha que ela havia tentado criar para mim. Não tenho vergonha de onde vim, a periferia me ensinou que feminismo não é apenas uma teoria acadêmica. Não é apenas falar as palavras certas na hora certa. O mais importante do feminismo é o trabalho que você faz e as pessoas para quem você o faz.

Críticas ao feminismo dominante tendem a atrair mais atenção quando elas vêm de fora, mas, na realidade, são os conflitos internos que fazem o movimento crescer e se tornar mais efetivo. Um dos principais problemas da forma com que o feminismo dominante é escrito está relacionado com a ideia do que constitui uma feminista. Nós raramente falamos sobre necessidades básicas como uma questão feminista. Fome, acesso à educação de qualidade, vizinhanças seguras, salário mínimo e assistência médica são questões feministas. Ao invés de uma estrutura focada em ajudar mulheres a ter todas as suas necessidades básicas atendidas, o foco está, geralmente, no aumento de privilégios, e não em questões de sobrevivência. Estamos falando de um movimento que foi criado para representar todas as mulheres; porém, ele está frequentemente focado em mulheres que já têm a maioria das suas necessidades alcançadas.

O meu feminismo, assim como o da maioria, senão de todas as mulheres marginalizadas que têm o papel de feministas em suas comunidades, — mesmo quando não usam essa terminologia — é baseado na conscientização de como a raça, o gênero e a classe são coisas que podem afetar a minha oportunidade de receber educação, assistência médica; de manter um emprego; e de influenciar o tratamento que recebo de figuras de autoridade. Talvez seja devido à memória de uma professora branca, em um acampamento de verão, que se recusou a acreditar que eu conhecia a palavra "autoconsciente", ou às microagressões que sofro em meu dia a dia, mas sei que ser uma garota negra do lado sul de Chicago faz com que pessoas assumam certas coisas sobre mim. O mesmo acontece com qualquer um que exista fora da "norma" da classe média branca, heterossexual, magra, sem deficiência etc. Nós todos temos que lidar com o mundo da maneira como é, não como desejamos que ele fosse, e isso faz com que o feminismo idealizado, que foca nos problemas daqueles que já tem muito, seja a província dos privilegiados.

Essa experiência não significa que eu pense que eu, ou qualquer outra pessoa, seja tão forte que sentimentos não se aplicam. Eu sou uma pessoa forte; eu sou uma pessoa com falhas. O que eu não sou é um super-humano. Nem uma *Strong Black Woman*.[4] Ninguém consegue viver no padrão que foi criado por estereótipos racistas como esses, que colocam mulheres negras como mulheres tão fortes que não precisam de ajuda, proteção, cuidado ou interesse. Tais estereótipos deixam pouco espaço para mulheres negras reais, com problemas reais. Na verdade, até mesmo os tropos mais "positivos" sobre mulheres não-brancas são prejudiciais, precisamente porque eles nos desumanizam e apagam o dano que pode ser causado em nós por aqueles que têm boa intenção, mas cujas ações mostram que não nos respeitam nem respeitam o nosso direito de autodeterminar o que acontece em nosso nome.

Eu sou uma feminista, na maioria das vezes. Eu sou babaca, na maioria das vezes. Eu digo isso porque é verdade e, frequentemente, o fato de eu não ser uma pessoa agradável é trazido à tona. E isso é verdade: eu realmente não sou uma pessoa agradável. Às vezes, sou gentil. Mas, agradável? Não. A não ser que eu esteja com pessoas que amo, com idosos ou com crianças. Qual é a diferença? Estou sempre disposta a ajudar alguém que precisa, conhecendo a pessoa ou não. Mas ser agradável é mais do que simplesmente ajudar, é parar para ouvir, para conectar e ser gentil com as palavras. Eu reservo isso para pessoas que são agradáveis comigo ou para aqueles que eu sei que precisam disso devido às suas circunstâncias.

Existem pessoas nos círculos feministas que são agradáveis, diplomáticas, com trejeitos calmos e com personalidade calorosa, que fazem com que elas consigam lidar com os problemas dos outros sem reclamar. Elas

---

4 Mulher Negra Forte, em português. É um arquétipo criado sobre como a mulher negra ideal deve agir, caracterizado por três componentes: restrição emocional, independência e cuidado.

têm as suas maneiras e, em grande parte, eu acho que conseguem lidar bem com as coisas. Mas a minha maneira é diferente. Eu sou aquela feminista que as pessoas chamam quando ser doce não é o suficiente, quando falar com gentileza e repetidamente não funciona. Eu sou a feminista que entra em uma reunião e fala: *vocês estão fazendo merda por isso e aquilo*. As feministas boazinhas fingem choque com as minhas palavras duras. Elas acalmam mágoas, dizem às pessoas que elas entendem exatamente porque minhas palavras as magoaram e, então, com um pensamento de "ela nos magoou, mas ela tem razão", surge a inevitável pergunta de "como nós podemos resolver isso para que não prejudiquemos um colega de trabalho, uma comunidade e a empresa novamente?" e, assim, as feministas boazinhas voltam a falar a mesma coisa que elas estavam tentando e falhando antes.

A única diferença é que, agora, as pessoas conseguem ouvi-las, porque a minha exaltação fez com que elas tirassem a cabeça da areia. Quando o drama e o ultraje da minha loucura passam, o que fica é a realização de que elas prejudicaram alguém, de que elas não estavam sendo tão boas, prestativas e generosas quanto imaginavam. E esse é o objetivo desse livro. Não vai ser uma leitura confortável, mas vai ser uma oportunidade para aqueles que estão dispostos a fazer o certo, a aprender. Essa não é para ser uma leitura fácil, nem uma declaração de que os principais problemas enfrentados pelas comunidades marginalizadas não podem ser corrigidos. Porém, ignorar problemas como racismo, *misogynoir*[5] e homofobia não fará com que eles vão embora. Eu não tenho todas as respostas e não fingirei que as tenho. O que tenho é um

---

[5] Termo sem tradução em português, vem da junção de misoginia (ódio ou aversão as mulheres) com *noir* (preto, em francês), usado para retratar a violência contra mulheres negras.

desejo profundo de mover a conversa sobre solidariedade e movimento feminista em uma direção que reconheça a importância do feminismo interseccional como peça fundamental para trazer uma melhora no relacionamento entre comunidades de mulheres, e então proporcionar uma real solidariedade entre nós. Apagar um lado da história não é igualdade, muito menos em um movimento que se fortalece a partir da afirmação de que o feminismo representa mais da metade da população mundial.

Eu aprendi sobre feminismo fora da universidade. Era quase possível enxergar as torres de mármore da varanda de casa, mas até alcançá-las — como era o meu objetivo — a interação entre os alunos e funcionários da Universidade de Chicago e os moradores do meu bairro, o Hyde Park, era mínima. Para todos os fins práticos, entre a universidade alertar os alunos para não se envolverem com a vizinhança e a falta de informação sobre como alguém poderia começar a acessar as oportunidades oferecidas (para pessoas diferentes de nós), o feminismo da Universidade de Chicago para mulheres negras de baixa renda poderia muito bem ter saído de uma cena do filme Histórias Cruzadas.[6] Conseguir um emprego como empregada doméstica, babá, na zeladoria ou em refeitórios era relativamente fácil, mas conseguir acesso ao resto? A ideia de que nós poderíamos querer algo além de servir às necessidades daqueles que nasceram com mais não parecia passar pela cabeça da maioria deles. Para os poucos que estavam comprometidos com o conceito de equidade, o acesso vinha com o preço da respeitabilidade. Pense nos Bilhetes dourados do Willie Wonka e na proba-

---

6 Conta a história de Skeeter, uma garota da alta sociedade dos anos 60, que retorna ao Mississippi determinada a se tornar escritora. Ela começa a entrevistar as mulheres negras da cidade, que deixaram suas vidas para trabalhar na criação dos filhos da elite branca, a qual a própria Skeeter faz parte.

bilidade de encontrá-los; então, considere que as maiores chances estavam dentro da Fábrica de Chocolate.

Hyde Park passou por muitas mudanças — boas em termos de serviços para a população que crescia, e ruins financeiramente — já que, com a gentrificação, os preços dos aluguéis foram aumentando e as pessoas que mais precisavam dos serviços foram chutadas para fora. Quando mais recursos chegam, os moradores de longa data são forçados a sair. Hoje em dia, a universidade é um pouco mais acolhedora com os locais, mas ainda mantém seu interesse primário naqueles que são — ou querem ser — classe média ou alta. Eu não sei como o novo Hyde Park vai interagir com os locais que continuam sendo a classe pobre trabalhadora; mas, até então, todos os sinais apontam para um policiamento mais reforçado e uma completa falta de interesse em manter a área como mista, tanto em cor quanto em renda.

Hoje em dia, sou formada e sou bem-vinda na Universidade de Chicago. Inclusive, já dei várias palestras lá, mas duvido que a garota que eu era conseguiria ver as torres de mármore de perto, porque a gentrificação teria me empurrado para longe dessa área linda. Foi só quando fui para a faculdade, na Universidade de Illinois, que realmente me envolvi com textos feministas como material que deveria oferecer orientação, e não simplesmente ser mais um livro em uma biblioteca que refletia um mundo ao qual eu não tinha acesso. Houve algumas exceções, mas muitos dos textos feministas claramente haviam sido escritos sobre meninas como eu, ao invés de serem escritos por meninas como eu. Quando eu finalmente alcancei o lugar para me envolver com feminismo *versus* mulherismo — no qual o segundo era composto por juras falsas, palavras ao invés de ações que realmente não atuavam para a igualdade; e o primeiro, apesar de ser mais próximo, ainda não era inclusivo o suficiente, por exemplo, para as pessoas que exerciam trabalhos sexuais como forma de pagar as contas ou como um estilo de vida — nenhum dos dois parecia me incluir ou representar os meus objetivos completamente. Meninas como eu eram o tópico de conversas, mas não participantes, porque nós éramos vistas como um problema a ser resolvido, não como pessoas com seus próprios direitos.

Este livro é sobre a saúde da comunidade como um todo, com um foco específico em apoiar os seus membros mais vulneráveis. Irei focar, em grande parte, nas experiências dos marginalizados e irei abordar os problemas enfrentados pela maioria das mulheres, ao invés dos problemas que só refletem a minoria — como, até então, tem sido comum no movimento feminista —, porque enfrentar esses problemas é parte essencial para que tenhamos igualdade entre todas as mulheres.

Este livro irá explicar que mulheres pobres que sofrem para colocar comida dentro de casa, pessoas de regiões pobres que têm de lutar para manter escolas abertas e a população rural que luta para ter o básico em questão de escolha sobre o próprio corpo também são questões feministas e que deveriam receber atenção dentro do movimento. Eu irei me aprofundar no porquê, mesmo quando esses problemas já são incluídos nas discussões, mas raramente são o foco daqueles mais impactados. Por exemplo, quando falamos de cultura de estupro, o foco, geralmente, é no possível estupro de meninas das áreas centrais e não nos altos números de abuso sexual contra mulheres do Alaska e nativas americanas. Ou, ainda, a maneira como discussões sobre abuso de trabalhadoras sexuais, tanto mulheres cisgênero quanto transgênero[7] são completamente apagadas porque elas não são o tipo "certo" de vítimas.

---

[7] Termo "guarda-chuva" para resentar toda a diversidade dentro da comunidade trans, referindo-se a travestis, homens trans, mulheres trans, pessoas transmasculinas e não-binários.

SOLIDARIEDADE É PARA MULHERES BRANCAS

À medida que os debates acerca de sobrenomes, pelos corporais e a melhor forma para ser uma CEO têm ganhado palco nas discussões feministas modernas, não é difícil ver o porquê de algumas pessoas questionarem a legitimidade de um movimento que só engloba os interesses de uma população restrita como as mulheres brancas de classe média e alta. Enquanto isso, os problemas que as pessoas marginalizadas sofrem, como escassez de comida, educação e saúde — além do básico para a nossa reprodução — só aumentam em intensidade e raramente são tópicos classificados dentro dos debates feministas. Já passou da hora de ter uma conversa inclusiva, matizada e interseccional que reflita as preocupações de todas as mulheres, não só das privilegiadas.

Em 2013, quando eu comecei a campanha #Solidarityisforwhitewomen,[8] — na qual eu pedia por solidariedade não só referente às preocupações e confortos de mulheres brancas de classe média, mas para que outras mulheres também fossem englobadas — muitas feministas brancas afirmaram que eu estava segregando e cau-

---
[8] "Solidariedade é para mulheres brancas", em português.

sando brigas internas ao invés de reconhecerem que era um problema real — e que não seria resolvido sozinho. Elas argumentavam que a maneira de resolver os problemas não era através de exposição e, seguindo o provérbio, "roupa suja se lava em casa". Mesmo assim, desde o início, feministas liberais têm insistido que algumas mulheres têm que esperar mais tempo por igualdade e que uma vez que um grupo (mulheres brancas) alcançar igualdade, abrirá espaço para todas as outras mulheres. Mas, na prática, quando precisamos, o feminismo dominante branco frequentemente esquece de nos servir. Enquanto o feminismo branco pode *Lean In*[9] e priorizar questões relacionadas a posições de liderança em empresas, não há comoção quando mulheres negras não são contratadas por causa de seus nomes nem quando são demitidas por seus cabelos. O feminismo dominante é mudo quando escolas discriminam meninas não-brancas. O feminismo branco tende a esquecer que, ainda que ele se centre em mulheres brancas, mesmo quando há mulheres não-brancas em risco, ou ainda que apague completamente os problemas que não afetam mulheres brancas, ele continua fazendo parte de um movimento que afirma representar todas as mulheres, e que ele precisa se envolver com os obstáculos que as mulheres não-brancas enfrentam.

    Mulheres transexuais são, geralmente, ridicularizadas ou apagadas, enquanto figuras feministas brancas proeminentes repetem as palavras de intolerantes conservadores, caracterizando feminilidade como algo

---

[9] Referência ao livro inédito no Brasil, de nome Lean In: Women, Work, and the Will to Lead (Incline-se: Mulheres, Trabalho e Vontade de Liderar), que fala sobre mulheres alcançando suas ambições e sobre lideranças femininas. Inspirou o movimento de mesmo nome dedicado a oferecer inspiração e apoio às mulheres para que elas alcancem seus objetivos.

biológico e determinado no momento do nascimento, ao invés de algo fluído e, muitas vezes, resultado de uma construção social.

Mulheres transexuais não-brancas, que estão entre os alvos mais prováveis de violência, veem estatísticas que refletem sua realidade associada com outras mulheres para reforçar a ideia de que todas nós enfrentamos o mesmo tipo de perigo. E, mesmo assim, elas recebem apoio mínimo de feministas liberais brancas para os problemas que diretamente impactam as suas vidas, desde questões básicas como, por exemplo, acesso aos banheiros públicos, até os mais sérios, como proteção de cargo de trabalho. Há uma escassez de vozes de mulheres brancas pedindo pelo fim de leis e políticas excludentes de pessoas trans. A abordagem "tamanho único" no feminismo é prejudicial, porque aliena exatamente as pessoas que deveria proteger, e não oferece nenhum tipo de apoio a elas. Para pessoas não-brancas, a expectativa de priorizarmos gênero em relação à raça, de tratarmos o patriarcado como algo que dá a todos os homens o mesmo poder, é algo que deixa muitas de nós se sentindo isoladas.

Quando os obstáculos que você enfrenta variam entre raça e classe, as suas prioridades também variam. Afinal, não se trata de trabalhar duro o bastante quando falamos das mulheres que estão lutando para ter moradia, alimentação e vestimentas. Elas estão "inclinadas", mas não em busca de igualdade salarial ou de "ter tudo"; a luta delas por igualdade salarial começa com igualdade no acesso à educação e à oportunidade. Elas precisam do feminismo para que as pessoas reconheçam que tudo que afeta uma mulher é uma questão feminista, seja acesso a transporte, alimentação, educação ou salário mínimo. Isso quer dizer que toda feminista tem que estar em todos os eventos, saber todos os detalhes de cada luta? Não.

No entanto, significa que a linguagem utilizada para qualquer problema que as feministas decidam enfocar deve refletir um entendimento de como o impacto varia entre mulheres de níveis socioeconômicos diferentes. Ao falar de empregos e oportunidades, por exemplo, temos que reconhecer que, para muitas pessoas, a necessidade de um trabalho é questão de sobrevivência. Nós não podemos deixar que políticas de respeitabilidade — que nada são além de uma tentativa dos grupos marginalizados de se policiarem para que se mantenham nos padrões e normas da cultura dominante — criem uma ideia de que somente algumas mulheres são dignas de respeito ou proteção. Narrativas de respeitabilidade nos desencorajam a endereçar as necessidades que mulheres encarceradas, profissionais do sexo ou qualquer outra mulher que teve que tomar decisões difíceis na vida têm. Nenhuma mulher precisa ser respeitável, de acordo com o padrão, para que ela tenha valor. Nós não podemos exigir que pessoas trabalhem para sobreviver e então exigir que elas só sejam respeitadas se o trabalho delas não desafiar as ideias ultrapassadas sobre o direito da mulher de controlar o próprio corpo. Muito frequentemente, o feminismo dominante abraça a ideia de que mulheres devem seguir o caminho profissional que homens brancos cis seguem para que realizem um trabalho que importa. Mas todas, desde aquelas que precisam trabalhar de casa por causa dos filhos até as profissionais do sexo, merecem respeito. O seu emprego importa, sendo ele dentro de casa ou em um escritório.

Essa tendência de assumir que todas as mulheres estão passando pela mesma luta nos trouxe para uma posição em que as imagens de saúde reprodutiva focam apenas nas mulheres cis fisicamente saudáveis, excluindo as mulheres trans, intersexo ou que não se encaixam, de alguma outra forma, na ideia restritiva de que genitália define gênero. Você pode não ter útero e, mesmo assim, ser uma mulher. Estatísticas de igualdade de emprego projetam a ideia de que todas as mulheres ganham 75 centavos para cada 1 dólar que um homem ganha quando, na realidade, a mulher branca ganha 75 centavos, enquanto a não-branca ganha menos ainda. As reclamações em relação às ações afirmativas (incluindo aquelas feitas por mulheres brancas) batem na ideia de que pessoas não-brancas recebem mais benefícios, quando, na realidade, são as mulheres brancas que se beneficiam mais com ações afirmativas. A triste realidade é que, enquanto mulheres brancas são um grupo oprimido, elas ainda têm mais poder do que qualquer outro grupo de mulheres — incluindo o poder de oprimir tanto mulheres quanto homens não-brancos.

O mito da Mulher Negra Forte faz com que mulheres brancas digam a si mesmas que está tudo bem esperarmos pela nossa vez de termos igualdade, porque elas precisam mais. A ideia de que mulheres negras são supostamente mais fortes do que mulheres brancas foi construída em cima da noção de que fomos feitas para enfrentar abuso e ignorância, e que nossa necessidade de cuidado e preocupação é menos urgente.

No geral, mulheres brancas foram ensinadas a enxergar o branco como o padrão e raça como algo a se ignorar. A falha delas em enxergar a forma como raça e outros tipos de marginalizações podem impactar alguém é geralmente originada pela mídia popular. Considere o passo em falso da série da HBO criada por Lena

Dunham,[10] *Girls*, que apresentava um elenco totalmente branco, de mulheres e homens de vinte e poucos anos vivendo no Brooklyn, em Nova Iorque, e sendo anunciado como um show para *todas* as mulheres jovens, apesar da sua completa exclusão de pessoas não-brancas. Ou, mais recentemente, com a vergonhosa conversa entre Dunham e Amy Schumer[11] sobre Odell Beckham Jr,[12] na qual elas discutiam se ele estava errado ou não por não ter expressado nenhum interesse, sexual ou de outro tipo, enquanto ele e Dunham dividiam uma mesa no Met Gala.[13]

Por algum motivo, o fato dele estar prestando atenção no próprio celular significou que estava esnobando a beleza de Dunham e não que sua cabeça provavelmente estava em outro lugar. Apesar do fato de nunca ter feito um comentário negativo sobre ela, ele foi arrastado pela narrativa delas, parcialmente devido à presunção de que ele devia dar atenção a uma mulher branca que queria a atenção dele. Agora, eu não espero que Dunham, ou Schumer, ou feministas como elas ouçam mulheres negras ou outras pessoas não-brancas. Não é uma habilidade inata em pessoas brancas, e, para feministas brancas que estão acostumadas a calar vozes de homens, pode ser especialmente difícil ouvir que elas têm o poder de oprimir um homem. Mas isso não muda o fato de que homens negros, historicamente, são demonizados e até mesmo mortos

---

10 Atriz, produtora e roteirista americana. Foi a criadora e protagonista da série *Girls*, recebeu quatro indicações ao Emmy e ganhou dois Golden Globes pela série.

11 Comediante, produtora e diretora americana, conhecida por suas performances de *stand-up* no show Ellen DeGeneres.

12 Jogador de futebol americano do Cleveland Browns, da NFL.

13 Um dos tapetes vermelhos mais importantes do ano, criado para arrecadar fundos para o Museu de Arte Metropolitana, famoso por seus temas e as vestimentas extravagantes dos famosos.

por expressar interesse em uma mulher branca. Ao mesmo tempo que não muda o tamanho do impacto negativo que lágrimas de mulheres brancas podem ter na vida e na carreira de um homem negro. Dunham pediu desculpas e disse que não tinha a intenção de fazer mal, mas foi insignificante: o prejuízo havia sido causado e uma suposição racista casual fez com que Beckham passasse dias sendo acusado de *Body Shaming*[14] nas notícias.

Enquanto o feminismo branco ignorar a história, ignorar o fato de que lágrimas de mulheres brancas têm o poder de matar homens negros, e insistir que todas as mulheres são iguais e estão do mesmo lado, nada será resolvido. Veja Carolyn Bryant,[15] por exemplo, que mentiu sobre Emmett Till ter assobiado para ela em 1955. Apesar de saber quem o matou e que ele era inocente do desrespeito casual do qual ela o tinha acusado, ela seguiu com a mentira por 50 anos após o linchamento e a morte dele. A família dela pode até dizer que ela carregou a culpa e arrependimento pelo resto de sua vida, mas não muda o fato de que ela enterrou a verdade e ajudou os assassinos de Emmett a ficarem soltos por décadas. Como o feminismo se cura desse tipo de ferida entre grupos sem enxergar o racismo que causou tudo isso?

Não existe nada de feminista em ter todos os recursos na palma da mão e escolher ser ignorante. Não há nenhum empoderamento ou esclarecimento em decidir que intenção supera impacto. Principalmente quando as consequências não serão vivenciadas por você, mas por alguma outra pessoa marginalizada.

---

14 Envergonhar o corpo, em português. É o ato de ridicularizar a aparência física de uma pessoa.

15 Caso famoso onde Emmett Till, de 14 anos, foi linchado por causa de um caso extremo de *fake news*.

Não é nada útil termos algumas feministas brancas fazendo demandas para mulheres não-brancas a partir de uma ideia unilateral de irmandade e chamar isso de solidariedade. Irmandade é um relacionamento mútuo entre iguais. Qualquer pessoa com irmãs consegue provar isso: não é incomum irmãs brigarem ou magoarem umas às outras. Família (biológica ou não) é para te apoiar. Mas isso não significa que ninguém pode te dizer que você está errado. Ou que qualquer forma de crítica é um ataque. Sim, às vezes as palavras trocadas são duras. Mas, como adultas, como pessoas que estão trabalhando duro, não podemos esperar que os nossos sentimentos sejam o centro da luta de uma outra pessoa. Na verdade, a forma mais realista de abordar solidariedade é aquela que assume que, às vezes, não é a sua vez de ser o centro das atenções.

Quando a retórica feminista é enraizada em vieses racistas, capacitistas, transmisóginos, antissemitas e islamofóbicos, automaticamente ela funciona contra mulheres marginalizadas e contra qualquer conceito de solidariedade. Não é o bastante saber que mulheres com diferentes experiências existem, é necessário entender que cada uma delas têm o seu próprio feminismo, formado por suas experiências. Se o argumento é referente às mulheres que usam *hijab* e que precisam ser "salvas" disso, ou sobre a justiça reprodutiva que coloca um bebê deficiente como a pior coisa possível, a realidade é que o feminismo pode marginalizar as pessoas. Se os próprios representantes de um movimento de liberação engajam opressivamente uns com os outros, qual progresso esse movimento é capaz de fazer sem antes resolver seu problema interno?

Mulheres que não tiveram acesso às escolas certas ou às mesmas oportunidades não podem ser vistas como simples projetos que precisam ser estudados, lamentados ou obrigados a serem mais respeitáveis, para que, só então, elas possam ser participantes do movimento. Esse não pode ser o significado do feminismo. Ser respeitável não salva mulheres não-brancas do racismo; e não vai salvar nenhuma mulher do sexismo e da misoginia. Mesmo assim, o feminismo dominante branco ignora o próprio comportamento nocivo em favor do enfoque em um inimigo externo. No entanto, "o inimigo do meu inimigo é meu amigo" apenas funciona para clichês; na realidade, o inimigo do meu inimigo pode ser o meu inimigo também. Ficar presa entre grupos que te odeiam, por aspectos diferentes da sua identidade, significa que ninguém está a salvo.

Então como nós abordamos essa realidade complexa sem nos atolar? Bem, para começar, feministas de todas as origens devem se dirigir a possíveis aliados em relação às coisas que desejamos. E quando nós agimos como aliadas, feministas têm que estar dispostas a ouvir e respeitar aqueles que nós queremos ajudar. Ao construir solidariedade, não há espaço para mitos de salvação. Solidariedade não é para todo mundo, não há como, realisticamente, incluir todo mundo; então, talvez a resposta seja estabelecer objetivos comuns e trabalhar em equipe. Como parceiros, há espaço para negociação, compromisso e, às vezes, até mesmo amizade genuína. Construir essas conexões leva tempo, esforço e disposição para aceitar que alguns lugares não são para você.

Embora a campanha *#Solidarityisforwhitewomen* tenha nascido de um problema em particular dentro da comunidade feminista on-line daquele momento, ainda reflete um problema muito maior, que é: o que significa ter solidariedade em um movimento criado para englobar *todas* as mulheres quando há uma grande probabilidade de algumas mulheres estarem oprimindo outras? É uma pergunta retórica para a realidade em que mulheres brancas oprimem mulheres não-brancas, mulheres heterossexuais oprimem mulheres lésbicas, mulheres cis oprimem mulheres trans etc. E essas características não são separadas, elas podem se sobrepor e, muitas vezes, é o que acontece. Assim como as formas com que mulheres podem ajudar e prejudicar umas às outras, com a desculpa de feminismo.

 Existe uma tendência em querer debater quem é a feminista "real", baseando-se em opiniões políticas, experiências, ações e até mesmo no tipo de material criado e consumido. É o tipo de debate que coloca Beyoncé e Nicki Minaj como não sendo feministas o bastante por causa de suas roupas e seus palcos, enquanto celebram Katy Perry por ser empoderada — através de fetichização e apropriação de culturas e corpos não-brancos. O feminismo real (se tal pode ser definido) não vai ser encontrado ao replicar racismo, transfobia, homofobia, capacitismo ou normas classicistas. Mas nós somos todos humanos e cometemos erros, e talvez o mais importante de tudo seja que nenhum de nós está imune ao ambiente à nossa volta. Nós somos parte de uma sociedade que está lutando para mudar e não podemos abster o nosso papel nessa mudança.

 Liberação retórica não pode ser o lubrificante para o avanço de um grupo de mulheres às custas de outros grupos. O privilégio branco dispensa gênero. E, mesmo enquanto não há promessas de uma vida perfeita, livre de conflitos e trabalho duro, numa sociedade em que raça sempre foi importante, ser branco faz com que a vida seja bem mais fácil. Toda a raiva explodindo nas redes sociais, por *hashtags*, publicações e em reuniões, é simplesmente uma abreviação: mulheres não-brancas dizendo a mulheres brancas que "eu não estou aqui para limpar a sua bagunça, carregar a sua lança, segurar a sua mão ou te animar enquanto eu sofro em silêncio. Eu não estou aqui para criar os seus filhos, apaziguar sua culpa, montar sua plataforma ou lutar as suas batalhas. Eu estou aqui para a minha comunidade porque as únicas pessoas que vão lutar por nós somos nós mesmas".

E se a resposta das mulheres brancas para isso for, como sempre tem sido, de choramingar e reclamar, falando que nós não facilitamos o ativismo para elas? A gente não liga. Nós não iremos nos importar. Não podemos, porque enquanto mulheres como Patricia Arquette[16] são elogiadas por um discurso sobre salários iguais para homens e mulheres durante a premiação do Oscar em 2015, falando para "todas as pessoas LGBT e pessoas não-brancas pelas quais nós todos lutamos" para "lutarem por nós agora", desconsidera-se que diversas mulheres não-brancas estavam e ainda estão lutando para serem pagas. Essa demanda por solidariedade, além de ser completamente absurda, é apenas mais da mesma expectativa de mão única.

Não se trata de silenciar, de fazer *bullying*, de ser tóxico, ou de recusar colocar o conforto de outro acima do seu, acima da sua própria vida e da vida de nossas crianças. Nós não estamos aqui para ser *Mamães* ou qualquer outro arquétipo que filmes como Histórias Cruzadas gostam de reforçar. Nós não somos personagens coadjuvantes no feminismo e nós não temos condições de esperar que a igualdade eventualmente pingue em nós. Nós

---

[16] Atriz americana que teve sua estreia no cinema no filme "A Hora do Pesadelo", em 1987.

não podemos acreditar que, ao ajudar mulheres brancas a alcançarem a mesma posição que homens brancos, um dia os ideais feministas brancos vão refletir as nossas necessidades. Já são mais de cem anos de história, e a vida diária nos ensina todos os dias que fazer com que seja mais fácil para as mulheres brancas virarem CEO não é a mesma coisa que fazer a vida mais fácil para todas as mulheres.

Normas culturais que centralizam o avanço do indivíduo às custas de uma comunidade fazem com que esse tipo de feminismo seja impossível de ser seguido por muitas. Para muitas mulheres marginalizadas, os homens em nossas comunidades são parceiros em nossas lutas contra o racismo, mesmo quando alguns deles são a causa de problemas com sexismo e misoginia. Nós não podemos e não iremos abandonar nossos filhos, irmãos, pais, maridos e amigos, porque, para nós, eles não representam o inimigo. Nós temos nossos próprios problemas com o patriarcado, assim como eles, já que as figuras masculinas mais importantes são brancas.

Meu marido pode nem sempre entender como a misoginia me impacta, mas ele entende completamente quando um chefe ou colega de trabalho é racista. Nós nos sentamos juntos nessa mesa, mesmo se nossas batalhas não são exatamente as mesmas. Mulheres em comunidades não-brancas devem balancear a luta contra vozes externas problemáticas e educar os nossos membros, e nós esperamos que o feminismo faça a mesma coisa com o próprio movimento.

Interseccionalidade não é uma palavra em alta, conveniente, que pode ser cooptada para apagar a professora Kimberlé Williams Crenshaw,[17] que cunhou o termo para descrever a maneira como raça e gênero impactam mulheres negras no sistema judiciário. Uma abordagem feminista interseccional requer um entendimento, muito frequentemente ignorado pelas feministas liberais, que mulheres negras e outras mulheres não-brancas são praticamente os canários das minas[18] do ódio.

Não é sempre fácil confrontar um problema quando ele ocorre, mas ignorá-lo é perigoso. Veja, por exemplo, Hugo Schwyzer,[19] cujo comportamento abusivo e predatório resultou na conversa sobre o que significa solidariedade no feminismo. Quando Schwyzer admitiu, no Twitter, que ele havia passado anos alternando entre abusar de alunas, esposas e alvejando mulheres não-brancas, a resposta do movimento feminista, que costumava publicar trabalhos dele, foi de se distanciar. Muitas feministas brancas alegaram na época não saber o que ele estava fazendo, mas uma das razões pelas quais o argumento não colou foi que em todos os anos de publicações, e-mails e artigos escritos por ele para as publicações delas, ele alegremente detalhava o seu histórico. Era uma narrativa de redenção que não exigia nenhuma mudança real, ou mesmo tomada de responsabilidade pelo comportamento anterior. Era como o conto da Roupa Nova do Rei,[20] só que

---

17 Defensora dos direitos civis americana e uma das principais estudiosas da teoria crítica da raça. Ela é professora em tempo integral na Faculdade de Direito da UCLA e na Columbia Law School.

18 Referência à expressão "Canários nas minas de carvão". Os animais eram utilizados para saber quando era muito perigoso continuar dentro da mina.

19 Autor americano, palestrante e ex-instrutor de estudos de história e gênero.

20 Conto de fadas de Hans Christian Andersen sobre o falso tecelão que prometeu fazer uma roupa que só os mais inteligentes enxergavam, e todos, até mesmo o rei, com medo de serem chamados de burros, fingiam ver algo quando, na verdade, o rei andava pelado.

não somente o rei andava nu, mas todos os seus súditos também. O que acontece conosco eventualmente acontece com mulheres brancas, então oferecer um ambiente favorável para abusadores, como Schwyzer, só leva a situação para uma direção. No entanto, o racismo desmascarado geralmente faz com que mulheres brancas, que deveriam ser aliadas, se tornem cúmplices no abuso, até o momento em que elas passam a ser alvos.

Avancemos um pouco até Gamergate,[21] uma campanha vagamente conectada contra misoginia, racismo e assédio. Zoe Quinn[22] foi o primeiro alvo, mas os homens que foram atrás dela, que agitaram a raiva e alimentaram o ódio, praticaram primeiro em mulheres negras, pois essas mulheres são vistas como pessoas que não têm ninguém para as defender. Éramos nós, defendendo umas às outras, enquanto o feminismo branco olhava para o outro lado. Quando as ameaças foram direcionadas a Sady Doyle, Jessica Valenti e Amanda Marcotte,[23] nomes fortes do feminismo branco, a pergunta não deveria ser "como isso aconteceu?", mas sim "como não fizemos nada para parar isso antes?".

Muitas feministas brancas eruditas ficaram chocadas, em 2016, quando Donald Trump foi eleito e ficou claro que, apesar do seu histórico abominável com relação às questões feministas, raciais, de gênero e educação, a maioria das eleitoras brancas (por volta de 53%) votaram em um homem que prometeu maltratá-las; que fez pia-

---

21 Controvérsia sobre corrupção e machismo no jornalismo e na comunidade de fãs de videojogos entre 2014 e 2017.

22 Desenvolvedora de jogos americana que foi acusada pelo ex-namorado de ter conseguido aprovação para o seu jogo após ter dormido com membros da crítica especializada.

23 Escritoras feministas norte-americanas.

da sobre pegar em suas vaginas, porque ele tinha certeza de que sua fama iria fazer com que elas aceitassem seu comportamento atroz. Trump não estava oferecendo um futuro iluminado e feliz com igualdade para todos. Na verdade, durante a maior parte da sua campanha, ele fez promessas com base na ideia de que o maior problema dos Estados Unidos era a imigração. Ele prometeu um futuro com menos competição profissional, no qual mulheres brancas que vivem com medo de homens míticos negros ou mulçumanos poderiam se sentir justificadas. Ao invés de fazer o apelo de igualdade para as mulheres, ele apelou para o medo, e muitas feministas brancas ficaram chocadas ao descobrir que a solidariedade que elas nunca ofereceram também não estava disponível para elas.

O choque ao ver que 53% das mulheres brancas votaram em Trump foi, infelizmente, hilário. Acabou que, entre mulheres brancas, solidariedade também era para apenas algumas delas. Para mulheres não-brancas, e principalmente mulheres negras, não foi uma surpresa. Era o mesmo racismo que nós sempre vimos mascarado de feminismo, agora em tempo real para elas. O feminismo que ignora a brutalidade policial que mata mulheres negras, que ignora a privação constante de direitos e o abuso de algumas mulheres na política local e nacional com base na religião e na cor, não é o feminismo que trata de igualdade ou equidade para todas as mulheres; é o feminismo que busca beneficiar mulheres brancas às custas de todas as outras. Era como se, quando os alvos da opressão não eram brancos, estava tudo bem votar pensando na "angústia econômica" e não em solidariedade a outras mulheres. Acontece que as políticas que vieram e seguem até agora servem apenas para aumentar essa angústia e colocar em desvantagem todos que não são homens brancos ricos.

Quando conheci a escritora Gail Simone,[24] entreguei-lhe três *cupcakes* sem glúten, de chocolate triplo, de presente. Enquanto conversávamos, ela me perguntou se eu tinha interesse em escrever quadrinhos. A indústria dos quadrinhos é um espaço majoritariamente branco e masculino, e Gail poderia ter tratado o espaço que ela criou para ela como algo a ser protegido de outras mulheres. Ao invés disso, quando eu disse que sim, ela fez de tudo para me ajudar a entrar na indústria. Desde então, eu percebi que ela faz isso com frequência. Ela sabe que tem poder e privilégio, e os usa para ajudar outras mulheres sempre que pode. Às vezes, ser uma boa aliada é sobre abrir portas para alguém, ao invés de insistir que a sua voz é a única que importa.

Gail é uma escritora e editora incrível. Ela lutou contra a narrativa de matar personagens femininos em quadrinhos para reforçar histórias de personagens masculinos. Ela começou sua carreira como cabelereira e provavelmente falha em alcançar as definições de respeitável para alguém. Mas ela está fazendo o trabalho e mudando a forma como a indústria funciona para mulheres e com mulheres, um livro de cada vez. Às vezes, solidariedade é simples assim. Dar um passo para frente, esticar o braço para trás e empurrar outra para a frente, juntas.

---

24 Roteirista norte-americana de história em quadrinhos, famosa por escrever as histórias das Aves de Rapina, Mulher Maravilha e Batgirl, da DC.

VIOLÊNCIA ARMADA

Quando eu tinha seis anos, meu avô salvou a minha vida. Eu estava saindo do cabelereiro quando ele segurou o meu cabelo e me puxou do meio de uma briga armada entre dois estranhos. Eu me lembro de sentir minha cabeça arder e ficar preocupada com a situação da minha franja (eu realmente queria ter franjinha naquela época), ao invés de me preocupar com o fato de que, por questão de centímetros, pouco importaria a minha franja. Eu não tenho medo de armas. Na verdade, eu as adoro. Clarificando, eu adoro atirar. Vou para os clubes atirar com as armas que eu nunca quero ver nas ruas; às vezes, eu conto sobre o meu tempo no Exército — uma época em que eu tinha acesso a muitos tipos de armas, desde revólveres até granadas. Periodicamente, eu até menciono meu avô e suas armas. Para mim, armas são ferramentas, as pessoas que as seguram é que são o fator decisivo sobre se elas serão ferramentas do bem ou ferramentas do mal. Isso não quer dizer que eu pense que armas deveriam ser levadas para piqueniques, mercados ou ao cinema.

O que o feminismo tem a ver com armas? Afinal, isso não é uma questão feminista, certo? Exceto que sim, elas são. Elas podem não ser uma questão feminista para a sua vida. Pelo menos não agora. Mas muitas mulheres, principalmente mulheres de comunidades carentes, enfrentam violência armada todos os dias. A presença de uma arma em situações de violência doméstica faz com que seja cinco vezes mais provável que a mulher seja morta.[25] Mulheres são mortas por essas armas porque elas estão disponíveis, porque os parceiros são violentos, porque um acidente com uma arma é muito mais provável de ser fatal, porque dezenas de razões mundanas ficam piores quando armas estão ao alcance. Embora a sociedade tenha focado no impacto que armas têm em jovens meninos expostos à violência armada, meninas também são afetadas gravemente. Meninas largam a escola tanto quanto meninos,[26] em uma tentativa de evitar passar por lugares nos quais tiroteios são comuns — ou seja, uma tentativa de sobreviver. Mães enterram seus filhos por causa da violência armada. Famílias são irrevogavelmente alteradas devido a armas de fogo. O feminismo dominante tem que se envolver com a violência armada como uma ocorrência diária na vida de algumas mulheres. Não pode ser tratado como um problema distante quando, em algumas vizinhanças, balas são tão comuns quanto a chuva. Com o intuito de adequadamente abordar as necessidades de meninas e mulheres que lidam diariamente com as consequências de algo considerado saúde pública, o feminismo dominante tem que ouvir, advogar e providenciar recursos. Uma menina de doze anos foi baleada na varanda da própria casa, a alguns quarteirões da minha casa, enquanto eu escrevia

---

25 Campbell, J. C., Webster, D., Koziol-McLain, J. et al. (2003). Risk factors for femicide in abusive relationships: Results from a multisite case control study. American journal of public health, 93(7), 1089-1097 [Fatores de Risco para o feminicídio em relacionamentos abusivos: Resultados de um estudo de caso--controle de multicascos].

26 Moore, Ravaris, The effects of exposure to community gun-violence on the high school dropout rates of California public school students [Os efeitos da exposição à violência armada em comunidades na evasão escolar de alunos do sistema público da Califórnia].

essa dissertação. A arma usada, que a atingiu, não pertence às ruas. Ela é uma das centenas de meninas que vão ser impactadas por violência armada esse ano. Uma entre quase 200.000 crianças impactadas por esse tipo de violência desde o tiroteio de Columbine, em 1999. Você pode até pensar que violência armada é um problema distante, que não tem nada a ver com você, mas se você parar e olhar à sua volta, olhar para fora de sua bolha de privilégio, em que você não precisa se preocupar com isso diariamente, você vai ver que é uma epidemia pública que nós ignoramos. Cada estado, cada cidade e cada nível econômico é afetado por isso.

É tentador diagnosticar a violência armada como um problema que só existe nas periferias, em lugares nos quais a única ostentação é a falta de futuro e, supostamente, ninguém é inocente; então, todos merecem o que quer que aconteça com eles. A mídia frequentemente apresenta a narrativa de violência armada como uma consequência da junção entre cor e pobreza, e, então, a forma de evitar isso é simplesmente ficar longe de bairros negros pobres — que podemos ver no êxodo branco ou nas famosas Cidades Pôr do Sol.[27] Nós fomos levados a acreditar que as condições são tão desoladoras nos bairros pobres que não há nada para proteger ou apoiar. Mas, enquanto pessoas brancas medem a segurança delas com base em quantos metros de distância elas se encontram de pessoas negras, a realidade é que pessoas negras têm mais chances de serem vítimas de violência armada — isso não só pode, como já acontece em qualquer lugar. E cada vez mais. De Las Vegas a Parkland e a Orlando, tiroteios em

---

[27] Municípios ou bairros nos Estados Unidos compostos exclusivamente por pessoas brancas que praticavam uma forma de segregação racial, excluindo os não-brancos através de alguma combinação de leis locais discriminatórias, intimidação ou violência.

massa são algo quase diário nos Estados Unidos. Toda vez que Chicago é usada como exemplo de que o controle de armas não funciona, as pessoas esquecem que o problema de Chicago com armas é o problema dos Estados Unidos com armas.

É verdade que em toda e qualquer área isolada social e economicamente do convencional, a criminalidade é mais alta e a pobreza geralmente leva a mercados ilegais. Mas, do contrabando ao tráfico de drogas, a violência tende a se proliferar onde não há outros recursos para resolver disputas. E é por isso que nós vemos, cada vez mais, um aumento do número de violência armada em áreas rurais, assim como um maior número de mortes nesses lugares, ao mesmo tempo que a violência armada diminui nas áreas urbanas — apesar de não ser um fato muito mencionado nas notícias.

O que agrava o problema de violência na periferia é o longo histórico de comunidades negras isoladas que não confiam na lei, já que o tempo vem provando que essas são, em sua maioria, indiferentes à violência contra pessoas marginalizadas. As mesmas atitudes policiais podem ser vistas nas áreas rurais nas quais a ajuda está ainda mais longe e armas são essenciais, uma vez que caçar para se alimentar é uma prática ainda comum nesses lugares. Em ambos os casos, a cultura armamentista geralmente surge da necessidade. Embora o número de pessoas na polícia possa ser menor — o que sugere uma ilusão de segurança por causa de populações mais baixas nas áreas rurais — as divisões raciais e de classe refletem preconceitos sociais mais amplos. A criminalidade vem caindo há décadas por todo o país, mas o aumento populacional em centros urbanos significa o aumento no número de crimes, uma vez que há mais pessoas e mais cobertura de mídia. Enquanto isso, nas áreas rurais, não é que a criminalidade seja mais baixa, mas sim que as chances de receberem cobertura jornalística é menor.

Subúrbios brancos e antigas Cidades Pôr do Sol são ótimos exemplos de lugares nos quais os crimes que acontecem não ganham destaque, porque os criminosos em questão são brancos. Na ausência de diversidade racial, classe ganha palco. Mesmo que o privilégio branco não desapareça quando a pobreza entra em cena, a realidade mostra que a pobreza limita o acesso ao poder, e ao senso de segurança que vem quando se é um dos proprietários que o sistema de policiamento atual foi criado para proteger. Apesar de nossa cultura colocar a classe trabalhadora branca como importante, como uma preocupação primária, a realidade é que, apesar de brancos pobres terem uma vida melhor que negros pobres, fundamentalmente, em situações em que não há "Outros" (leia-se: alguém não-branco), diferenças sociais fazem com que brancos pobres se tornem o alvo de estruturas opressivas.

A ideia de que os brancos pobres são moralmente e socialmente ineptos, ignorantes demais para fazerem parte do mundo maior, também é usada para os enquadrar nos sistemas racistas que eles não têm acesso para criar, mesmo quando se beneficiam deles. É uma opressão interna, que os brancos colocam em si mesmos e que ajuda a alimentar a narrativa de que o mundo está perseguindo a classe trabalhadora branca, e que pessoas não-brancas são culpadas de todos os seus problemas. Acrescente as formas com que o racismo coloca armas como solução para o crime, e, então, teremos uma cultura armamentista que abraça a violência, enquanto resiste a qualquer esforço para reduzir o acesso às armas, independente de quem acabar machucado. A história estadunidense tem sido amplamente definida por sua violência; a questão de como responder a ela é, em grande parte, respondida pelos policiais, tendo cada vez armas maiores e melhores para combater as dos criminosos. Nós estamos com armamento de guerra nas ruas e em casas de civis, que não têm a menor ideia do perigo que essas armas trazem, nem de que escalonamento nunca será a solução.

Nós sabemos que educação é a chave para o sucesso, nos Estados Unidos e ao redor do mundo. Mas quase 3 milhões de crianças por ano são expostas à violência armada, seja ela por crime, dentro de casa, acidentes ou suicídio. Violência armada é a segunda maior causa de morte de crianças estadunidenses, e crianças com acesso à armas têm 14 vezes mais chances de serem mortas antes dos 15 anos.[28] Nos Estados Unidos, adolescentes e jovens adultos entre 15 e 24 anos têm 23 vezes mais chances de morrerem por arma de fogo em relação a outros países. Isso dá uma média de 1.600 mortes por ano. Para crianças com menos de 13 anos em situação de violência familiar, a presença de armas em casa aumenta tanto o risco de serem mortas que dois terços das fatalidades infantis nessas situações são causadas por armas.[29]

Não é de se surpreender que crianças e jovens negros estejam em maior risco: eles têm quatro vezes mais chances de serem mortos por armas do que crianças brancas. Quando a sua própria casa não é segura, sua escola não é segura e as ruas não são seguras, que criança consegue focar na educação e excluir toda a violência ao seu redor? São raras. As meninas lidam não só com o

---

[28] Everytown Research: https://everytownresearch.org/impact-gun-violence-american-children-teens/

[29] Ibid.

risco, mas também com serem excluídas das discussões para combater esse tipo de violência.

Nós não podemos fingir que a educação de meninas ao redor do mundo é importante enquanto ignoramos quantas meninas têm pouca ou baixa educação nos Estados Unidos devido à violência armada. As balas podem não ter me atingido, mas elas me mudaram mesmo assim. As coisas até podem ter melhorado com o tempo, mas antes de ser diagnosticada com TEPT,[30] eu pensava que todos os meus comportamentos eram normais. Muitas vezes, reagia a coisas aparentemente inofensivas de maneira chocante para aqueles que cresceram sem a ameaça de violência armada. Hipervigilância e ansiedade fazem parte da vida de quem quer permanecer vivo em comunidades nas quais tiroteios são constantes, e levei um bom tempo para reconhecer isso como um traço de resposta ao trauma.

Eu posso te contar sobre todas as vezes em que uma arma esteve apontada para minha cara até hoje e eu nunca me envolvi com nenhuma gangue ou com atividades criminosas. E mesmo que seja uma boa história contar que uma bala perdida cortou o meu cabelo, é uma história normal quando consideramos a probabilidade estatística de ter um encontro com uma bala nos Estados Unidos. Da mesma forma, ter uma arma apontada para sua cara e ser usada como incentivo, enquanto um homem tenta roubar sua mãe em um caixa eletrônico, é algo tão americano e comum quanto uma torta de maçã. As meninas que acordam com o som de tiros, que aprendem que um carro andando devagar é sinal para se abaixar, que morrem porque estavam próximas de uma multidão

---

30 Transtorno do estresse pós-traumático.

na qual alguém abriu fogo, são as histórias que importam e que merecem a nossa atenção, mesmo quando nós as perdemos de vista em meio à avalanche de informações que cobre tudo, menos a elas.

Se a violência à mão armada é um problema para todos nós, o que especificamente a faz um problema feminista?

Nós direcionamos programas antiarmamentistas a todos, menos às meninas e mulheres em risco. Muitas vezes, as consideramos como aquelas que testemunham as consequências e não como aquelas que as enfrentam. Mas nós sabemos que violência armada afeta meninas de todas as idades. Em 2016, a *Violence Policy Center*[31] documentou que mulheres negras sofrem o maior número de homicídios por arma de fogo entre qualquer outro grupo de mulheres, e muito dessa violência pode ser atribuída a situações de violência doméstica. "Comparada a um homem negro, uma mulher negra tem muito mais chances de ser morta por seu parceiro, um conhecido íntimo ou um membro da família do que por um estranho."[32] E, infelizmente, isso é algo que eu posso falar por experiência pessoal.

Eu estive em mais de um relacionamento abusivo. O primeiro foi quando ainda estava no ensino médio. Eu não sabia na época, não o teria chamado de abusivo — ele nunca me bateu. Ele nunca precisou me bater, porque naquela época eu estava tão ocupada tentando ser "boa" que confundi a diferença entre um tapete e uma dama.

---

31 Centro de Política de Violência, em português. É uma organização sem fins lucrativos que luta pelo controle de armas nos Estados Unidos.

32 Violence Poverty Center Black Homicide Victimization in the United States An Analysis of 2015. Homicide Data http://vpc.org/studies/blackhomicide18.pdf

O ensino médio não é um bom lugar para encontrar relacionamentos em geral. Então, eventualmente, terminei com o homem que fazia eu me sentir um lixo, que me traía constantemente, e falei que eu era forte o bastante para nunca mais lidar com algo parecido. Eu era uma daquelas meninas que sempre soube que pularia fora de um relacionamento cujo homem batia em mim. Porque é isso que você faz, certo? Você sai e nunca olha para trás. Isso funciona na teoria, mas na prática, é muito mais uma boa mentira que você conta para si mesma. Um conforto. Falo isso porque, às vezes, a história da minha vida é a história da vida de muitas outras.

Eu tinha o hábito de me apaixonar por pessoas que não eram legais com ninguém, exceto comigo. Eu não percebia essa característica minha e não pensava no que poderia significar: que eu aceitaria a atenção de alguém cruel e grosseiro, contanto que fosse charmoso comigo. Olhando para trás, meu namorado do ensino médio me tratou como um ioiô emocional, pronto para me prometer o mundo em um segundo e terminar comigo no outro. Era um ciclo cada vez mais curto, com cada vez menos períodos de "lua de mel". Quando as coisas estavam bem, eu achava que nós éramos perfeitos. Quando as coisas estavam ruins, ele era verbalmente abusivo e propenso a ser fisicamente intimidante, se não inteiramente ameaçador. Apesar de pensar que eu não admitiria isso naquela época, eu me amarrei a nós para agradá-lo, até o momento em que finalmente me soltei da corda imaginária ao terminar o relacionamento, dessa vez nos meus termos.

Um parceiro que só é legal com você quando convém a ele não precisa ser amado até que ele se torne uma pessoa boa, eu pensei. Eles precisam ser largados para que você possa seguir em frente com a sua vida. Lição aprendida, certo? Certo. Exceto pelo fato de que eu não aprendi a mais importante de todas as lições: aquela sobre parceiros que você precisa agradar para se sentir segura. Até ali, pelo menos, eu não tinha aprendido. Quando eu conheci meu primeiro marido, cinco anos e alguns namoros depois do meu primeiro, ele era atencioso e interessado, e eu não tive nenhum problema em ignorar suas falhas. Até mesmo aquelas que eram "bandeiras vermelhas" gigantescas, como o fato de que ele era casado com uma mulher que era sua namorada desde o ensino médio, e de quem, ele me assegurou, estava se divorciando após um ano de casamento. Eu estava tão ocupada lidando com as minhas próprias falhas, e eu o amava tanto, que assumi que conseguiríamos fazer as coisas darem certo. Eu nunca fiz as perguntas corretas e resisti aos meus próprios instintos sobre pessoas que não saiam de um relacionamento antes de começar outro. Eu era muito boa em mentir para mim mesma. Ótima em mentir para os outros também.

Qualquer um que apontasse que o homem que eu amava poderia não ser uma pessoa tão boa assim me fazia rapidamente assegurar que ele era, que ele havia se casado jovem e cometido um erro. Quando o divórcio dele foi finalizado, eu me senti vingada ao invés de enganada, apesar de todo o processo ter durado um ano a mais do que ele havia me falado. Apesar do fato de ele, literalmente, estar legalmente solteiro por cinco minutos, eu estava feliz de estar noiva. Eu não só disse "sim" para o casamento, como entrei em um relacionamento sério com alguém que não tinha esperado nem a caneta secar no papel, muito menos resolvido qualquer problema que tinha levado ao término do relacionamento anterior.

Nós ficamos noivos, nos casamos e mudamos para uma vila militar. E as bandeiras vermelhas que eu ignorei imediatamente se tornaram minas terrestres. Eu estava longe de ser a vítima sem falhas. Ele gritava, eu gritava; na primeira vez em que ele me bateu, eu bati de volta. Foi só quando eu me tranquei em um quarto, e fiquei ouvindo ele chutar a porta enquanto eu me encolhia no chão, que eu comecei a pensar que estava além das minhas capacidades ali. Naquele momento, eu não terminei o relacionamento, eu nem mesmo liguei para a polícia militar. Um vizinho ligou. Quando o primeiro policial chegou na cena, ele chamou de "agressão mútua", mas quando o seu supervisor chegou e olhou para mim e meus 54 quilos e olhou para os 90 quilos do meu marido, corrigiu: "você quer dizer autodefesa, né?", porque ele pôde ver que 36 quilos e 15 centímetros de diferença não representavam uma luta justa em nenhum universo.

Nós não nos separamos. Nós fomos para a terapia, e pedimos desculpas, e racionalizamos. Era apenas resultado de estresse e falta de comunicação, nós concluímos. Ele era charmoso quando lhe convinha e eu era uma pessoa difícil de conviver, entre outras coisas. Eu achava que amar alguém significava tentar fazer dar certo. Especialmente com um bebê a caminho, que merecia uma família inteira. Nós sobrevivemos a outros incidentes, tentamos terapia novamente e diferentes níveis de separação; nos mudamos para outras casas e todas as coisas que você faz quando um relacionamento — que não deveria ter acontecido — está para morrer.

Nós tivemos um filho, mudamos de apartamento e até de país, e continuamos a tentar ser uma família, apesar da violência — que muitas vezes parecia ser o nosso segundo filho. Nós saímos da vida militar e, por um breve momento, eu menti para mim mesma e culpei o Exército ao invés do fato de que estávamos em uma dança tóxica que não poderia melhorar. A última vez que ele me bateu foi durante uma briga que começou por algo mundano; mas, daquela vez, fui eu quem troquei as fechaduras e chamei a polícia. "Não é nada diferente do que já aconteceu outras vezes", era o que eu repetia para mim mesma e para os outros na época. Nós havíamos brigado, e eu queria poder ter dito que estava certa de que nós estávamos terminados. Nós certamente estávamos perto do término, nosso relacionamento era uma panela de pressão que estava próxima de explodir.

Mais de um ano depois de saber que precisávamos terminar, semanas depois do que deveria ter sido uma separação lenta e amigável, a panela apitava tão alto e tão frequentemente que era impossível ignorar. Naquele momento, brava como estava, eu, de alguma forma, ainda me choquei quando ele me prendeu contra a geladeira com uma mão em minha garganta e deu um soco, forte o suficiente para me apagar, e então me soltou. Ele me arrastou pelo chão, pegou as minhas chaves e foi embora. Nosso filho de dois anos viu tudo, e eu vou me arrepender eternamente por não ter saído antes; mas eu também sei que meus planos tênues de ir embora ainda travavam em coisas importantes, como me mudar para uma casa que eu poderia pagar, conseguir uma creche para o meu filho e construir uma vida em que, independentemente do que ele fizesse ou não, eu conseguisse sobreviver.

Eu ainda não havia chegado ao final do meu plano, mas sabia que, depois daquele último surto de violência, eu tinha ficado sem tempo. Eu tinha um lugar que, de certa forma, eu conseguia pagar sozinha — e segui com ele. Isso não significou que a violência tinha terminado, apenas que tinha se mudado da minha casa. Ele ainda me mandava e-mails e mensagens bravas e abusivas, me seguia e me assediava, e ainda me ameaçava, mesmo com as ordens de restrição e as prisões. Mas, a notícia boa? A melhor notícia? Ele não tinha uma arma. Ele podia me ameaçar, podia gritar comigo e me bater, mas ele não podia colocar as mãos em uma arma de fogo, que teria tornado um surto de raiva violento com pouca chances de óbito, em algo que, em questão de segundos, não daria para voltar atrás. Eu tive sorte, porque nós estávamos em Illinois, um estado que reforça as restrições de posse de armas para qualquer pessoa que tenha histórico de violência doméstica. Ele era nervoso o bastante para me matar caso tivesse uma arma ao alcance? Sim. Ele pode até tentar falar algo diferente agora, mas eu sei o que vi em seu rosto e sei o quão forte ele me socou. Ter uma cabeça dura significava que eu ficava com machucados e zumbido no ouvido, e não algo mais grave.

Violência doméstica por parte do parceiro não é o único tipo de violência que uma mulher negra sofre. Violência policial, principalmente em mortes colaterais — resultantes de má conduta policial —, é um risco que é raramente discutido em círculos feministas, mas é algo que o *Black Lives Matter*[33] e campanhas como *#SayHerName*[34] tentam abordar. O trabalho desses movimentos é dificultado não só pela falta de informações oficiais, mas também pelas normas da sociedade, que giram em torno de homens cisgêneros.

---

33 Vidas Negras Importam, em português. Movimento ativista internacional, com origem na comunidade afro-americana, que promove campanhas contra a violência direcionada às pessoas negras.

34 #DigaONomeDela, em português. Movimento social que busca aumentar a conscientização das mulheres negras vítimas da brutalidade policial e da violência contra os negros nos Estados Unidos.

Eu poderia ser qualquer uma das mulheres que nós vimos ser brutalizadas e mortas pela polícia nos últimos anos, à medida que os vídeos se espalham. Eu poderia ter sido aquela menina do final da rua que levou um tiro no calcanhar enquanto eu escrevia a primeira versão desse livro; ou poderia ter sido Rekia Boyd, uma jovem negra de Chicago que estava parada ao lado de um homem com o celular no ouvido, e um policial de folga, confundindo o celular com uma arma, abriu fogo e uma das balas acertou a cabeça da garota. O homem com o celular levou um tiro na mão. Rekia morreu na hora. Ela não cometeu nenhum crime e o homem que atirou não pegou um único dia de prisão, mesmo após ter admitido que disparou por cima do ombro enquanto dirigia para longe. Ele não estava trabalhando, era novo na região, tinha casa nos arredores e mesmo assim a arma em sua mão tirou a vida de uma jovem.

Eu não consigo dizer com clareza quantas vezes eu tive encontros com policiais ao longo dos anos. Eu só tive sorte com o tipo de policial que encontrei. Já fui insultada verbalmente por policiais, ameaçada, assediada, mas nunca atacada. Isso não é resultado de quem eu sou ou de como eu me comporto, é apenas sorte. Há uma tendência em assumir que mulheres que têm interações negativas com policiais são culpadas, mas você ainda pode levar um tiro mesmo estando parada ou dormindo na sua cama, ou até mesmo brutalizada, só por pedir ajuda; com essas experiências, é como se uma simples interação com a polícia fosse inerentemente perigosa.

Eu moro em uma cidade em que nós nos sentamos nas varandas de nossas casas ou no parque em noites quentes. Socializar com os vizinhos não deveria incluir um risco à minha vida. Alguns dos melhores momentos da minha vida foram quando eu estava no parque com os meus amigos, nos divertindo, sabe? Provavelmente falávamos alto? Sim. E é por isso que o policial que matou Rekia Boyd era novo na vizinhança. Por isso foi um policial de folga, e não uma ronda. As pessoas que moram no bairro não chamam a polícia por algo simples como um grupo de jovens conversando no parque. Porque todo mundo ali sabe que um encontro com qualquer policial de Chicago pode escalar rapidamente para algo ruim, e ninguém quer carregar isso na consciência só porque alguém estava rindo alto demais. Eu não acredito que um grupo grande de pessoas negras se iguala a crime, mas conheço várias pessoas que elogiam a gentrificação em que acreditam.

Há novos vizinhos que falam sobre como as propriedades são grandes e como os residentes de longa data são assustadores, mesmo sem dizer o porquê de os acharem assustadores. O policial confundindo um celular com uma arma? Faz parte da lenda do homem negro mau, que matou Trayvon Martin.[35] Está tão embutido no inconsciente coletivo estadunidense que nós somos criminosos, que provavelmente não passou pela cabeça do policial que pessoas negras podem estar na rua, à noite, aproveitando um dos dias mais quentes da história no mês de março, e que isso não é razão para suspeitar de nada além de uma simples roda de amigos. Nenhuma arma foi encontrada na cena do crime, uma mulher foi morta e um homem ferido foi acusado de assalto por estar em pé, falando ao celular. Esse é o significado de ser negro nos Estados Unidos. Isso é o que significa ser uma mulher negra nos Estados Unidos. Quando incomodar vi-

---

35 Era um afro-americano de 17 anos de Miami Gardens, Flórida, que foi morto a tiros em Sanford, Flórida, por George Zimmerman, que, quando ouviu sobre recentes arrombamentos na região, seguiu o menino e o matou.

zinhos carrega o risco de levar um tiro, a pergunta não deve ser se armas são ou não são uma questão feminista; a pergunta deve ser por que o feminismo dominante não está fazendo mais sobre esse assunto?

Para que nós tenhamos um futuro feminista brilhante, nós precisamos nos empenhar em nos tornarmos o tipo de sociedade em que as resoluções de disputas, as questões de segurança ou os crimes não dependam do acesso de alguém a uma arma. Isso significa mudar nossas suposições culturais sobre o que constitui segurança, assim como mudar as políticas públicas e privadas para minimizar a necessidade de ter que contar com a violência como solução. Nós precisamos estar dispostos a enxergar o legado da intolerância, que dificulta o entendimento do fato de que, ao mudarmos para um novo lugar, precisamos aceitar que todo mundo tem o direito de estar lá, de ter a sua cultura e comunidade. Nós precisamos estar dispostos a ouvir as vítimas de violência doméstica, levar os seus medos a sério a partir do primeiro momento em que elas declaram se sentir desconfortáveis ou inseguras, ao invés de invalidar ou duvidar delas porque a pessoa aparenta ser inofensiva. Como cultura, como feministas, como vítimas oficiais e em potencial, nós frequentemente estamos emocionalmente ou socialmente muito conectadas com pessoas perigosas para reconhecer o risco até que seja tarde demais. Nós precisamos apoiar programas de intervenção contra violência de todos os tipos, e não assumir que violência armada é um problema sistemático da periferia e episódico dos outros lugares.

Nós também precisamos parar de normalizar o ódio e parar de pensar que discursos de ódio são inofensivos, independentemente de quem ou para quem se é falado. Enquanto é verdade que nem todo mundo que faz comentários intolerantes vai cometer crimes de ódio, a nossa normalização desse tipo de retórica abominável serve como permissão tácita para pessoas com esses ideais escalarem para a violência. Uma intervenção rápida pode salvar vidas. Não é sobre bolhas (liberais ou quaisquer outras), é sobre tratar violência armada como um problema de saúde comunitária e devotar recursos e tempo para curá-la.

É hora de tratar violência doméstica e discursos de ódio como as grandes bandeiras vermelhas que são e tomar as medidas necessárias para reduzir os riscos, ao invés de esperar que esses problemas desapareçam. É hora de tratar violência armada como um problema feminista, não só quando acontece em casos de violência doméstica ou tiroteios em massa, mas também quando impacta comunidades marginalizadas. Nós temos que trabalhar para que seja possível ter segurança para todos, ou nenhum de nós estará seguro.

FOME

Meu primeiro casamento terminou em divórcio e, depois disso, eu comprava comida através dos vales-refeições do SNAP,[36] tinha um cartão financiado pelo estado que dava acesso à assistência médica a mim e ao meu filho, e morava em habitações. Eu tive sorte que, naquela época, essa rede particular de segurança social me permitiu largar o meu ex-marido abusivo e não voltar mais. Eu podia criar o meu filho em segurança e em relativo conforto. Hoje, muitos desses serviços públicos foram desmantelados e, no caso das habitações, em muitas áreas elas praticamente desapareceram. Nós sabemos, de forma abstrata, que pobreza é uma questão feminista. Na realidade, nós achamos que é uma questão feminista para *outros países*, e que nós estamos em um lugar em que a força de vontade é o suficiente para tirar qualquer pessoa da pobreza. Mas a realidade é que é necessário muito mais do que força de vontade. Eu tive sorte: recebi educação. Meu ensino fundamental e meu ensino médio me prepararam para uma educação universitária. Entrei para o Exército para pagar a minha faculdade e, como eu era de Illinois, um estado que tem bolsas de 100% para veteranos em universidades públicas, pouco importava

---

[36] *Supplemental Nutrition Assistance Program*, em português: Programa de Assistência Nutricional Suplementar, que se trata de uma ajuda de custo mensal para a compra de alimentos.

que eu tivesse entrado na faculdade antes do G.I. Bill[37] pagar o suficiente aos veteranos.

Eu era pobre, e não era fácil, mas eu tinha as "bengalas" necessárias para conseguir me mover, mesmo sendo marginalizada e com a vida fazendo de tudo para me derrubar. Receber subsídio infantil do governo significava que, quando meu marido não pagava a pensão, meu filho ainda conseguia frequentar a creche de ótima qualidade que havia no campus da minha faculdade. Eu tirei meu diploma em quatro anos, comecei a trabalhar em tempo integral e passei por muitas outras etapas necessárias — porém entediantes — para chegar aonde estou hoje: com ensino superior completo, uma família maravilhosa e uma carreira que eu gosto. Ao ouvir a minha história comovente de mãe solteira e pobre, você pode estar se perguntando: "Se ela conseguiu, por que os outros também não podem?", e esperar que eu responda: "Foi difícil, mas eu aprendi muito e lembro dessa época ternamente", mas a minha história não é a comum e esta não seria a minha resposta.

O que eu me lembro é da fome. E de chorar quando não tinha dinheiro para uma árvore de Natal. Eu me lembro de sentir medo de não conseguir. De pensar que eu perderia a guarda do meu filho porque eu não podia sustentá-lo. É difícil tirar uma criança de uma mãe rica; mas é extraordinariamente fácil tirar o filho de uma mãe pobre. Como sociedade, nós tendemos a tratar a fome como uma falha moral, como um sinal de que alguém carece de algo fundamental. Nós nos lembramos de combater a

---

[37] O ato de reajuste dos militares de 1944, comumente conhecido como o G.I. Bill, era uma lei que oferecia uma série de benefícios para os veteranos que retornavam da Segunda Guerra Mundial. Hoje o termo é utilizado para se referir a todos os programas de auxílio a veteranos dos Estados Unidos.

fome durante feriados especiais, mas julgamos as mães que necessitam de bancos de comida, lanches grátis, sobras na escola e vales-refeições do SNAP para combater um problema que existe em escala mundial. Realmente, nós tratamos a pobreza como se fosse um crime, como se as mulheres passando por isso estivessem propositalmente tomando escolhas erradas para si mesmas e para os seus filhos. Nós ignoramos o fato de que elas não têm uma boa escolha disponível, que elas estão tomando decisões com base nas bengalas que não lhes são oferecidas.

As mulheres nessas circunstâncias podem não ter acesso à uma quitanda que venda produtos frescos, ou pelos quais elas possam pagar. Elas podem estar trabalhando muitas horas e não conseguem preparar comida ou podem estar tendo dificuldade para guardar comida. A história por trás de um saco de salgadinho e uma lata de refrigerante em um ponto de ônibus é muito mais complicada do que qualquer falta de conhecimento nutricional, preguiça ou negligência. Às vezes, a comida que você pode acessar vem de postos de gasolina, lojas de bebidas e restaurantes *fast-food*, e não de um supermercado, muito menos de uma cozinha.

Nós sabemos que desertos alimentares existem, áreas em que as mercearias são raras e o que tem disponível pode não ser comestível. Mas a insegurança alimentar é muito mais complicada do que simplesmente ter a habilidade de acessar comida. Existe a questão entre a diferença do preço de um alimento e do preço que uma pessoa consegue pagar. Se você mora perto de um mercado, mas não consegue pagar os produtos que lá se vendem, pouco importa que você não more em um deserto alimentar. Você ainda tem fome. E fome não é limitada à idade — crianças passam fome, assim como adultos, idosos e universitários. Por volta de 42 milhões de estadunidenses estão lutando contra a fome; estatisticamente, pelo menos metade desse número são mulheres, mas devido à diferença salarial por gênero, a porcentagem real é que, por volta de 66% das casas em que há falta de comida, o gerenciamento é feito por mães solteiras.

Mulheres e crianças contam mais de 70% dos pobres dos Estados Unidos. Infelizmente, os programas sociais existentes falham ao considerar a realidade da mulher pobre. O salário máximo por residência, para ser considerado para programas estaduais e federais como TANF,[38] assim como creche, deixam um grande espaço entre o que é necessário e o que está disponível. Veja Illinois, por exemplo: um pai ou mãe solteiros recebendo TANF por um filho é elegível para receber no máximo $412 por mês. Até mesmo o mais exigente defensor da independência obrigatória deve perceber que isso não é dinheiro suficiente para cobrir as necessidades básicas de duas pessoas. Como cultura, nós não providenciamos provisões suficientes para ajudar mulheres e famílias a escaparem da pobreza. Na verdade, nós criamos barreiras artificiais e desnecessárias como limitar seguro-desemprego a cargos de tempo integral, o que deixa trabalhadores de meio-período sem nenhuma assistência caso eles percam os seus empregos. Nós dependemos de caridades para tratar de problemas agudos como fome — antes do estabelecimento dos vales-refeições — e falta de moradia — na época que o HUD[39] tinha uma lista de espera, em algumas áreas, que podia chegar a décadas.

---

[38] *Temporary Assistance for Needy Families*, em português: Assistência temporária para famílias necessitadas.

[39] *Housing and Urban Development Department*, em português: Departamento de Habitação e Desenvolvimento Urbano dos Estados Unidos. É um gabinete vinculado ao poder executivo da administração federal dos Estados Unidos.

Nós sabemos que, sem um teto, famílias sofrem e caem ainda mais na pobreza. E, mesmo assim, as taxas de despejo continuam a aumentar enquanto os salários seguem sem ajustes — o ciclo fica ainda mais difícil de se navegar. Especificamente, cada vez mais novos requisitos para se conquistar um emprego são necessários, requisitos que ignoram que creche é uma necessidade para mulheres com crianças muito pequenas. É possível trabalhar em tempo integral se você não consegue pagar por uma creche? Ou essa é uma política estabelecida para criar mais obstáculos? Licença maternidade paga é uma causa maravilhosa, mas o que acontece depois que o bebê nasce e você não está ganhando dinheiro suficiente para sustentar uma pessoa, muito menos navegar nesse mundo novo, cheio de grandes despesas?

Aliviar a pobreza feminina é uma questão crítica do feminismo. Mesmo assim, quando falamos de fome e insegurança alimentar, nós raramente falamos com essa visão. E por quê? Porque em muitos círculos feministas liberais, as pessoas que estão falando não compreendem o que é não saber se haverá comida na mesa no dia seguinte. Coisas como desafios do cupom, em que alguém tenta viver com o mesmo orçamento de alguém que vive dessa assistência por uma semana, é uma boa façanha, mas eles não influenciam as políticas públicas. Pelo contrário, as pessoas que participam dessas coisas são mais propensas a dar tapinhas nas próprias costas por sobreviverem a semana e, então, talvez doem para algum banco de alimentos local para depois se esquecerem completamente do problema.

A fome tem um impacto vitalício, moldando não só o relacionamento de uma pessoa com a comida, mas também com a saúde dela e da comunidade. Fome, a fome *real*, provoca desespero e leva a escolhas que, em outras situações, seriam impensáveis. Todos nós somos movidos por instintos de sobrevivência, mas talvez nenhum seja tão forte quanto aquele que nasce do vazio do estômago. A fome é dolorosa até quando é por curto tempo. E, mesmo assim, nós raramente falamos disso como algo para o feminismo combater, muito menos como algo que é particularmente devastador para as mulheres.

Considere a maneira com que nós lidamos com os vales-refeições, seja SNAP ou WIC,[40] nos Estados Unidos. Nós colocamos uma série de restrições federais e estatais para como esses fundos podem ser utilizados. Pensando como uma sociedade, nós tentamos normalizar os limites apontando para os casos de fraude, que, além de constituírem menos de 1% de todos os casos de bem-estar público, geralmente são o tipo de coisa que pode ser mais bem explicada pelas maneiras que você tem de manipular sua vida para superar a pobreza. É fácil falar que ninguém deveria vender vales-refeições; mais difícil é justificar esse ponto de vista quando você lembra que as pessoas precisam de coisas como panelas e potes para cozinhar. Elas precisam de geladeiras que funcionem, fogões e armários que mantenham longe bichos e outros vermes — que são facilmente encontrados em casas simples — e, na maioria das vezes, essa venda é a única opção para as pessoas que vivem abaixo da linha da pobreza. Vales-refeições não cobrem nem os produtos mais básicos de limpeza e higiene, muito menos coisas como fraldas e absorventes menstruais.

---

[40] The Special Supplemental Nutrition Program for Women, Infants, and Children, em português: Programa de Assistência Nutricional Suplementar Especial para Mulheres, Bebês e Crianças é um programa federal de assistência do Serviço de Alimentação e Nutrição do Departamento de Agricultura dos Estados Unidos para cuidados de saúde e nutrição de mulheres grávidas de baixa renda, mulheres que amamentam e crianças com menos de cinco anos.

Você pode ficar muito confortável afirmando que as pessoas pobres não sabem nada sobre nutrição, se você ignorar o fato de que alimentos frescos perecíveis precisam não só de espaço para serem guardados e preparados, mas também de tempo. Boicotar revendedores terríveis é uma ótima ideia até perceber que em muitos lugares eles são a única opção existente. A pergunta que o aspirante a protestante deveria fazer a si mesmo é: quem isso vai machucar mais? A corporação ou as pessoas que dependem dela para ter acesso à comida? Essas são perguntas que não têm respostas fáceis. Mas essa é a vida na periferia. Essa é a vida de quem é pobre, não só nos Estados Unidos, mas em todo o mundo.

O feminismo dominante fala muita coisa da boca para fora em relação aos suportes que mulheres pobres recebem; mas, na prática, elas frequentemente esquecem de perguntar o que constitui um suporte. O feminismo periférico, como conceito, não é só sobre as formas como desafiamos essas narrativas, é sobre reconhecer que as soluções para muitos problemas — nesse caso, a fome — podem ser confusas e, às vezes, ilegais. Pobreza pode significar fazer de tudo para sobreviver, desde prostituição até venda de drogas, porque você não pode "se inclinar" quando não consegue receber um salário honesto, e ainda precisa alimentar a você mesma e aos outros que dependem de você. Quando o feminismo dominante falha em considerar que essas opções existem, quando depende das mesmas narrativas de respeitabilidade, ele ignora que, para muitas, a escolha entre inanição e crime não é uma escolha. O feminismo precisa estar consciente e flexível o bastante para englobar as soluções que surgem em momentos de crise. Quando o feminismo falha em reconhecer o impacto da fome, ele pode, ainda que sem querer, contribuir com o mal causado ao não oferecer o mínimo de compaixão ou graça àqueles que estão tendo que escolher entre uma série de opções ruins. A fome é devastadora; o seu impacto é doloroso a curto prazo e horripilante se passar por gerações. Se nós vamos falar que o feminismo é um movimento que envolve todas as mulheres, tem que ser um movimento que não só ouve todas as mulheres, mas que também luta para que as necessidades básicas de todas sejam alcançadas. Você não pode ser uma feminista que ignora a fome, principalmente se você tem o poder e as conexões para fazer com que ela seja um problema significativo para políticos. Deve-se lutar contra a fome com a mesma força que se luta pelo direito ao aborto e a salários iguais. É preciso entender que isso não é um problema que pode ser deixado para depois.

À medida que a desigualdade de renda aumenta e a disparidade de riqueza se amplia entre as linhas raciais, não há dúvida de que, para algumas mulheres e para algumas comunidades, a fome passa de má nutrição para completa desnutrição. Se nós não fizermos do combate à fome uma prioridade agora, ele se tornará uma prioridade quando muitas mulheres e suas famílias estiverem sofrendo com isso.

Por que nós criamos mais programas contra a obesidade do que programas para combater a fome? Idealizadores com planos de colocar impostos em refrigerantes falam orgulhosamente, mas nunca falam por quê refrigerantes são uma constante em casas com insegurança alimentar. Eles não falam sobre como refrigerantes nunca estão em falta nas prateleiras e como são gostosos e mais baratos do que sucos. Eles não consideram o fato de que consumidores de baixa renda não precisam se preocupar com a bebida estragando, ou com mofo na embalagem, como nas antigas caixas de Capri Sun, ou com fungicidas nos sucos de laranja, antes do FDA[41] aumentar os testes em produtos. E eles nunca admitiriam que os consumidores não precisam se preocupar com as empresas de refrigerante tendo que lidar com os mesmos problemas de risco de contaminação por chumbo na água como os residentes de Flint, em Chicago e em muitas outras cidades.

Ao invés disso, esses idealizadores insistem que colocar impostos em refrigerantes é sobre saúde, e apontam informações duvidosas sobre como a obesidade é uma doença que pode ser curada através de impostos em refrigerantes. Propagandas que declaram que "refrigerante faz mal para crianças" passam com imagens de crianças indo a máquinas automáticas de vendas e recebendo diabetes ao invés de refrigerante. Se açúcar fosse um químico tóxico que, indiscutivelmente, trouxesse doenças para todos que o consomem, então essas imagens fariam sentido. Mas declarações hiperbólicas de que obesidade pode ser curada através de impostos ignoram estudos publicados pelo Centro de Controle de Doenças[42] que provam que os números na balança têm pouco a ver com a saúde alimentar.

Políticos usam a gordofobia e fazem da obesidade uma válvula de escape para desviar a atenção das políticas que vem afetando negativamente a saúde das comunidades de baixa renda. O condicionamento físico é uma medida muito melhor de saúde e requer uma abordagem multifacetada, que exige muito mais mão de obra do que

---

41 Food and Drug Administration, em português: Administração de Alimentos e Medicamentos é uma agência reguladora ligada ao departamento de saúde federal do Departamento de Saúde e Serviços Humanos dos Estados Unidos.

42 Do No Harm: Moving Beyond Weight Loss to Emphasize Physical Activity at Every Size [Não prejudica: Indo Além da Perda de Peso e da Atividade Física em Todos os Tamanhos], https://www.cdc.gov/pcd/issues/2017/17_0006.htm

um imposto. Inclui crianças tendo acesso não só ao recreio em escolas, mas a áreas seguras em que elas possam brincar na rua sem estar em risco de sofrer algum tipo de violência. Requer que elas tenham acesso à comida regularmente. Pesquisas mostram que coisas como exercícios, produtos frescos, água limpa e acesso à saúde são todos fatores essenciais para uma boa saúde. Jogar basquete à noite e outras atividades após o horário escolar, programas de final de semana ou de verão, não só reduzem a violência por dar uma saída às crianças em risco, como também cria padrões de comportamento saudáveis. É fácil para famílias serem ativas e se sentirem confortáveis em mandar os filhos brincarem na rua quando não têm o medo pesando na balança. Esses programas, e outros como esses, providenciavam comida, aulas de nutrição e muito mais, sem nenhum julgamento e foram, em grande maioria, fechados.

No fim, impostos sobre refrigerantes têm muito pouco em comum com saúde. É uma plataforma fácil para políticos e seus apoiadores, mas se a preocupação fosse realmente saúde pública, o foco não seria em impostos como a solução. Nem os condados que adotam esses impostos estariam usando sua receita para financiar tudo, exceto medidas que trariam opções de alimentos saudáveis a preços acessíveis para comunidades de baixa renda. Além do mais, se o objetivo é diminuir o consumo geral de açúcar, não faz sentido atacar apenas um produto açucarado. Uma lata de refrigerante tem 39 gramas de açúcar, mas uma xícara de achocolatado tem 49 gramas. Frappucinos? Alguns podem chegar a ter 102 gramas. Essas outras opções são todas socialmente aceitáveis e laticínios são uma fonte de proteínas e vitaminas, mas a quantidade de açúcar consumida é significantemente maior. O açúcar socialmente aceito não é mais saudável simplesmente porque custa mais do que uma lata de Pepsi. É claro que a preocupação aqui é menos sobre a salubridade do açúcar e mais sobre encontrar outra fonte de receita para os municípios sem dinheiro.

Impostos sobre refrigerantes prejudicam mais as pessoas que têm menos opções, porque, em desertos alimentares, muito frequentemente, as opções mais saudáveis são as mais caras. Os pais de baixa renda, que já estão tendo dificuldades com insegurança alimentar e violência em suas comunidades, agora têm que ouvir que os problemas de saúde de seus filhos — simbolizados através do peso — são culpa deles. Qual opção é a mais saudável quando você pode escolher entre água da torneira com chumbo, uma garrafa de água que já tem imposto adicional, suco caro, leite vencido e refrigerante? Que problemas são resolvidos ao colocar mais um imposto nas costas daqueles que menos têm condição de pagar? Políticas que servem como "fiscais de comida" tendem a aumentar o estigma ao invés de ajudar famílias e indivíduos que precisam de melhor acesso à comida.

E isso não é só um problema nas periferias. Certamente, os preços de mercearia em áreas de reserva ou a falta de opções em muitas áreas rurais, com apenas uma ou duas lojas, são prova de como é difícil manter a comida na mesa. A fome é um problema em todos os países e, em cada condado, para aqueles a quem faltam os recursos para se alimentarem.

*　*　*

Uma mulher me parou um dia, anos depois da fome deixar de ser algo para administrar em minha vida pessoal, e pediu ajuda para comprar mantimentos. Eu lhe dei o que pude e segui com o meu dia. Aquilo me custou mais do que eu poderia gastar, e nos separamos rapidamente. Eu quase esqueci completamente desse evento, para ser honesta. Eu concordo com minha própria versão interna do efeito borboleta quando se trata de gentileza. Um dia, eu estou na mesma área e uma mulher que eu não reconheço paga pelas minhas compras. Ela simplesmente não aceita o meu dinheiro e quando eu tento discutir, ela se vira para mim e diz: eu não tentei discutir com você, tentei?

Foi aí que eu me toquei que ela era a mesma mulher que tinha me pedido ajuda. Ela era minha vizinha. E enquanto eu havia me esquecido dela, ela se lembrava muito bem de mim. Essa não é uma história sobre o quão incrível eu sou. Veja só, quando eu paguei as compras dela, fiz um comentário sobre lembrar o quão difícil era chegar ao fim do mês quando os vales-refeições haviam acabado. Eu assumi que ela estava lá porque estava recebendo ajuda inadequada. Na verdade, ela não estava recebendo ajuda alguma: ela havia perdido o emprego e seu marido e sua vida estavam desmoronando, e de alguma forma eu a havia insultado sugerindo que ela comprava seus alimentos por vales-refeições. Não foi intencional e, quando ela mencionou, eu pedi desculpas. Ela riu e disse que ter sido capaz de alimentar seus filhos por algumas semanas fez com que ela conseguisse encontrar ajuda.

Funcionou. Ela havia se reerguido e estava bem, mas havia ficado agradecida e brava comigo por um tempo. É um lugar engraçado de se estar, e eu entendo, mas provavelmente não seria capaz de explicar para alguém que nunca teve a experiência de ter seu orgulho ferido e a vergonha de não ser capaz de fazer as coisas sozinha, não importa o quão duro você trabalhe. O que ela precisava era de comida e dinheiro. O que ela não precisava era das minhas suposições. Ou de ter que se sentir agradecida ou envergonhada por ter que pedir ajuda. Talvez, se nós pudéssemos admitir que a maioria das mulheres são pobres, que várias estão tendo dificuldade para colocar comida na mesa para si, seus filhos e outros membros da família, nós poderíamos começar a abordar esse problema que afeta muitas mulheres com a força necessária para resolvê-lo. Poderíamos parar de agir como se a insegurança alimentar fosse um pecado ou uma vergonha para qualquer indivíduo e tratá-la com justiça, como uma acusação à nossa sociedade.

A boa notícia é que as mulheres nessas comunidades estão trabalhando duro para combater a fome, desde hortas comunitárias até cooperativas de alimentos. Desde transporte para quem não tem acesso a lojas bem abastecidas até recursos agregados à la Sopa de Pedra[43] para alimentar as crianças no verão quando as aulas acabam. Não faltam iniciativas de base dedicadas a levar alimentos para aqueles que mais precisam.

A notícia ruim é que nenhum desses programas são suficientes para lutar contra a fome, efetivamente. Eles precisam de mais. Mais recursos, mais funcionários, mais esforços do governo para solucionar o problema por todo o país. E eles não têm as conexões, os recursos ou o tempo para encher o saco de políticos para que pro-

---

[43] Uma história folclórica europeia em que estranhos famintos convencem as pessoas de uma cidade a cada um compartilhar uma pequena quantidade de sua comida para fazer uma refeição que todos apreciem, e existe como uma moral em relação ao valor de compartilhar.

videnciem tais recursos. Caridade pode começar em casa, mas é fundamentalmente incapaz de solucionar um mal da sociedade sem algum tipo de medida financiada pelo governo, que seja menos focada em ser restritiva ou punitiva e mais focada em garantir que os mais vulneráveis sejam cuidados, independentemente de sua renda.

Tentativas de vincular programas de alimentação ao trabalho, à respeitabilidade, a qualquer coisa além do fato de consistir em um ser humano passando por necessidades, têm menos a ver com resolver o problema da fome e mais com a vergonha. Enquanto os cortes propostos ao SNAP ou a outros programas governamentais são frequentemente justificados pela prevalência percebida de programas privados, é extremamente improvável que bancos de comida ou caridades sejam capazes de preencher o espaço que programas de assistência vão deixar caso sejam reduzidos ou dissolvidos nos próximos anos. O SNAP providencia aproximadamente doze refeições para cada refeição providenciada por instituições de caridade. Programas como WIC e SNAP existem porque administrações passadas entenderam a disparidade gigantesca entre o que o governo e as caridades conseguem fazer.

Nós sabemos o que acontece quando caridades não podem suprir a diferença: fotos de linhas de pão e sopa nos livros de história, as histórias que nossos avós nos contavam sobre inanição e a Grande Depressão são fáceis de lembrar. Apesar das narrativas conservadoras sobre "gente preguiçosa", aproximadamente 40% das pessoas que recebem SNAP já estão trabalhando e usam os vales-refeições para completar a renda e serem capazes de permanecer em suas atividades. Muitos dos 60% restantes não podem trabalhar porque são crianças, idosos ou cuidadores de familiares vulneráveis. Mesmo se os trabalhadores pobres que recebem SNAP fossem capazes de pegar um segundo emprego, ganhar um aumento ou achar uma outra forma de cortar os gastos para comprar alimentos, ainda há a questão do efeito em crianças e idosos que dependem dessas pessoas trabalhadoras para receber cuidados.

 Como as questões relacionadas ao acesso a creches, assistência a idosos ou outros serviços trazem outras dificuldades para aquelas pessoas que já estão lutando, a adição de requisitos de trabalho propostos moveria para a força de trabalho pessoas que não estão preparadas e não podem pagar por estarem lá. E há a questão de quais empregos eles poderão acessar. Afinal de contas, se você não tem as habilidades, se precisa de mais educação, se tem problemas de saúde, entre outras coisas, perder os benefícios do SNAP só reduziria as suas chances de se manter empregado. É uma situação sem saída, que depende de um aleijado correr em vez de lógica ou fatos. Os que recebem o vale-refeição são principalmente crianças, idosos ou pessoas com deficiência, em famílias nas quais pelo menos um adulto trabalha, mas não ganha o suficiente para pagar todas as despesas domésticas. Há uma pequena porcentagem de recebedores que não têm dependentes, e entre esse grupo de pessoas a maioria já está trabalhando ou procurando emprego. Eles vivem em um ciclo de empregos com salários baixos, com altos níveis de rotatividade: empregos sazonais, varejo, e outras indústrias que normalmente têm períodos de calmaria na necessidade de produção.

 Esses beneficiários estão no SNAP por um período temporário, e contam com o programa quando estão desempregados ou subempregados. O mito de que eles são de alguma forma um fardo ignora décadas de estatísticas de empregos que mostram que combater a fome é um benefício para a economia.

Aumentar o acesso à alimentação não deveria ser um tema polêmico; mas, aparentemente, vivemos em uma cultura que inveja crianças, idosos, desempregados e pobres que trabalham com refeições completas nutritivas. Embora as pessoas marginalizadas que precisam de ajuda com segurança alimentar sejam vistas como cidadãos de segunda classe, elas são uma parte fundamental da economia alimentar. No meio rural, os trabalhadores migrantes cultivam e recolhem os alimentos que vão parar na mesa das pessoas que querem fazer políticas que os matariam de fome. Apesar do fato de o trabalho sazonal ser a maior parte da força de trabalho para nosso suprimento de alimentos, seu acesso aos recursos é severamente restringido. E, uma vez que a comida chega ao mercado, os trabalhadores em supermercados geralmente são mal pagos e fazem parte do grupo dos que têm problemas com segurança alimentar.

As mulheres na força de trabalho são uma parte fundamental do processamento e preparação dos alimentos que tornam possível a alimentação das famílias; mas, em todos os níveis, elas correm o risco de exploração e profunda discriminação. Entre baixos salários e maior risco de assédio sexual e agressão, as trabalhadoras marginalizadas nas áreas rurais e urbanas são responsáveis pelo trabalho não remunerado e mal remunerado apenas para serem excluídas da tomada de decisão e cargos de liderança em segurança alimentar. As pessoas responsáveis por garantir que os alimentos sejam seguros, acessíveis e saborosos são algumas das mais mal pagas.

O feminismo precisa lutar pelas famílias chefiadas por mulheres e por outras pessoas marginalizadas. O feminismo tem que lutar contra a insegurança alimentar. Lutar por diversas soluções, desde a diminuição de preços de alimentos frescos, até o financiamento do governo para programas que abordam a fome em um nível sistêmico. Sem o apoio de feministas com privilégio e acesso, as famílias que enfrentam a insegurança alimentar sofrerão apesar de seus melhores esforços. A fome esgota sua energia e sua vontade, devora o espaço que poderia estar sendo usado para conquistar algo com a necessidade de sobreviver. No que diz respeito às questões feministas, não há nenhuma que abranja mais mulheres e suas famílias do que essa.

Comida é um direito humano. O acesso à alimentação adequada e nutritiva permite que comunidades prosperem, permite que mulheres lutem por todos os seus direitos. Segurança alimentar permite que mulheres marginalizadas participem em espaços políticos e organizacionais, que são chaves para que possam defender os seus interesses contra outras formas de opressão estrutural.

Trazer mudanças feministas só será possível se o feminismo dominante trabalhar para combater as discriminações em todas as suas formas, desde gênero até classe e raça. A verdadeira equidade começa com a garantia de que todos tenham acesso ao mais básico dos direitos: o alimento.

HIPERSEXUALIZAÇÃO INFANTIL E LIBERDADE

Assim como muitas outras, eu fui uma *#FastTailedGirl*[44] antes mesmo de entender o que essas palavras significavam. Essa expressão é um dos coloquialismos que você escuta quando criança em algumas comunidades e que é, em parte, um aviso e, em parte, algo pejorativo. Ser uma *fast-tailed girl* significa ser sexualmente precoce de alguma forma. Você é alertada para não ser uma *fast-tailed girl* e para não se associar com *aquelas fast-tailed girls*. Algumas vezes, a expressão é encurtada para *fast*, mas de uma forma ou de outra, é algo negativo. Os mais velhos que tipicamente usam essa expressão estão, na maioria das vezes, tentando proteger as meninas de serem vistas como Jezebels.[45] Quando eu comecei o movimento *#FastTailedGirls* no Twitter, com a minha amiga Jamie Nesbitt Golden, em dezembro de 2013, milhares de mulheres se juntaram para falar. Quando você considera o longo histórico de violência sexual perpetuada contra mulheres negras nos Estados Unidos, as raízes desse aspecto e,

---

[44] Expressão criada para se referir a jovens meninas que se desenvolvem rapidamente e tem os seus corpos sexualizados desde pequenas.

[45] Expressão vinda da Bíblia, que se refere a mulheres sexualmente promíscuas ou sem pudor.

em particular, da política de respeitabilidade são fáceis de se entender. Aqui, as políticas de respeitabilidade não são só sobre roupas ou falas, elas são sobre mandar na maneira que jovens meninas negras lidam com a própria sexualidade enquanto se desenvolvem. Elas deveriam ser protetivas, mas são, na maioria das vezes, opressivas.

Não importa quão boa seja a intenção, avisos para evitar ser "rápida" são respostas com falhas profundas quando o assunto é lidar com o problema de violência sexual. Por quê? Bem, você não precisa realmente ser sexualmente precoce para levar o rótulo de *fast-tailed girl*. Percepção é tudo e, com isso, uma menina com comportamentos completamente apropriados para a idade — como conversar com meninos, usar shorts, maquiagem e, até mesmo, menstruar — são sinais suficientes para convencer algumas pessoas de que você vai dar trabalho. E uma vez que essa percepção está enraizada, as coisas ruins que acontecem com você passam a ser automaticamente sua culpa. Assim como outras expressões que se referem ao complexo de Madonna/Puta, existe uma ideia de que coisas ruins não acontecem com meninas boas.

Pesquisas feitas na última década pela *The Black Women's Blueprint*[46] e pela *The Black Women's Health Imperative*,[47] duas organizações que trabalham para abordar as necessidades e preocupações especificas das mulheres negras, mostram que 40-60% das meninas negras americanas sofrem abuso sexual antes dos 18 anos. E que, muito provavelmente, essas meninas são rotuladas como *fast-tailed* pelas pessoas que precisam acreditar que o que aconteceu foi culpa delas. Porque elas devem ter con-

---

46 O Diagrama da Mulher Negra, em português.

47 O Imperativo de Saúde da Mulher Negra, em português.

tribuído para atiçar o interesse de algum homem; as vítimas veem os seus abusadores escaparem do escrutínio e, por fim, da justiça. Não há nada mais evidente disso do que a recente condenação de R. Kelly — que se casou em 1994 com uma menina de quinze anos chamada Aaliyah — por uma alegada evidência em vídeo dele urinando em outra adolescente e por acusações de pornografia infantil; ainda assim, tais alegações não foram suficientes para acabar com a sua carreira, muito menos impactar a sua liberdade. Uma de cada vez, as meninas foram culpadas por estarem próximas a ele e por não estarem preparadas para interagir com um adulto predador que tinha a fama e a riqueza ao seu lado. Eu não posso me dizer surpresa que Kelly conseguiu evitar as consequências. É, muitas vezes, mais fácil para a comunidade focar nas meninas do que nos predadores em potencial.

Minha avó me avisou diversas vezes sobre ser "rápida", e sobre andar junto de outras meninas rápidas, durante os oito anos em que eu morei com ela. Aos 12, quando eu fui morar com a minha mãe, aprendi que um corpo púbere era o suficiente para me transformar em "rápida" aos olhos de algumas pessoas. Eu era moleca, apesar dos esforços dos meus familiares em me transformar em uma pequena *lady*, e, enquanto as lições da minha vó sobre quem eu deveria ser amiga continuavam as mesmas, minha mãe usava o termo "rápida" como se fosse uma arma. Quando um homem olhava para os meus mamilos enrijecidos em um dia frio, eu levava bronca. Eu nunca contei para minha mãe sobre o velho amigo da família (velho de verdade, apenas um pouco mais novo que meu avô) que havia começado a dar em cima de mim antes mesmo do uso da saia se tornar uma batalha; também nunca contei da babá que me molestou, e que tinha um apelido para mim que até hoje me enoja.

O que minha mãe via como *fast-tailed* eram, na verdade, esforços atrapalhados de uma sobrevivente tentando entender a própria sexualidade sem a opinião de alguém. Já que tudo que eu fazia era errado para minha mãe, eu estava convencida de que eu não podia contar para ela o que tinha acontecido comigo. Que ela veria como minha culpa, assim como ela tinha interpretado o meu corpo em desenvolvimento como um convite para homens adultos. Nosso relacionamento já era complicado e continuou a deteriorar-se ao longo dos anos em que meu corpo e meus interesses se desenvolviam além do que era visto como aceitável. Roupas, amigos e até ligações eram batalhas, em uma guerra sem vencedores e sem esperança de ser resolvida.

Como uma adulta, eu posso olhar para trás e ver que minha mãe provavelmente tinha medo por mim, porque eu estava longe da ideia dela de uma jovem moça de respeito. Eu andava com os garotos, usava camisetas curtas que mostravam o umbigo e saias quando podia, praticava o flerte como se fosse mais uma forma de respiração. Eu não era Jezebel ou Lolita, mas ela não conseguia ver isso, e eu não tinha palavras para explicar que eu estava lutando para controlar o meu próprio corpo. Ninguém de fora das comunidades enxerga jovens meninas negras americanas como inocentes, e muitos dentro da comunidade compraram a ideologia de culpar a vítima, dizendo que a respeitabilidade vai nos salvar, sem admitir que nós somos frequentemente marcadas como o alvo, independentemente da forma que nós nos comportamos. O ciclo criado por narrativas racistas e perpetuados pelo mito de *fast-tailed girls* é infinitamente prejudicial, e muito difícil de se quebrar, precisamente por causa do histórico horroroso de violência sexual contra a mulher negra e outras mulheres não-brancas.

Eu tive sorte de ser uma menina esperta que sabia escrever, mesmo quando era esquisita socialmente e, enquanto meus professores me amavam, foi a gentileza de meninas — que frequentemente são retratadas como Meninas Negras Malvadas na mídia — que realmente me deu acesso a uma vida mais saudável. Eu cresci rodeada por meninos que mais tarde passaram a ser parte de gangues, mas foram as meninas que estavam no caminho deles que me ensinaram a diferenciar entre quem era perigoso em geral e quem era perigoso para mim, especificamente. Quando cheguei aos 10 anos, eu já precisava saber a diferença, porque ninguém viria nos salvar.

A maioria de nós tinha pais ou guardiões, tinha pessoas que faziam o seu melhor para nos proteger, mas os primeiros passos em direção à independência também eram passos em direção a um mundo cheio de perigos. Nós tínhamos que lidar com mais do que o chefe da igreja patriarcal, o avô que queria que fôssemos "mocinhas" ou até mesmo os professores que odiavam tudo, desde pulseiras até as bobeiras que meninas como eu gostavam. Nós tínhamos que nos preocupar com todos os outros perigos sociais, como policiais e predadores, e aprender a navegar por um mundo em que a pobreza significava que a rua às vezes falava com você, e que às vezes gritava, te convidando para fazer parte dela.

Para as meninas que não podiam se camuflar, dependendo da situação, aquelas que tinham dificuldade para lidar com a escola e a casa, a rua era sempre uma opção. As meninas que podiam fugir, normalmente fugiam, porque elas não estavam seguras em casa, e a fanfarronice arrogante das ruas as fazia se sentir menos ansiosas. Elas tinham internalizado o estresse, haviam descoberto que o perigo que elas enfrentavam em casa era muito pior de lidar. A mídia sempre retrata meninas violentas como aquelas que resistem à ideia de "fique em casa, seja comportada e não fale sobre os seus medos", e isso acaba sendo verdade para algumas delas.

Mas meninas e jovens mulheres não-brancas são, de longe, vítimas mais frequentes de violência do que causadoras dela. O fato de que elas estão, na maioria das vezes, no caminho da maldade porque elas não têm outra opção, é apagado das discussões sobre o que acontece com elas e o que pode voltar a acontecer.

Sim, meninas dessa faixa etária são, às vezes, cúmplices dos crimes de rua e são responsáveis por, pelo menos, algumas de suas escolhas. Mas isso não chega nem perto de refletir fielmente a extensão com que o patriarcado influencia meninas de bairros periféricos. Algumas meninas são traficadas, outras se envolvem tanto com gangues que as gangues passam a vir à frente da própria família. A hipermasculinidade da cultura de gangue pode parecer proteção quando você nunca se sentiu segura na vida. E a linha entre os tipos de violência pode ser bem tênue e borrada quando você está exposta a ela constantemente. O impacto emocional a longo prazo pode ser severo para meninas que foram expostas a violência, tanto como vítimas quanto como testemunhas. Meninas de áreas violentas podem sofrer mais de estresse pós-traumático, depressão, ansiedade e uso de substâncias químicas do que as demais meninas de áreas mais seguras.

Meninas não-brancas em sistemas patriarcais experienciam mais abuso, violência, adversidade e privação do que proteção. E, mesmo assim, programas que focam em "meninas de risco" tendem a focar mais em habilidades profissionais e na prevenção de gravidez do que em equipá-las com melhores mecanismos de defesa. Nós precisamos mudar a conversa sobre sistemas, sem mais vagas asserções de que trabalho é empoderador e que gravidez na adolescência é ruim, para uma conversa que foca em apoiar o desenvolvimento saudável e curativo de meninas e jovens mulheres em todas as comunidades.

Enquanto os movimentos trabalhistas e sufragistas do início do século XX trouxeram grandes avanços para igualdade de mulheres brancas, mulheres negras em particular, e mulheres não-brancas no geral, continuam tendo sobre elas a ameaça de violência sexual sem punição. Apesar das narrativas apoiadas pelos advogados do linchamento, mulheres brancas não são as que correm o maior risco de serem sexualmente violentadas. É esperado que mulheres negras atendam a todos os aspectos da respeitabilidade impostos a elas pelas leis de Jim Crow, assim como às normas da comunidade estabelecidas com o fim da escravidão. No entanto, não importa realmente como uma mulher e uma menina negra se vistam ou se comportem, porque homens brancos podiam e abusavam delas como se fosse um esporte.

Diferentemente das mulheres brancas, mulheres negras não tinham nenhum resquício da proteção legal do lado delas. Foi só quando Recy Taylor, uma mulher negra de 24 anos e arrendatária, foi atacada em Abbeville, no Alabama, no dia três de setembro de 1944, por seis homens brancos, que a possibilidade de recursos legais para esse tipo de crime começou a ser discutidos em âmbito nacional. *The Committee for Equal Justice for Mrs. Recy Taylor*[48] foi criado por Rosa Parks e vários outros lí-

---

48 O Comitê de Justiça Igualitária para Sra. Recy Taylor, em português.

deres da época, para tentar conseguir algum tipo de justiça para Recy Taylor. O crime, que conquistou cobertura extensiva por parte da imprensa, nunca alcançou indiciamento do acusado, mas ajudou a abrir caminho para mulheres negras verem ajuda na lei.

De Rosa Parks e seu comitê até feministas coreanas pedindo por reparações, por parte do governo japonês, às vítimas de guerra que sofreram com a prática de "mulheres de conforto", mulheres não-brancas sempre se organizaram para combater a violência sexual. Mais recentemente, grupos como o INCITE[49] e o Projeto de Direitos Humanos para Meninas têm iluminado a realidade de que o abuso sexual é um fator chave para meninas não-brancas entrarem no esquema "da-escola-pra-cadeia". Quando o trabalho centraliza os alvos mais marginalizados de abuso e assédio sexual, ele beneficia não só os mais marginalizados, mas todo mundo.

Mesmo Recy Taylor não recebendo, efetivamente, justiça, nós podemos olhar para o veredito de Daniel Holtzclaw em Oklahoma e ver o impacto da organização histórica: Holtzclaw, um policial aposentado, foi indiciado por abusar sexualmente de 12 mulheres negras e sentenciado a 263 anos de prisão. Após membros das organizações levarem a público o caso, o departamento de polícia realmente o culpou pelos seus atos ao invés de tentar minimizar ou esconder seus crimes. Não é suficiente focar nas vítimas mais visíveis: nós precisamos usar todas as oportunidades para desafiar a cultura de estupro em todos os níveis. Nós precisamos desafiar não só a violência daqueles que vemos como estupradores, mas também

---

[49] Rede de feministas radicais negras que trabalham para dar fim à violência do estado e à violência das comunidades e de dentro das suas próprias casas.

daqueles que administram o sistema que privilegia estupradores ao invés de suas vítimas e que normalizam o abuso e o assédio daqueles mais vulneráveis.

Seja a semana que for, você pode encontrar artigos, em sites populares que são ostensivamente feministas, transformando informações para prevenção de estupro em um ciclo de não exatamente culpar a vítima, mas que está *quase lá*. Eles estão recheados de dicas de como lutar contra um estranho, o que não vestir, o que não beber e aonde não ir. O artigo de Emily Yoffe,[50] em 2013, para o Slate,[51] chamado "Universitárias: parem de se embebedar",[52] tentava promover uma vida universitária sóbria para mulheres, com o intuito de prevenir que elas fossem sexualmente abusadas. Algumas vezes, esses sites publicam até artigos defendendo o testemunho forçado de vítimas, como no artigo de 2014, de Amanda Marcotte, também publicado no Slate, chamado "Promotores prendem vítima de estupro para fazê-la cooperar no caso. Eles tomaram a decisão certa".[53] Apesar dos artigos terem, geralmente, boas intenções, no fim das contas eles colocam o estupro como algo que uma vítima em potencial pode evitar se ela aprender os passos dessa dança específica que é a tentativa de agressão. A resposta imediata é, geralmente, uma dessas perguntas: "o que você estava

---

50 Jornalista e escritora norte-americana.

51 Revista online de atualidades, política e cultura, publicada em inglês. Politicamente orientada para a esquerda, foi criada em 1996, nos Estados Unidos.

52 No original: College girls: Stop Getting Drunk. Artigo encontrado em: https://slate.com/human-interest/2013/10/sexual-assault-and-drinking-teach-women-the-connection.html

53 No original: Prosecutors Arrest Alleged Rape Victim to Make Her Cooperate in Their Case. They Made the Right Call. Artigo encontrado em: https://slate.com/human-interest/2014/02/alleged-rape-victim-arrested-to-force-her-to-cooperate-in-the-case-against-her-abusers.html

vestindo?", "por que você estava lá?" e "você bebeu?". As respostas para essas perguntas nunca serão relevantes, porque, no final das contas, vítimas só se tornam vítimas porque alguém escolheu atacá-las.

Ao invés de dicas de como não ser um estuprador, de ensinar pessoas a não estuprar ou até mesmo de criar modalidades terapêuticas para estupradores em potencial, nós temos meia dúzia de dicas e informações de como prevenir que um estranho na rua ataque uma pessoa sem deficiências, alerta, fisicamente em forma, com reflexos excelentes e uma quantidade excepcional de sorte.

Essas dicas nunca mencionam pessoas com deficiência, que possuem respostas diferentes de luta e fuga (ou trava), e ignoram a realidade de que a maioria dos estupradores são pessoas conhecidas e próximas das vítimas. Frequentemente, os artigos são dissecados e ridicularizados pelos leitores horas após serem postados. Então por que eles continuam a aparecer? A resposta simples é que eles são feitos para as pessoas se sentirem melhores com elas mesmas. Afinal, se você acha que pode impedir alguém de ser machucado com alguns conselhos, você também consegue se proteger seguindo esses mesmos conselhos. É aquele velho truque de pensamento mágico que nos absolve de ter que confrontar a realidade do que será necessário para acabar com o abuso sexual. Afinal, ninguém tem uma solução rápida e fácil para o crime, muito menos para o estupro, que pode se manifestar de diversas formas e que geralmente acaba com a vítima sendo "desvitimizada" durante o processo de delação.

É fácil culpar o patriarcado, apontar o dedo na cara de homens que estupram e culpá-los por seus atos. O difícil é perceber as mulheres que, às vezes, apontam e direcionam estupradores para novas vítimas ao contribuir com a hipersexualização das mulheres não-brancas sob o disfarce de empoderamento. É verdade que estupro é e sempre será culpa do estuprador; mas, também, é uma declaração incompleta da cultura do estupro. Saindo do espaço denominado "apropriação cultural", ou até mesmo dos episódios bizarros de *blackface*[54] "acidentais", existe o problema de feministas brancas (em teoria) que acreditam que a *Pocahontas Sexy* é um estilo empoderador, ao invés de um resquício de fetichização do estupro de uma criança. Essa mesma imagem, que elas afirmam achar sexualmente empoderada, está enraizada no mito da pureza da mulher branca e na disponibilidade sexual de todas as outras mulheres.

Não há nada empoderador na ideia de que o caminho para a liberdade sexual das mulheres é criar uma fantasia-fetiche de uma cultura. E eu sei que algumas pessoas irão argumentar dizendo que são apenas fantasias inofensivas. Embora realmente não exista vestimenta alguma que irá te proteger de um ataque, a mentalidade cultural que exclui mulheres negras do lugar de possíveis vítimas de estupro existe também para outras mulheres não-brancas, de uma forma diferente, porém tão perigosa quanto. Isso não é sobre política de respeitabilidade, porque essas roupas estão enraizadas na ridicularização das culturas que dizem honrar. É uma imagem de retórica, que é diretamente ofensiva, em parte porque brinca com narrativas racistas que fetichizam os corpos de mulheres não-brancas. Coisas como a campanha da Victoria Secret's, que vendia lingeries "sexys como uma Geisha",

---

54 O ato de pintar o rosto de preto para caracterizar negros. Surgiu originalmente com o intuito de ridicularizar comportamentos e sotaques durante peças humorísticas teatrais em uma época em que negros não eram autorizados a subir nos palcos para atuar.

em que a maioria — se não todas — das modelos eram brancas. Ou qualquer publicação de festivais famosos no Instagram, como o Coachella,[55] nas quais mulheres nuas ou quase nuas posam com cocares falsos, com legendas provocativas, copiando desde o desfile temático "Cowboy e Índio" da Chanel até propagandas de perfume. Os defensores das imagens de retórica frequentemente argumentam que eles as usam como uma forma de honrar os povos que eles acham que estão imitando, e que eles não estão causando nenhum mal. Mas as estatísticas de estupro para mulheres indígenas provam que o argumento não se sustenta.

Uma em cada três mulheres indígenas será vítima de estupro e o estuprador mais provável será um homem branco. Além disso, homens brancos não são só os mais prováveis de estuprar mulheres desse grupo, eles também estão entre os mais prováveis estupradores de mulheres brancas. Estatisticamente falando, homens brancos estão no topo da lista de qualquer grupo de homens com chances de cometer um ataque. Para algumas mulheres brancas que se beneficiam da retórica supremacista , esses números são frequentemente tratados como se a atenção de um homem branco não fosse perigosa para mulheres que moram fora da bolha branca.

Objetificação não é algo inofensivo, e pode envolver raça, classe, gênero e orientação sexual. Quando a fetichização vai além de práticas sexuais consensuais e recebe farol verde para marcar comunidades, é preciso analisar como as narrativas de empoderamento sexual podem ser distorcidas e acabar alimentando ainda mais o problema.

---
[55] Evento anual de música e arte com duração de três dias, que atrai milhares de pessoas, incluindo famosos, e acontece no Vale do Coachella, na Califórnia.

Quando a humanidade da mulher não-branca é apagada por essas narrativas desumanizadoras, o dever das feministas que dizem lutar contra a cultura de estupro é revidar. Mas, ao invés disso, muito frequentemente, mulheres não-brancas têm que explicar e lutar por conta própria, porque algumas das mesmas feministas que entendem que objetificação e fetichização é errado quando afeta a elas, de repente se veem incapazes de entender o seu papel no problema. E, enquanto as razões para isso variam, elas podem ser amplamente atribuídas à noção de que as mulheres que usam as fantasias se sentem "poderosas, sexys e exóticas", e que os seus sentimentos importam mais do que a vida daquelas mulheres que podem ser machucadas por meio da interpretação que essas fantasias recebem através da cultura do estupro.

Quando falamos de cultura de estupro, nós temos que pensar sobre quem está em risco. Quem realmente é colocado em risco por causa das narrativas racistas apoiadas em ciclos feministas? Nós sabemos do papel que o racismo tem em cada caminhada da vida (bem, nós *deveríamos* saber), e isso inclui não só quem tem sua palavra ouvida quando denuncia um ataque, mas o quanto a pessoa tem a temer com a denúncia. Apesar de saber que existem recursos, como psicólogos competentes, abrigos e até mesmo policiais equipados para lidar com uma denúncia sem causar mais danos à vítima, eles falham com profissionais do sexo, mulheres trans e com muitas mulheres não-brancas e, mesmo assim, nós vemos que tentativas de denunciar os crimes não vão fazer com que eles acabem. Mas se as pessoas mais suscetíveis a cometer esses ataques são as mais prováveis a se livrarem das consequências; então, que bem estamos realmente fazendo para as vítimas?

Nós sabemos que o colonialismo e o imperialismo dependiam fortemente do uso do estupro como forma de genocídio. A dinâmica entre racismo e misoginia continua a assombrar nossa cultura mesmo enquanto tentamos combatê-la. Quando nós encorajamos as vítimas a irem falar com a polícia, mas ignoramos que a segunda forma mais comum de má conduta policial é por assédio sexual, como estamos ajudando as vítimas a se sentirem mais seguras?

Apesar de não sabermos quantos policiais realmente utilizam-se de assédio sexual como parte da violência policial, nós sabemos que, de 2005 a 2013, policiais foram indiciados por pelo menos 400 ataques sexuais, de acordo com um relatório publicado pela CNN em outubro de 2018. Adicionalmente, durante esse mesmo período, policiais foram acusados por mais de 600 casos de "mão boba". O que falta nessas estatísticas é se esses policiais estavam de folga ou não; se os números incluem casos domésticos de policiais e suas parceiras; e de que porcentagem estamos falando em relação a todos os encontros. E nós não temos essas informações precisamente porque os departamentos policiais não as disponibilizam. Não preciso nem dizer, no entanto, que esses não são números que fazem uma vítima se sentir segura para ir relatar um ataque antes mesmo de considerar a triste realidade de que denúncias raramente levam à justiça.

Estupro é um ato violento, mas é um dos últimos passos da violência contra pessoas marginalizadas que está embutido na construção da sociedade humana. Como qualquer relacionamento abusivo, a violência começa com manipulação, coerção e propaganda. Estupro tem sido usado para repreender, diminuir e controlar, porque o poder funciona da mesma forma horrível em todas as gerações. O medo do estuprador negro mitológico que foi usado após a Guerra Civil para justificar as multidões brancas que aterrorizavam comunidades negras tem sido substituído por uma narrativa mais ampla de movimentos anti-imigratórios com a administração federal atual. A mídia continua a perpetuar estereótipos raciais que faziam parte da propaganda imperialista, principalmente sobre mulheres não-brancas. Retratar mulheres negras e latinas como promíscuas, indígenas e asiáticas como submissas, e todas as mulheres não-brancas como inferiores legitima o assédio sofrido por elas. Retratar homens não--brancos como sexualmente vorazes, que predam mulheres brancas inocentes, reforça a obsessão cultural com estupros preto-no-branco por parte de estranhos na rua muito mais do que nos casos comuns de estupros intrarraciais por parte de conhecidos e familiares.

Justiça não é servida por meio do racismo, não importa o quão forte ela seja vendida por políticos e supremacistas brancos como forma de proteger as mulheres. Acabar com a violência sexual contra a mulher não será um objetivo alcançado através da replicação dessas narrativas prejudiciais. Seria muito fácil reivindicar a falácia de que "nenhuma feminista de verdade pensa dessa forma" como uma maneira de absolver a sua parcela de responsabilidade. Mas a desvalorização histórica do direito de autonomia sexual e reprodutiva de algumas mulheres tem formado a maneira como nós pensamos sobre o que significa ter liberdade para se sentir seguro contra violência sexual.

Cristóvão Colombo fez a festa com a possibilidade de estuprar mulheres indígenas sem punição, e tal atitude permeia nossa cultura até os dias de hoje. O fato de que mulheres negras escravizadas não tinham o direito de recusar as demandas sexuais de homens brancos criou a ideia de que as mulheres negras não eram "estupráveis", porque, afinal de contas, elas não tinham virtude para proteger. Várias e várias vezes mulheres brancas são colocadas como as únicas mulheres virtuosas na visão de supremacistas brancos. Mas aí entram os "poréns": a forma com que você se veste, o fato de você estar bêbada ou não, o quão desenvolvido é o seu corpo, entre outros, se tornam fatores justificativos de violência sexual. Ignorar a forma com que a maioria das mulheres marginalizadas são tratadas não ajuda a estabelecer uma forma para proteger todas as mulheres. Ao invés disso, estabelece postes arbitrários, centrados na respeitabilidade, contra os quais todas as mulheres devem medir seu comportamento. Isto não é liberdade, é apenas uma série de jaulas mais elaboradas que nunca vão ser confortáveis ou seguras. Qualquer sistema que faça com que direitos humanos sejam contingentes a um estreito padrão de comportamento coloca possíveis vítimas umas contra as outras e só beneficia aqueles que as atacam.

A cultura do estupro, num sistema que posiciona alguns corpos como "merecedores" de serem atacados, articula-se no ato de ignorar a maneira como as mulheres marginalizadas são maltratadas — seja mulheres de periferias, de reservas, imigrantes ou encarceradas. Devido aos seus corpos serem vistos como disponíveis e, muitas vezes, descartáveis, a violência sexual é normalizada até mesmo quando as pessoas diminuem o seu impacto frente àquelas com mais privilégios. A cultura do estupro não surgiu do nada, ela é construída consciente e inconscientemente pelas normas sociais. É uma cultura que precisa que todos comprem a ideia de respeitabilidade como medida de segurança e; então, imediatamente, coloca todo e qualquer passo para fora desse padrão como digno de culpa por ter sido violentada. A cultura do estupro é normalizada e ratificada não só por normas patriarcais de propriedade e descarte, mas também pelas tentativas de combatê-la com a mentalidade criada pelo próprio patriarcado. As políticas de respeitabilidade, a fetichização e o contínuo hábito de culpar a vítima só podem criar uma resposta fundamentalmente falha e perigosa para essa luta.

Citando Gwendolyn Brooks,[56] que disse: "Nós somos a colheita um do outro; nós somos do interesse um do outro; nós somos a magnitude e o vínculo um do outro", se nós acreditarmos que apenas algumas pessoas merecem segurança, que o direito ao seu próprio corpo deve ser conquistado através de regras arbitrárias, estamos realmente vendo uns aos outros como iguais? Como seres humanos?

Obviamente, o problema não será resolvido através de um movimento como *#FastTailedGirls*, ou por algumas ideias bem pensadas, mas o primeiro passo para achar a solução é admitir que há algo para ser consertado. Nós temos que continuar com essas discussões, nos mantermos abertos à ideia de trabalhar contra essas concepções enraizadas, para que possamos acabar com isso. Esse problema não é exclusivo das comunidades negras, das pessoas cisgêneros, dos heterossexuais, mas, à medida em que toca cada comunidade, há um trabalho interno a ser feito para que os problemas externos possam ser abordados. Isso é uma doença que afeta muitos, e precisamos trabalhar como parceiros para curá-la. No entan-

---

56 Foi uma poeta, escritora e professora negra norte-americana. Em seu trabalho costumava lidar com as celebrações e lutas pessoais das pessoas comuns em sua comunidade.

to, isso não é uma chamada por ajuda externa, isso é uma mensagem para aqueles fora da nossa comunidade para abordar e discutir as misoginias racionalizadas em suas comunidades, que perpetuam a ideia de mulheres negras como Jezebel. Qualquer solução para esse problema irá requerer que a sociedade reconheça todas as narrativas racistas e sexistas que colocam mulheres não-brancas como sexualmente disponíveis e não "estupráveis".

A liberdade tem um preço que todos nós devemos pagar juntos. Não alcançaremos liberdade se as estatísticas usadas para combater a cultura do estupro são baseadas na injúria sofrida por mulheres marginalizadas, mas as beneficiárias são apenas as que têm alguma forma de proteção devido ao privilégio branco. Nós sabemos que mulheres trans não-brancas são especialmente vulneráveis à violência; nós sabemos que o perigo vem das pessoas que deveriam nos proteger, sejam elas policiais ou homens da nossa comunidade. A cultura do estupro é uma pandemia e precisa ser combatida de forma unânime, ou nós nunca iremos derrotá-la.

Nós precisamos olhar para o fato de que, até mesmo em emergências, pessoas brancas são menos propensas em ajudar pessoas negras do que outras pessoas brancas.[57] Nós precisamos nos perguntar por que o estudo "White Female Bystander's Responses to a Black Woman at Risk for Incapacitated Sexual Assault"[58] mostra que até mesmo jovens mulheres brancas universitárias são me-

---

57 Informação baseada no estudo Racing to help: racial bias in high emergency helping situations https://www.ncbi.nlm.nih.gov/pubmed/19025298 Em português: Correndo para Ajudar: preconceito racial em situações de ajuda emergencial.

58 Em português: A reação de mulheres brancas contra violência sexual de uma mulher negra incapacitada, encontrado em https://journals.sagepub.com/doi/10.1177/0361684316689367

nos propensas em ajudar potenciais vítimas de assédio se a vítima for negra. Nós precisamos nos perguntar por que universitárias brancas disseram para os pesquisadores que elas provavelmente não ajudariam mulheres negras, e porque elas não se sentem pessoalmente responsáveis por essas vítimas. Ou ainda, porque elas enxergavam que mulheres negras estariam experimentando prazer em situações que elas reconheceriam como perigosas caso ocorressem com mulheres brancas.

Apesar de mulheres brancas reconhecerem que elas também correm riscos — afinal, o seu privilégio branco não as protege de violência sexual — a combinação entre racismo e sexismo leva a um número significativo de mulheres brancas ignorando as consequências de suas ações para outras comunidades. Seja contribuindo para narrativas hipersexuais em relação às mulheres não-brancas, seja ignorando os perigos enfrentados por essas comunidades ou diminuindo a voz daquelas que denunciam. Essas mulheres, às vezes, usam o poder que elas *têm* de uma maneira opressiva, enquanto continuam a se colocar na posição de vítimas sem poder para oprimir.

Quando não se pode contar com a solidariedade para com mulheres em perigo, ou contar com uma pessoa que está passando para ajudar — afinal, mulheres brancas podem pensar que uma mulher negra em apuros não merece atenção porque a questão racial é mais forte que a de gênero —, então, nós não estamos realmente lutando contra a cultura do estupro. E a batalha vai continuar nos vencendo enquanto não lutarmos contra o "ismo" internalizado que define o conceito do feminismo.

Quando Lena Dunham sentiu a necessidade de duvidar da palavra da atriz Aurora Perrineau[59] — uma vítima de assédio sexual que *coincidentemente* era negra —, porque o acusado era amigo de Lena, foi por racismo, Dunham admitindo isso ou não. Perrineau havia acusado Murray Miller, um dos produtores executivos da série Girls (da qual Dunham é criadora e protagonista), de tê-la assediado, e Dunham correu em defesa de Miller, indicando ter "informações internas" que comprovavam que a acusação era falsa. Um ano depois, Dunham emitiu um pedido de desculpas,[60] um que dançou em volta da facilidade com que ela pareceu oferecer apoio para qualquer um que se enquadrasse no tipo "certo" de vítima — ou precisamente, no tipo "branco" de vítima — até que ela foi questionada repetidamente. A maior parte de seu pedido de desculpas foca nela mesma, e, até mesmo, na parte que é especificamente uma resposta à Aurora Perrineau, ela se centrou em sua própria jornada:

"Para Aurora: Você tem estado na minha cabeça e no meu coração todos os dias nesse último ano. Eu te amo. Eu vou te amar para sempre. Eu vou sempre trabalhar para corrigir aquele erro. E, por isso, você me fez uma mulher e feminista melhor. Este não deveria ter sido um trabalho seu, a ser acrescentado aos seus outros fardos, mas aqui estamos, e aqui eu peço: Como seguimos em frente? Não só eu e você, mas todos nós, vivendo nesse espaço cinzento entre admissão e vindicação."

---

59 Atriz e modelo norte-americana. Conhecida por estrelar Shana Elmsford em *Jem and the Holograms*, a adaptação cinematográfica live-action da série de televisão de animação dos anos 1980 *Jem*.

60 A carta "Minhas desculpas para Aurora", pode ser encontrada em inglês, no seguinte endereço: https://www.hollywoodreporter.com/news/lena-dunham-my-apology-aurora-perrineau-1165614

"É doloroso perceber que, enquanto eu achava que era autoconsciente, eu tinha, na verdade, internalizado a agenda masculina dominante que nos faz defendê-la, protegê-la e nutri-la a qualquer custo. Algo em mim ainda se sente compelido a fazer isso: a agradar, a arrumar e a fazer compras. Meu trabalho, agora, é escavar essa parte de mim e criar uma caverna aqui dentro em que uma vela ficará sempre acesa, segura, e iluminará as palavras que estarão escritas na parede por trás: eu te vejo, Aurora. Eu te ouço, Aurora. Eu acredito em você, Aurora."

Atos públicos de racismo aparecem mais atrevidos e mais frequentes na era Trump, mas é importante lembrar que esses atos não são novos, e que, frequentemente, o maior dano é causado no privado.

Quando nós perguntamos por que as vítimas não denunciam assédio, por que os índices de condenações são tão baixos, e de quem é a culpa do porquê da cultura do estupro se perpetuar, a resposta é: a culpa é de todo mundo. E é de todo mundo porque, no fim das contas, a cultura do estupro é construída e mantida em lugares nos quais ela mais causa danos, como nos nossos próprios lares, nas escolas e nas igrejas.

E apesar de eu ter amplamente focado nas narrativas de objetificação do corpo feminino negro e em como o feminismo dominante falha em se envolver, eu não estou, de forma alguma, dizendo que a violência sexual é uma preocupação única da mulher cis. Enquanto mulheres cis experienciam um dos índices mais altos de assédio sexual, mulheres trans e pessoas andrógenas também encaram um risco elevado. Seja em um campus universitário, numa base militar ou numa prisão, nenhum lugar é seguro. Misturada ao hábito de culpar as vítimas que posicionam a localização como um fator de vitimização, está a realidade de que estupradores atacam em qualquer ambiente no qual eles achem que podem ter sucesso.

Tentativas de banir mulheres cis do Exército e mulheres trans de banheiros, ou de dizer que pessoas que já foram aprisionadas merecem ser alvo de violência sexual estão apenas alimentando a cultura do estupro por diferentes ângulos. Declarações que dizem que trabalhadoras do sexo não podem ser violentadas ou que elas existem como uma válvula de escape para prevenir violência sexual, estão fundamentalmente enraizadas em narrativas que enxergam o corpo como dispensável, sem se perguntar o quão dentro da cultura do estupro essas narrativas "feministas" estão.

Nós precisamos lembrar que nenhuma vítima de violência sexual mereceu ser violentada, nenhuma estava "pedindo por isso" e nenhuma é responsável pela cultura que coloca a culpa na vítima ao invés de a colocar nos estupradores. Nós precisamos entender que nós não só temos uma responsabilidade de não culpar as vítimas, como também devemos ativamente trabalhar contra essas normas culturais que fazem com que seja aceitável hipersexualizar possíveis alvos de violência, seja por sua cor de pele, expressão de gênero ou idade.

Não estou criando nenhuma menina, mas tenho muitas delas em minha vida. Como parte do meu compromisso de mudar a maneira como falamos sobre a sexualidade de mulheres jovens, cultura do estupro e gênero, me esforcei para ensinar meus filhos sobre o consentimento. Para falar sobre respeito, assim como decência básica, para não ser um assediador. É um pequeno passo e, certamente, não será a solução para o problema. Mas é o lugar onde eu posso começar a interferir em um nível pessoal. Mais importante ainda, como um todo, o feminismo tem que focar em mudanças internas individuais, assim como em mudanças ao redor do mundo. Temos que mudar o foco das narrativas anti-estupro, jogar para longe o que as vítimas podem fazer para evitá-lo, e trazer para perto ensinamentos para que homens não sejam predadores em primeiro lugar. Temos que parar de ignorar e de sermos cúmplices ao transmitir as mensagens culturais que dizem que algumas pessoas merecem ser abusadas sexualmente.

O feminismo deve desafiar essas narrativas, ou vai acabar arriscando mais uma geração, que dirá que respeitabilidade poderá salvá-las enquanto veem abusadores e estupradores escapando da punição pelos seus crimes. O problema nunca foi a falta de denúncia, mas, sim, que algumas vítimas não são vistas como valiosas o suficiente para serem protegidas.

ESTÁ CHOVENDO PATRIARCADO

Eu cresci com um avô tradicional e, aos meus cinco anos, quando minha mãe começou a namorar o homem que viria a ser meu padrasto, eu me tornei a filha de um homem igualmente tradicional. Eles são o tipo de homem que abre portas e puxa cadeiras para as mulheres e, às vezes, troca os pés pelas mãos quando o assunto é gênero. Meu avô não era um homem ruim, mas era exatamente o que você poderia esperar de um homem nascido em 1919. Nas melhores situações, ele era um sexista benevolente e, nas piores, um misógino de primeira — apesar de eu nem saber o que essas palavras significavam quando ele ainda era vivo. Mas eu posso olhar para trás, para as coisas que ele dizia sobre o que mulheres podiam ou não podiam fazer, o modo como ele ficava abismado com o meu estilo de roupa, bem como ver que ele acreditava nos padrões de gênero de sua época e que ele teve de lidar com mudanças sociais gigantescas ao longo da sua vida, assim como ver suas filhas e netas rejeitando muitas das coisas que ele esperava de nós. Meu pai é um pouco melhor. Na época em que ele conheceu minha mãe, eu já estava mostrando indícios de comportamento que trariam diversas discussões familiares. Às vezes, ele abre a boca e o patriarcado se derrama por cima de qualquer tópico, desde aquilo em que ele acha que meu marido deve opinar, em relação às minhas escolhas sobre meu corpo, até no que eu deveria trabalhar. E, então, ele recolhe suas palavras — possivelmente por causa das minhas reações —, e faz um comentário sobre "mulheres modernas". Na maior parte do tempo, meu pai apenas observa de boca fechada, chacoalha sua cabeça e me deixa continuar a viver sem seguir nenhuma das narrativas tradicionais que ele tanto valoriza.

Ele me ama, apesar de não me entender; mas, afinal, eu também não o entendo completamente. Por exemplo, eu não tenho certeza se entendo a sua necessidade de ser tão patriarcal, e uma vez ele me perguntou o que o meu marido achava da minha histerectomia. Eu lhe disse, bruscamente, que o corpo era meu e que meu marido não conta votos nas minhas decisões. E ficou por isso mesmo. Ele entende e aprecia que eu tenha terminado os meus estudos e que trabalho, mas ele simplesmente não consegue entender como eu e meu marido somos tão contrários a papéis tradicionais de gênero que são, em sua opinião, fatores tão essenciais. A sua atitude é o patriarcado em ação — o que, vindo de qualquer um, seria uma fonte inequívoca de conflito comigo —, mas as normas patriarcais são complicadas quando vêm de homens que me criaram e que eu amo.

Eu posso confortavelmente conversar sobre feminismo, sobre a periferia e sobre muitas outras coisas, como masculinidade e os danos causados por ela, e, mesmo assim, o máximo que consegui fazer com o meu pai foi estabelecer um rápido e nítido limite. Sendo justa, nós nunca discutimos a histerectomia novamente, e ele não faz mais comentários desse tipo sobre meu corpo; mas o fato é que ele acredita em valores que eu não acredito. E essa é a verdade para muitas mulheres de comunidades como a minha.

As feministas precisam de uma compreensão mais realista da natureza complexa das influências patriarcais nas comunidades marginalizadas. Quer estejamos falando sobre periferias ou áreas rurais, a natureza semissegregada da maioria das comunidades da classe trabalhadora desempenha um grande papel na maneira como as narrativas patriarcais são adotadas. Essas comunidades são, em grande parte, social e culturalmente homogêneas, e a grande maioria dos residentes está super preocupada com a respeitabilidade por conta das mensagens patriarcais brancas sobre o respeito ser reservado para aqueles que são cumpridores da lei, religiosos e pelo menos um pouco socialmente conservadores.

A maioria dos moradores defendem valores conservadores e aspiram por uma vida melhor para seus filhos. Os moradores mais jovens tendem a compartilhar os valores de seus pais ou cuidadores: trabalhe duro; evite se emaranhar em qualquer tipo de crime ou violência; evite drogas, ou pelo menos consuma menos que qualquer pessoa branca perto de você. E, mesmo assim, eles correm um risco desproporcional de prisão e encarceramento para as formas mais mundanas de contravenção.

Em todas as comunidades, existe uma minoria que se rebela contra, pelo menos, uma parte dos valores comunitários. Eles podem se envolver em alguma forma de atividade ilícita. Alguns foram expulsos de escolas e, eventualmente, de seus trabalhos, enquanto outros voluntariamente largam a escola ou não procuram continuar seus estudos após o ensino médio. Essas pessoas acabam não tendo as habilidades ou as credenciais para empregos com salários mais altos, e não conseguem viver com empregos pouco remunerados sem alguma forma de complementar a renda. Eles dançam sobre a linha da pobreza; mas, geralmente, ficam acima dela através de alguma fonte de economia clandestina.

Por causa da falta de respeito em outros lugares, os homens nesses cenários valorizam uma medida de subserviência e submissão das mulheres com o intuito de compensar o que eles não podem receber no mundo mais amplo. Costumes que parecem contradizer diretamente o feminismo, como fazer o prato de um homem e servi--lo, são parte de uma configuração de normas, valores e hábitos que são, em sua essência, predominantes dentro da comunidade. Fora desses locais, a ideia de que uma mulher prepare e sirva seu parceiro pode ser vista como uma indicação de que ela não é igual a ele. Assim como qualquer costume, existem formas que podem ser consideradas prejudiciais, mas é uma das muitas práticas que não são específicas apenas à comunidade, mas também a um relacionamento. As chances do meu marido colocar um prato na mesa são muito maiores do que as minhas, porque ele cozinha mais que eu. Mas, normalmente, sou eu quem sirvo as crianças. É assim que funciona na nossa casa. E, mesmo que a prática seja fortemente debatida em nossa comunidade como uma expressão silenciosa de afeto e respeito, ela pode ser incrivelmente validadora. Fazer o prato de um homem e outras práticas semelhantes existem em grande parte porque o único lugar em que um homem negro pode se sentir respeitado é em sua família. Mesmo agora, em 2019, o mundo exterior frequentemente falha em respeitar os negros, muito menos os homens negros.

É também aqui que a hipermasculinidade, que pode parecer tão agressiva, atua como uma afirmação e defesa de respeito. Muitas narrativas sobre o que significa ser homem, sobre ser alguém que se levanta e se destaca na comunidade como um líder, são criadas neste espaço, no qual o respeito não é apenas conquistado, mas deve ser constantemente exigido. Quer isso signifique levantar sua voz ou recorrer à violência, é importante encontrar um espaço para si mesmo em um mundo que nega seu direito de existir. A cultura de gangue, a bravata que permeia e cria a masculinidade tóxica, são métodos distorcidos de autodefesa do mundo mais amplo. Embora o desejo por marcas famosas possa parecer contrário ao que é necessário em comunidades de baixa renda, existe um desafio à política de respeitabilidade atuando no apego a tudo, desde tênis de ginástica a moletons. Ternos, gravatas, vestidos recatados não protegiam nossos ancestrais da violência, antes ou durante o Movimento pelos Direitos Civis; eles não protegerão os residentes da periferia agora, não importa quantas vezes as pessoas tentem culpar as vítimas de racismo pela forma como estão vestidas. O individualismo, o materialismo e a reverência pelos papéis de gênero "tradicionais" são filtrados através de uma lente de normas intraculturais.

Em oposição a essa centralização da hipermasculinidade está o feminismo negro, que reconhece que lutar contra o patriarcado da supremacia branca fora da comunidade é diferente de lutar contra a masculinidade tóxica dentro da comunidade. Há um desejo de ver os mesmos homens que são tão adversamente afetados pelo racismo terem sucesso, mas não às custas das mulheres negras. Isso significa um ato de equilíbrio cuidadoso de priorizar a segurança e a saúde de todos sem ignorar o dano que o patriarcado fez ou pode causar.

Apesar de tal cultura ter potencial para ser incrivelmente tóxica, particularmente onde a demanda por respeito é reforçada através do uso de violência emocional e física, de várias maneiras, é simplesmente a imagem invertida de valores icônicos, um empurrão para a igualdade ou, até mesmo, equidade, vistos através de espelhos distorcidos. É como se a masculinidade tóxica fosse um remédio para uma doença criada pela opressão. Quando você está acostumado a ver uma narrativa social mais ampla, que coloca algumas pessoas como substituíveis, o instinto é replicar esse comportamento dentro das suas próprias comunidades; e porque isso está tão normalizado, é difícil de se imaginar uma ordem social diferente. Enquanto comunidades não-brancas são certamente afetadas pelas narrativas patriarcais brancas apresentadas como a cultura dominante e desejável pela mídia, muitas das dinâmicas patriarcais internas nas comunidades não-brancas são cultivadas dentro de casa, uma consequência das respostas culturais que se originaram em reação à violência institucionalizada do colonialismo e do imperialismo. Não se trata da fantasia dos anos 50 por Donna Reed,[61] aquela ode pálida aos mitos da era Jim Crow sobre o papel da classe média alta branca feminina, que estavam começando a entender o balanço entre trabalho e lar com parceiros que ganhavam o suficiente para bancar uma empregada doméstica.

Os elementos tóxicos da hipermasculinidade em culturas negras e pardas vêm, em parte, do impacto de empregos pouco remunerados, nos quais a opção de uma mulher não precisar ajudar na renda familiar nunca foi realmente uma opção. Realidades que trazem o protesto

---

[61] Personagem de um seriado de comédia dos anos 50 que transformou em ícone a imagem da mulher doméstica, misturando glamour e sexualidade com a docilidade e a domesticidade.

como a única resposta disponível para leis superagressivas, mas um protesto que está enraizado na expectativa de consequências potencialmente letais. Essa é uma cultura na qual as mulheres estão, em sua maioria, no comando, não porque elas brigaram por isso, mas porque os homens de suas vidas e de suas comunidades são presos ou mortos por muito pouco. As consequências da supremacia branca dentro de comunidades não-brancas têm sido excepcionalmente duras, principalmente desde o início da Guerra Antidrogas. Encarceramento em massa tem danificado tantas comunidades, removendo do reino das possibilidades muitos dos costumes sociais mais tradicionais relacionados à família. Para os homens que ficaram, ser respeitado ficou restrito ao que acontece dentro de casa, porque não havia nenhuma possibilidade de ser respeitado fora dela.

Muito frequentemente, o papel do crime em comunidades de baixa renda é interpretado como preguiça, uma recusa em cuidar de uma família, ou é situado em narrativas que ignoram o quanto da identidade masculina se concentra em ser um provedor e protetor. É difícil fazer qualquer um desses papéis quando você não consegue encontrar um emprego, e ainda assim as armadilhas de recorrer ao vício são cada vez mais óbvias. Se você estiver ausente de sua família e comunidade por anos por causa do encarceramento, quando você retornar provavelmente não terá as habilidades necessárias para qualquer tipo de relacionamento progressivo saudável. É ainda menos provável que consiga um emprego que lhe permita sustentar-se, muito menos sustentar uma família.

De diversas maneiras, os padrões patriarcais que se estabeleceram após a Guerra Antidrogas são diferentes daquelas que nossos avós e pais viveram. Com a remoção de tantos homens da nossa comunidade, cumprindo por décadas sentenças que deveriam ser de apenas alguns meses, famílias tiveram que se reestruturar. Novos padrões foram desenvolvidos, que eram menos sobre famílias nucleares tradicionais e mais sobre vida intergeracional e interdependente da terra. Todo mundo precisava trabalhar e, à medida que a inflação subia, o poder de compra negro ficava para trás.

Novos padrões ratificaram a ideia de que mulheres negras trabalhando eram a norma, mas com tantos homens encarcerados, as mulheres heterossexuais, em particular, frequentemente sentiam que tinham que competir por parceiros através de aderência estrita aos padrões mais patriarcais — padrões que sabiam que os homens consideravam de extrema importância. Oferecer-se para trabalhar, cuidar de todas as tarefas domésticas, ser submissa... É uma lista maior do que qualquer mulher, até mesmo duas, pode fazer. Ainda assim, a cultura do "escolha-me", um fenômeno em que algumas mulheres anunciam sua disposição de aderir a esses padrões arbitrários, é evidente no Twitter e em outros sites de mídia social. E isso é um resultado direto do que se tornou uma escassez de opções disponíveis devido a forças antiquíssimas.

Outras mulheres rejeitaram a ideia de precisar de alguém e, claro, isso é visto como uma rejeição da vida familiar tradicional dentro e fora da comunidade. Mas ser mulher solteira ou ser mãe solteira não é um fracasso da parte das mulheres nessas comunidades. Suas escolhas são uma reação à pressão externa da supremacia branca e à pressão interna de uma forma de feminismo nascida no cadinho que é a sobrevivência. Os novos padrões que esperam que as mulheres negras se sustentem nos papéis tradicionais de gênero, para atender e cuidar dos homens em suas casas, não importando o quão cansadas elas estejam de seu próprio trabalho, foram planejado como uma forma de recuperar a masculinidade perdida pela opressão. No entanto, esses padrões não apenas carregam toda a bagagem histórica do sexismo, mas também ignoram o impacto contínuo dos eventos atuais sobre as mulheres que estão sendo submetidas a eles. Com todos os jovens negros e pardos em risco de serem considerados criminosos, todas as pessoas marginalizadas provavelmente serão tratadas com desrespeito e, com a desumanização cada vez maior, o espaço para realmente examinar e corrigir essas questões dentro da comunidade é limitado. A pressão externa aumenta a pressão interna. As mulheres negras enfrentam um dos maiores índices de violência praticada pelo parceiro íntimo. Elas são culpadas por tudo, desde as menores taxas de casamento até os mais altos crimes.

E, no entanto, o novo patriarcado negro não funciona para curar a comunidade. Para os meninos que o seguem, suas ideias de respeito se tornaram tão distorcidas que estão matando ou morrendo nos conflitos mais ridículos. As taxas de homicídio diminuíram substancialmente em comunidades não-brancas, mas a taxa de tiroteios ainda é catastrófica, com adolescentes, em particular, enfrentando os maiores níveis de risco.[62]

Lidar com a hipermasculinidade e a masculinidade tóxica é uma parte fundamental para encerrar a atual crise de violência armada, mas obviamente essa não é a única crise dentro das comunidades não-brancas. É um

---

[62] Informação encontrada no artigo Data Point: Gun violence is the most common cause of death for young men https://www.childtrends.org/gun-violence-common-cause-death-young-men [em português: Violência Armada é a causa mais comum de morte de jovens meninos].

erro claro focar em apenas um aspecto do patriarcado sem estar disposto a interrogar as maneiras com que outras formas ilustram os índices de violência e trauma que mulheres e meninas marginalizadas, em particular, estão enfrentando.

As maneiras com que meninos e meninas lidam com o trauma infligido pela exposição a noções racistas patriarcais podem ser muito diferentes, mas as expectativas culturais internas são frequentemente separadas por gênero, de uma forma que acabam sendo isoladoras para aqueles que não se encaixam nas suas linhas estritamente definidas.

Para meninas não-brancas, principalmente meninas negras e latinas, não há somente o problema de navegar na hipersexualização de seus corpos e nas suposições projetadas de que elas, de alguma forma, estão destinadas a falhar; também há a expectativa de que elas realizem um trabalho emocional e social às custas da sua própria infância. A *adultificação* (prática racista de ver crianças não-brancas como mais velhas do que elas realmente são) remove a possibilidade de inocência de jovens meninas, principalmente de meninas negras. Isso aparece sob várias facetas, e uma das mais bizarras é, talvez, a resposta de meninas brancas com a morte da personagem Rue, em Jogos Vorazes, interpretada por Amandla Stenberg no filme. Ao invés do luto profundo que os fãs disseram ter sentido ao lerem o livro, a morte dela nas telonas teve muitos desses mesmos fãs dizendo que não sentiram nada. Ou que a morte dela foi menos significante porque Rue foi interpretada por uma menina negra.

Alguns fãs postaram coisas no Twitter como: "aquele momento estranho em que a Rue é uma menina negra e não a menina loira inocente que você imaginou", e "por que Rue teve que ser negra? Não vou mentir, estragou o filme". Apesar da personagem ser descrita no texto como tendo pele morena escura. Mesmo uma garota negra fictícia não estava imune ao racismo.

Apesar da existência e das consequências da adultificação afetarem provavelmente todas as comunidades não-brancas, a pesquisa referente a esse fenômeno tem sido principalmente centrada em comunidades negras. Um estudo publicado em 2017, pela Georgetown Law's Center on Poverty and Inequality,[63] chamado "Infância Interrompida: o Apagamento da Infância Negra",[64] mostrou que todos os 325 adultos que participaram do estudo sentiam que meninas negras aparentavam ser mais velhas do que meninas brancas da mesma idade. O estudo também mostrou que alguns participantes acreditavam que meninas negras precisavam de menos cuidado, proteção, apoio e conforto do que meninas brancas. Adultos de diversas origens (75% eram brancos e 62% desses eram mulheres) enxergavam meninas negras como mais independentes e maduras. Eles também assumiram que meninas negras sabem mais sobre sexo e outros tópicos adultos.

É muito improvável que os colaboradores do estudo tenham consciência do porquê eles se sentiram dessa maneira, uma vez que o viés é comumente inconsciente e fortemente formado pelas mensagens do mundo ao nosso redor. Vendo de fora, parece provável para mim que essas respostas refletem atitudes provindas de uma

---

[63] Em português: Centro de Pobreza e Desigualdade da Faculdade de Direito da Universidade de Georgetown.

[64] Girlhood Interrupted: The Erasure of Black Girls. Childhoodhttps://www.law.georgetown.edu/poverty-inequality-center/wp-content/uploads/sites/14/2017/08/girlhood-interrupted.pdf

mensagem cultural mais ampla do que a subjetividade de cada participante; Da mesma forma que as pessoas que ficaram bravas com a caracterização de Rue no filme, que provavelmente nunca haviam visto uma menina negra ser retratada como inocente, não pararam para questionar o por que de sentirem que inocência não cabia a ela. Mas, estudos mais antigos[65] mostram que isso é uma forma comum de desumanização sofrida por crianças negras, e que traz efeitos negativos em relação a suas experiências com figuras de autoridade, uma vez que essas são menos inclinadas a protegê-las e ajudá-las a alcançar os seus objetivos.

Para meninas negras (e para meninas pardas que não passam por brancas), as narrativas referentes à falta de inocência também se aplicam aos seus próprios bairros. Nós sabemos que, mesmo dentro de suas comunidades, meninas não-brancas nem sempre estão seguras, que o patriarcado que as coloca como presas tem uma gama de lugares nos quais esses tipos de mensagens são transmitidos. E, então, essas meninas têm esse trauma ignorado ou minimizado, enquanto os sistemas que deveriam protegê-las sacrificam sua segurança em nome da respeitabilidade. É só vermos qualquer conversa em que há pessoas falando que uma menina está "arruinando" a vida de alguém por ter denunciado um assédio ou violência sexual. Atletas, policiais, celebridades ou professores, não importa quem cometeu o ato — as meninas sempre são vistas como não merecedoras de proteção. O foco sempre vai para o futuro do assediador, o seu potencial como atleta, artista ou qualquer coisa que foi preju-

---

[65] The Essence of Innocence: Consequences of Dehumanizing Black Children. https://www.apa.org/pubs/journals/releases/psp-a0035663.pdf. Em português: A Essência da Inocência: As Consequências da Desumanização das Crianças Negras.

dicada, enquanto há pouquíssima discussão sobre o mal causado às meninas e ao futuro delas.

Meninas não-brancas, principalmente meninas negras, lidam com apagamento e maiores expectativas sobre elas, ao mesmo tempo que tentam se enquadrar com pessoas da mesma idade e se esquivam do esquema "da-escola-para-cadeia", de predadores e dos estresses que habitam residências de baixa renda. Jovens meninas são deixadas para navegar sozinhas as expectativas da família, da escola, da igreja e das ruas.

Saber se adaptar a cada um desses espaços é uma habilidade essencial que nem todo mundo pode ou consegue adquirir. E o peso de não ser bom nessa camuflagem é visto não só em como as meninas são tratadas por seus pares, mas também na maneira com que elas são tratadas pelos sistemas que encontram. Uma menina que é vista como alguém que se encaixa nos moldes predefinidos do patriarcado é chamada de "menina boa", uma que não vai se envolver em nenhum desses interesses incômodos por si mesma, seus próprios objetivos e preocupações; mas que, ao invés disso, parece estar disposta a ser dirigida; muitas vezes ela se encontrará com mais recursos oferecidos por professores, empregadores ou outras pessoas com poder para afetar uma mudança positiva em sua vida. Enquanto isso, a versão bagunceira, falante, investida em ser ela mesma e nas suas origens, não importa o quanto sua imagem verdadeira derive do conceito de "menina boa", vai ter muito mais dificuldade de se beneficiar desses mesmos recursos.

As garotas de periferia precisam aprender a apresentar apenas a fração de si mesmas que é considerada aceitável, ao mesmo tempo em que trabalham duas vezes mais para chegar na metade de onde outras meninas chegam na vida. As representações da mídia de adaptação tendem a se concentrar em mudanças externas, como alterar sua fala e mudar seu penteado, maquiagem e linguagem corporal; mas a realidade é que essa adaptação é muito mais profunda do que isso. As garotas de periferia precisam enfrentar fatores estressantes, enterrar traumas e, ainda, criar espaço para serem humanas. Seus esforços são frequentemente considerados como *ghetto* ou como algo besta por pessoas que estão mais preocupadas com a respeitabilidade do que com qualquer outra coisa, mesmo que afirmem querer ajudar essas meninas marginalizadas. Quando essas meninas que não são da classe média têm penteados coloridos, procuram ter os bens de consumo que estão nas vitrines ou agem de maneiras um pouco fora do "adequado", elas podem se ver no lado errado dos sistemas em que ainda estão aprendendo a navegar.

Ter que ouvir algumas narrativas feministas sobre como é a vida na periferia é escutar dos outros que a periferia nada mais é do que um lugar para se fugir, uma situação em que as meninas e mulheres que continuam a viver ali não têm voz própria e precisam de um estranho para falar por elas. Veja a campanha de vídeo antiassédio de 2014[66] nas ruas da organização Hollaback,[67] por exemplo, em que se mostrou uma mulher branca andando por Nova York. Quando ela estava nas comunidades, o lugar era retratado como um lugar em que os homens a perse-

---

[66] Vídeo em resposta da Hollaback: Mulheres não-brancas e assédio nas ruas. https://Jezabel.com/a-hollaback-response-video-women-of-color-on-street--ha-1655494647.

[67] Organização sem fins lucrativos para aumentar a conscientização e combater o assédio, tanto online quanto pessoalmente, por meio de treinamentos de intervenção, um fotoblog e iniciativas de base.

guiam. A campanha nunca envolveu o tratamento que as mulheres experimentam, da mesma forma, dos homens brancos, que são muito mais propensos a exibir violência contra as mulheres brancas; muito menos mostrou o que uma mulher não-branca pode experimentar no bairro ou em qualquer outro lugar. É verdade que o assédio nas ruas tem mais probabilidade de acontecer quando mulheres estão caminhando em calçadas ou usando o transporte público, em vez de isoladas do mundo exterior como em um veículo privado. No entanto, isso não significa que as comunidades são os únicos lugares em que acontecem assédios, muito menos que as mulheres que moram lá precisam de um salvador branco para resgatá-las.

Narrativas como a apresentada no vídeo da campanha Hollaback são uma simplificação grosseira do problema complexo de como o patriarcado em geral ensina o mundo a ignorar as mulheres marginalizadas, que geralmente são as que têm as críticas mais contundentes e a análise mais convincente da realidade. De muitas maneiras, o mundo não está voltando aos padrões anteriores, está simplesmente ampliando um ciclo que algumas comunidades sempre enfrentaram. O patriarcado não está morto, nem é o mesmo em todos os lugares, e pedir soluções sem abordar o impacto de classe e raça foge do problema real. Como sociedade, enfrentamos um emaranhado vicioso de desigualdade de renda, exacerbado por preconceitos desenfreados que têm recebido permissão para se infiltrar em todas as comunidades.

Mas para as meninas criadas em áreas de pobreza concentrada, em meio à opressão auxiliada e estimulada por uma cultura policial que prioriza o perfil racial e a constrição violenta em detrimento da proteção, o foco delas deve ser a sobrevivência. Elas estão lutando para salvar não apenas a si próprias, mas suas comunidades também; lutam preservar as partes de suas culturas que elas amam, sem se afogar no fundamentalismo imperfeito que é a estreita gama de feminilidade disponível para elas. Já sabem que a respeitabilidade não pode salvá-las, simplesmente porque não pode salvar ninguém, e agora estão descobrindo como lidar com os traumas internamente e com o mundo, que as trata com tanto desrespeito e desprezo. Elas têm que encontrar inspiração nas pessoas que conseguem sair, não necessariamente fora da comunidade em si, mas fora do ciclo de trauma forjado pela pobreza e opressão. A comunidade ainda é a sua casa, mas elas têm que olhar além das ruas problemáticas por onde passam todos os dias e se ver como dignas de serem salvas.

Encontrar ou criar bons programas para meninas e mulheres jovens nessas comunidades nem sempre é fácil, mas a resiliência delas é incrível. Sozinhas, elas criam saídas do nada ou com a ajuda dos pais, sempre que possível. Se você perguntar às mães da classe trabalhadora nesses bairros, muitas dirão que as meninas correm maior risco, mas estão entre as que têm menos recursos. Os programas de intervenção rapidamente expandidos cobrem tópicos que vão do suicídio à automutilação, na tentativa de incluir as meninas, mas talvez não o suficiente para realmente focar em suas necessidades. Cursos sobre relacionamentos saudáveis abrangem conexões da rua e de gangues ao lado de maneiras de identificar parceiros abusivos e melhorar a autoestima, mas os programas não focam no que as meninas podem querer ou precisar para si mesmas. Em vez de tratá-las como agentes autodeterminantes em suas próprias vidas, esses programas as tratam apenas como seres capazes de responder ao que está acontecendo ao seu redor.

Meu foco nas garotas não exclui jovens LGBTQIA+, que também não estão isolados dos danos que vêm da masculinidade tóxica. Pelo contrário, a masculinidade tóxica contribui enormemente para o aumento dos fatores de risco e posiciona os jovens LGBTQIA+ na periferia da heteronormatividade das comunidades que frequentemente habitam. A masculinidade tóxica os está matando, literal e figurativamente. Intolerância, homofobia, misoginia, agressão e violência sexual, dentro e fora das comunidades marginalizadas, são os comportamentos antissociais que os sistemas patriarcais criam. Não pode haver dúvida de que os sistemas patriarcais oprimiram, aterrorizaram e abusaram de todos. Como parte do trabalho em prol de uma sociedade que será benéfica para todos, as comunidades marginalizadas precisam fazer mais trabalho interno para lidar com esses comportamentos e trabalhar juntas para desfazer o dano que foi feito. Mas a masculinidade tóxica não é apenas um problema em comunidades de baixa renda, que não são mais homofóbicas, intolerantes ou sexualmente violentas do que as comunidades em posições socioeconômicas mais elevadas. Não há um limite que possa ser claramente marcado entre o que é seguro e inseguro ao longo das linhas raciais ou sociais.

As narrativas tóxicas sobre a masculinidade estão borrando os limites entre a violência sexual, a misoginia e a homofobia com os desejos mais benignos de ser forte e corajoso, e têm criado um sistema que recompensa atitudes preconceituosas ao mesmo tempo que diminui as mais positivas. A herança de um patriarcado colonialista significou que muitas comunidades lutam para recuperar o que há de bom nas características tradicionais de suas culturas em relação ao posicionamento quanto à questão de gênero. A ausência de um conhecimento pré-colonial da cultura que reconheça o espectro de gênero pode causar tanto dano quanto uma cultura que impõe normas àqueles a quem elas não se enquadram.

Sob as narrativas "protetoras" das estruturas patriarcais que preenchem nossa sociedade, sempre há espaço para a manifestação da masculinidade tóxica. E os problemas fundamentais de sexismo, racismo e homofobia estão profundamente interligados com o que consideramos comportamentos masculinos mais positivos. Muitas vezes, os comentários que promovem a masculinidade tóxica são mascarados em uma linguagem que valoriza mentalidades perigosas. Muito frequentemente, aquelas que se relacionam com homens ouvem que precisam ser submissas, segurá-los em um relacionamento não importa o que aconteça, ser compreensivas e pacientes, apesar das bandeiras vermelhas que vão desde a traição ao próprio abuso. Chamar atenção para essas coisas é necessário, embora difícil de fazer quando uma comunidade está descobrindo não apenas como desmantelar as estruturas patriarcais, mas como substituí-las. E a substituição beneficiará a todos, facilitará o enfrentamento da homofobia internalizada e da transfobia que está enraizada na desvalorização de mulheres e meninas. Temos que trabalhar em prol da equidade interna e externa.

Em última análise, há uma mudança fundamental de longo prazo que só pode vir de dentro das comunidades marginalizadas: uma redução no número de estruturas que procuram imitar, em vez de desafiar, as narrativas patriarcais. Em vez de palavras enfadonhas de figuras de autoridade obcecadas por respeitabilidade, prontas para colocar todos os pecados na porta daqueles nascidos de mulheres solteiras, geralmente pobres, as feministas dessas comunidades falam mais sobre o mal causado por aqueles que estão mais interessados em sustentar papéis de gênero do que em como resolver problemas, que vão desde a pobreza ao abuso infantil. O feminismo precisa criar espaço para que as comunidades marginalizadas falem menos sobre as reações às falhas educacionais e a delinquência, e mais sobre o que pode ser feito para criar um espaço para que as crianças negras prosperem. Precisamos contornar as influências patriarcais em nossas vidas, especialmente entre os meninos, que muitas vezes acabam ingressando em gangues para encontrar um pouco do respeito e amor que lhes faltam. Devemos continuar a lutar por uma sociedade igualitária em que mulheres e meninas tenham todas as oportunidades oferecidas a homens e meninos, e que estejam livres de violência.

Apesar das narrativas feministas brancas dizerem o contrário, não há ausência de feminismo dentro do Islã, da igreja negra ou de qualquer outra comunidade. As mulheres dentro dessas comunidades estão fazendo um trabalho árduo e necessário, elas não precisam de salvadores brancos, elas não precisam estruturar seu feminismo para se parecer com o de qualquer outra pessoa. Eles só precisam não ter que combater constantemente o patriarcado da supremacia branca de fora, enquanto trabalham dentro de suas comunidades.

Não podemos sacrificar o futuro de meninas e mulheres para preservar o futuro de jovens homens tóxicos ou das instituições que os tornaram assim. Nem podemos fingir que o feminismo está fragmentando nossas comunidades. É o patriarcado, é sempre o patriarcado. Mas o patriarcado tem mais cabeças do que a Hidra[68] e deve ser combatido por todos os lados.

---
68 Criatura mitológica grega que tinha diversas cabeças e, cada vez que uma cabeça era cortada, duas ou três apareciam em seu lugar.

Se o feminismo branco quer algo para fazer, quer ajudar, esta é uma área em que é importante dar um passo atrás e esperar ser convidado. Se nenhum convite está vindo? Bem, você sempre pode desafiar o patriarcado branco. Sempre há espaço para combater sistema carcerário, para defender a redução do encarceramento como solução para as preocupações da sociedade. Há espaço para limitar os danos causados às comunidades marginalizadas, sem se intrometer no trabalho interno que pessoas de dentro podem e devem fazer. E esse espaço pode ser operado de fora.

COMO ESCREVER SOBRE MULHERES NEGRAS

Primeiramente, me fale as suas credenciais. Tudo bem ser uma mulher, mas não uma mulher negra. As suas experiências vividas são imateriais e podem ser diminuídas como meras anedotas. Deixe claro que você não é racista ou sexista, que você está meramente preocupado com a luta delas. Que luta? Bem, escolha uma. Ou várias. Casamento, filhos, falta de ambos, muita escolaridade, pouca escolaridade, assistência social, qualquer coisa que você acha que dê resultado. A única coisa que importa é que você ilumine a natureza maçante delas. Seja o que for, você tem que deixar bem claro que elas não são como as outras mulheres. Elas estão falhando em se comportar de alguma maneira que afeta a sociedade como um todo, mesmo se você não consegue explicar precisamente como ou por que a vida delas é propriedade pública. Além disso, dependa fortemente das pesquisas que mostram o problema como um problema. Nunca mencione quando exatamente as pesquisas foram feitas ou quem foram os sujeitos do estudo. Muito contexto pode complicar a conversa desnecessariamente. E esses fatos chatinhos podem ficar no caminho do seu objetivo final.

Faça uso de estereótipos sempre que possível e, preferivelmente, daqueles que estejam alinhados com os conceitos de Mammy,[69] Jezebel ou Sapphire.[70] Descreva mulheres negras de uma maneira que exagere a sua sexualidade e remova a sua humanidade. Afinal de contas, elas são As Outras: a sua pele é chocolate e o meio de suas pernas é misterioso, e elas nunca conheceram a inocência. Não precisa mencionar virgindade ou pureza; mesmo quando for falar de bebês, o seu foco deve ser na sexualidade. Se você for falar de mães negras, deixe claro que elas precisam de guia, apoio financeiro e até mesmo salvação. Que salvação? Bem, isso depende se elas trabalham pouco e por isso recebem assistência social ou trabalham muito e por isso negligenciam os seus filhos. Elas não têm a possibilidade de conciliar trabalho e família, porque elas são As Outras e isso não é possível para elas. Elas são emasculadoras e não merecem estar em relacionamentos, ou são muito masculinas com toda a sabedoria sexual que elas têm desde o nascimento. Não-estupráveis, pode-se confiar nelas para criarem todas as crianças, menos as suas próprias, e elas estão sexualmente disponíveis até o momento em que se tornam assexuais.

As mulheres negras existem para serem sistemas de apoio, seja para homens não-brancos ou mulheres de todas as cores, exceto negras. Não precisa mencionar as suas necessidades, esperanças, sonhos ou preocupações. Elas não têm nada disso, mesmo que, às vezes, elas falem de si mesmas como pessoas reais, com sentimentos reais.

---

69 Estereótipo originário do sul dos Estados Unidos, que descreve a mulher negra que trabalha em casas de famílias brancas cuidando das crianças. São mulheres frequentemente retratadas como largas e maternas.

70 Caricatura que retrata as mulheres negras como rudes, barulhentas, maliciosas, teimosas e autoritárias. Esta é a Mulher Negra Raivosa (ABW), popularizada no cinema e na televisão.

As suas vozes são muito altas, pouco polidas ou simplesmente agressivas demais. Elas estão sempre bravas com alguma coisa, mas os seus sentimentos não são reais; então, não são importantes. Garanta que você especificará o quão compreensivo você é perante os comportamentos incompreensíveis delas. Escreva como você as estudou — de uma distância segura — enquanto proclama que alguma de suas melhores amigas são mulheres negras. Não precisa saber nada sobre essas melhores amigas, apenas os seus nomes, afinal, você precisa provar que elas existem e que você não é racista ou sexista.

Ponha-as em contraste com mulheres de outras raças, sempre fazendo questão de iluminar que outras mulheres são mulheres reais, enquanto mulheres negras são apenas a sua cor. Fique à vontade para fazer declarações vagas sobre as suas crenças, escolaridade, níveis econômicos e dinâmicas familiares. Tudo isso será verdade porque você diz que é, e você é o especialista em mulheres negras, não as milhares de mulheres negras existentes. Se elas se ofenderem com as suas palavras, lembre-as de suas credenciais e se negue a entrar em uma discussão com elas até que elas se acalmem. Aponte o tom de voz como uma razão para duvidar das palavras delas e da veracidade de suas experiências. Afinal de contas, elas são mulheres negras e não sabem de nada, não têm nada e não valem nada, até você dizer o contrário.

O que começou como uma filosofia interna pós-escravidão para "melhorar a raça", ao corrigir as características "ruins" de negros pobres e trabalhadores, agora evoluiu para um dos pilares do que se é esperado de uma mulher negra estadunidense. A respeitabilidade se tornou uma filosofia governante na mídia, no trabalho e nas universidades, principalmente para mulheres negras, à medida que elas ficam mais velhas. É uma expectativa social que centraliza a ideia de gerenciar o comportamento de pessoas negras, principalmente mulheres negras, e, caso contrário, é negligenciada em uma sociedade que apenas quer oferecer oportunidade para aquelas previamente aprovadas pelos porteiros da sociedade.

Respeitabilidade depende de uma atuação aceitável, no que significa pertencer a um gênero e a uma sexualidade, de forma que não ameace as ideias tradicionais de masculinidade. Com o intuito de manter um status social e econômico, espera-se que as mulheres negras gerenciem as suas identidades e reputações com o objetivo de se encaixarem em uma construção que mistura a figura virginal e a megera. Mulheres negras que tentam criar uma imagem de inocência podem receber um pouco mais de simpatia e melhores oportunidades, mas a habilidade delas de manter essa imagem é tênue.

As políticas de respeitabilidade são, na verdade, sobre controlar o comportamento de um grupo inteiro de mulheres com designações do que é apropriado e desapropriado, enraizado em uma desigualdade estrutural. Os fiscais da respeitabilidade empurram essas narrativas dominantes, mas não necessariamente entendem de onde essas ideias do que é respeitável vêm, ou a parte desses ideais que é apenas mímica e não valor inato. A estrutura de respeitabilidade requer aderência, não autonomia, e depende das normas dominantes para criar uma hierarquia de privilégio dentro de comunidades marginalizadas.

Em uma era marcada pelo aumento da desigualdade e o declínio da mobilidade econômica para negros norte-americanos, a visão moderna das políticas de respeitabilidade trabalha para acomodar a *misogynoir*. O termo "misogynoir" foi criado pela feminista LGBTQIA+ negra e professora, Moya Bailey, para descrever a misoginia especificamente direcionada às mulheres negras na cultura popular e visual estadunidense, devido à sua cor e gênero. O autocuidado e a autocorreção são formulados como estratégias para tirar as mulheres negras pobres das comunidades, preparando-as para participar de uma economia que exigirá respeitabilidade como algo fundamental para ter mais acesso — até mesmo aos empregos menos desejáveis. Dessa forma, a respeitabilidade age para, simultaneamente, possibilitar e limitar o escopo de oportunidades para as comunidades prosperarem.

Nós relacionamos conceitos como "lift as we climb"[71] (um termo criado após a Guerra Civil para descrever a ideia de que pessoas negras de sucesso tinham o dever de ajudar aqueles que estão atrás) muito profundamente e, ao apresentarmos o conceito ao mundo exterior, não percebemos que nos esforçarmos para provar para os "Estados Unidos Branco" que pessoas negras são merecedoras de cidadania completa é, no final das contas, uma proposição perdida. Qualquer sistema que liga os nossos direitos ao propósito de fazer com que toda a comunidade negra assimile uma ideia não está interessada na igualdade, muito menos em equidade. As políticas modernas de respeitabilidade têm ido mais longe, demandando que os negros alcancem seus sonhos por mérito próprio, sem assistência, para que sejam considerados merecedores.

---
71 Em português: levantar-se enquanto subimos.

Inerente à ideologia de respeitabilidade, assim como a maioria das estratégias para o progresso que falham em confrontar o impacto antinegro, se tornar um fiscal de respeitabilidade não é a solução para que a liberdade de alguém seja alcançada. Esse é um problema que amplamente tem sido evitado pelos olhos dos estadunidenses brancos. Mas, agora que alguns negros estadunidenses alcançaram uma fração do sucesso que os coloca à vista de todos, de tal maneira que fazem parte da elite convencional da mídia, dos negócios, das políticas e da academia, as políticas de respeitabilidade influenciam o que é percebido como aceitável dentro das fronteiras do convencional. Os fiscais da respeitabilidade estão moldando quem pode ter opinião, quem informa as políticas sobre o que deve ou não estar disponível para as comunidades negras mais pobres.

As políticas de respeitabilidade se tornaram, de fato, regras para as pessoas marginalizadas seguirem, a fim de serem respeitadas na cultura dominante, mas refletem ideais antiquados estabelecidos pela supremacia branca. A representação das culturas que os negros estadunidenses criam em áreas de baixa renda — as comunidades — como *ghetto* ou *rachet*[72] tem muito pouco a ver com qualquer interesse real em seu sucesso e tudo a ver com a criação de uma série de argolas e obstáculos para impedir arbitrariamente o progresso daqueles com menos recursos.

De maneira esmagadora, a respeitabilidade é financeira e emocionalmente cara. Assim como a camuflagem, ela requer mudanças fundamentais na forma em que se apresenta. Mas não são só o tom de voz e o

---

[72] Usada originalmente como gíria de hip hop para designar mulheres rudes e usada de maneira similar a ghetto (ou gueto, em português).

vocabulário que mudam, dependendo da situação; é uma remodelação contínua de linguagem corporal, estilo e penteados para que a pessoa não seja vista como ameaçadora, e sim como comprometida e pronta para entrar no "mundo". De muitas maneiras, as políticas de respeitabilidade tratam assimilação e adaptação como mandatórios. E, mesmo assim, nós sabemos que a respeitabilidade não é garantia alguma. A demanda é que mulheres negras policiem a sua aparência, o seu linguajar e a sua sexualidade. Existe uma pressão cultural para ser uma mulher negra exemplar, para evitar qualquer tipo de comportamento que faz com que elas sejam "malvistas". É esperado de nós que constantemente ajustemos nosso próprio comportamento para evitar que outras pessoas empurrem os seus estereótipos racistas, classicistas e sexistas sobre nós. Mas, enquanto nós colocamos essa pressão umas nas outras, pouco impacta o racismo à nossa volta. Ok, pode fazer com que nós sintamos que temos um pouco mais de controle mas, no fim das contas, o culpado principal é o racismo, e o trabalho de desmantelá-lo não pode ser feito por nós.

Mas quando as mulheres negras internalizam os padrões estabelecidos pelo racismo e se mantêm em padrões opressivos, criamos uma cisão que se autorreproduz dentro de nossas próprias comunidades. Fingimos que o problema são as meninas com brinco de argola e meia arrastão; entramos em uma onda de venerar o inglês padrão ao invés do inglês vernacular afro-americano, apenas para acabar ficando com raiva porque, mesmo quando é ridicularizado, todo mundo se sente à vontade para capitalizá-lo. Nós aplicamos classicismo em nossas próprias comunidades, ficando no caminho dos inteligentes e talentosos se eles não puderem se camuflar. Reforçamos nossa opressão em um nível micro e nos envolvemos com a cultura, mas nos recusamos a defender aqueles que a criam e contribuem com ela, a menos que façam parte dos poucos sortudos que ficam famosos.

A política de respeitabilidade é, em sua essência, uma maneira fácil de evitar o envolvimento com a história e os eventos atuais. Se admitirmos que a negritude vem em muitas formas, que nossa cultura é gloriosa e vale a pena, então, também temos que enfrentar o fato de que nunca seremos capazes de alcançar este espaço mítico no qual a cor não importa, em que nossa classe e cultura são respeitadas. Queremos uma rota para desfazer o impacto da história e isso simplesmente não existe.

Apontamos para os ternos, gravatas e vestidos usados durante o Movimento dos Direitos Civis e ignoramos que as pessoas neles ainda foram espancadas, presas e linchadas. Nós zombamos das inovações na comunidade até que as vemos nas celebridades certas. Adoramos a ideia de uma garota negra feroz que revida, mas a penalizamos assim que ela o faz.

Amamos um sotaque negro em todos, exceto nas mulheres negras. Veja bem, não há absolutamente nada de errado em soar negra, exceto que em uma cultura na qual a política de respeitabilidade significa que a brancura é considerada normativa, então, uma garota negra que fala com um "sotaque negro" é julgada como menos valiosa e menos inteligente. Os anciões da camuflagem nos ensinam a fazer ligações com nossa melhor voz de "garota branca"; mas, para aqueles que não conseguem imitar esse padrão de fala, ou que não conseguem mantê-lo, esse sotaque significa a perda de oportunidades.

Tratamos o inglês vernacular afro-americano da mesma forma que norte-americanos em geral tratam pessoas que não falam inglês. Nós os julgamos quando aparecem na TV como vítimas da brutalidade do estado, lamentamos a proliferação de uma linguagem mais casual enraizada em gírias de comunidades marginalizadas, embora saibamos que toda a linguagem é uma construção humana, e nenhuma delas é mais válida do que outra.

Quando levamos essas políticas de respeitabilidade para os espaços convencionais, não as exercemos apenas contra as mulheres negras — embora sejam as mais prováveis de serem impactadas — também as vemos usadas contra outras comunidades. De repente, a questão de quem está mais próximo da brancura fica ainda mais complicada. Xenofobia, islamofobia e outras mais podem estar entrelaçadas com narrativas de respeitabilidade para punir qualquer pessoa por quase qualquer coisa, desde falar com sotaque espanhol até usar um *hijab*, ou preferir passar mais tempo com colegas de trabalho não-brancos. E, nos espaços feministas, as expectativas de quem será ouvida, de quem terá a agência, a autonomia e o respeito, são fortemente influenciadas pelas lentes da respeitabilidade.

É essa dependência da respeitabilidade que permite que o feminismo dominante ignore aqueles que não conseguem falar no "tom certo" que agrada os brancos. A vigilância do tom da respeitabilidade faz com que a luta por igualdade se torne responsabilidade do oprimido, tirando a responsabilidade daqueles que têm o poder e o privilégio de ouvir e aprender. Além de proteger o privilégio, força pessoas marginalizadas a responder calmamente à injustiça ou a arriscar ter seus sentimentos os impedindo de terem oportunidades. Torna, até mesmo, a expressão de questões feministas um exercício de navegação de privilégio, de ter que merecer o espaço para ser capaz de criticar, expressar raiva ou medo, ou mesmo pedir ajuda. E isso significa que as expectativas de polidez centradas nas pessoas brancas — com emoções abafadas —, são projetadas na raiva justa e até mesmo no luto das mulheres negras. A respeitabilidade requer uma forma de polidez, contida emocionalmente, que está em total desacordo com qualquer conceito de emoções humanas normais.

O trabalho emocional necessário para ser respeitável, para nunca irritar ninguém, para não ficar com raiva para desafiar, muito menos para confrontar aqueles que podem tê-lo prejudicado, é incrivelmente oneroso, precisamente porque é desumanizador. A respeitabilidade requer não apenas um lábio superior rígido, mas um enterro de si mesmo dentro de sua própria carne, a fim de ser capaz de manter a fachada necessária. É preciso apagar a memória de como é sentir fome, frio, medo e assim por diante, até que tudo o que resta seja uma superfície plácida para mascarar o turbilhão furioso que está por baixo. Falamos sobre estresse e doença, mas o estresse da respeitabilidade é incomparável. Você se abafa indefinidamente, até que os gritos estejam nas veias, por causa da pressão alta e da expectativa de vida mais baixa. E, então, ao olhar em volta, você percebe que nem assim obteve o respeito, a validação ou o conforto que pensava que obteria seguindo todos os passos. Você se afastou dos espaços confusos, barulhentos e emocionais que representam o lado menos respeitável de você e de sua cultura, mas a que custo?

Imaginar um futuro novo e menos problemático para comunidades marginalizadas significa renunciar a todos os aspectos da supremacia branca. Significa abraçar a negritude em todas as suas formas e fazer o trabalho duro de eliminar todas as ervas daninhas, que são as narrativas classicistas ao nosso redor. Significa escutar e aprender o que cada um de nós precisa para que esse futuro seja respeitável. Precisamos parar de manter o *status quo* e as tóxicas hierarquias de respeitabilidade. Nós precisamos entender que nosso envolvimento nessa estrutura é um problema, mesmo que fôssemos inconscientes sobre ele no passado, pois agora somos conscientes e precisamos estar dispostos a mudar os nossos padrões e expectativas. Como feministas, nós precisamos tomar medidas críticas e radicais para escutar as mulheres das comunidades mais pobres sobre o que elas querem e precisam, ao invés de projetar narrativas de ignorância sobre elas. Precisamos trabalhar para desaprender essas narrativas prejudiciais que nos foram ensinadas e que criamos em resposta à supremacia branca.

O trabalho (físico e emocional) das mulheres de baixa renda é frequentemente abusado e depreciado. Estamos constantemente observando sua luta e fingindo que é voluntária, e não o resultado de um sistema sustentado pela minoria poderosa que é, fundamentalmente, antinegra e patriarcal. Como pessoas não-brancas, rotineiramente ignoramos partes de nós mesmos para poder competir nessa estrutura, e, então, desdenhamos essas partes quando as vemos em outros. Por um lado, como sociedade, nós admiramos o *Black Cool*,[73] adoramos e nos espojamos de seu impacto. Por outro, as pessoas que são ostensivamente sociais e que são politicamente

---

[73] Aspectos da cultura negra que são vistos como estéticos, legais e que precisam ser internalizados pela comunidade negra como algo realmente pertencente a eles.

"despertas" ficam geralmente "decepcionadas" quando descobrem que os mesmos criadores do *Black Cool* não sabem tanto quanto um professor de sociologia, ou que não são tão estudados em mecanismos de opressão como um acadêmico, ao mesmo tempo que ignoram aqueles que habilitamos através do classicismo. Não estou argumentando que o conhecimento cívico precisa ser emburrecido ou mastigado aos criadores do *Black Cool*, mas que a suposição de que a curva de aprendizado de todos para uma mentalidade "desperta" é curta e falha. Na realidade, alguns dos criadores do *Black Cool* mais conhecidos estão ganhando acesso a esse conhecimento com a sua posição como figura pública.

Como sociedade, quando a homofobia e a transfobia são expostas por artistas de hip hop, música country ou outras mídias populares, nós tendemos a fingir que os perigos que a comunidade LGBTQIA+ sofre vêm apenas da desvantagem. Afirmamos que qualquer perigo real vem daqueles cuja educação em comunidades ou no interior limitou sua exposição a pessoas que não são heterossexuais ou cisgêneros. Mas, se formos honestos, as pessoas mais viciadas em manter o status quo são aquelas que colhem as maiores recompensas. Não é que não há preconceito por aí, mas muito disso vem de instituições e acaba sendo transmitido na mídia. Igrejas, políticos e, até mesmo algumas instituições educacionais ensinam o ódio e o normalizam muito antes que ele acabe em uma letra de música ou seja repetido em uma entrevista por um jovem de dezesseis anos recém-famoso. Dessa forma, as periferias e as comunidades são um reflexo do resto do mundo. Não temos intolerância por acidente, ela é construída e mantida pelas instituições culturais que somos ensinados a reverenciar.

Não podemos continuar sustentando um sistema de controle que privilegie poucos às custas da maioria. Abraçamos a lógica de colocar a brancura em um pedestal e depois esquecemos que os comportamentos tradicionais que ela exige não tem nada a ver conosco, e sim com o desejo de nos controlar. O feminismo precisa aprender a ouvir as vozes na linha de frente. Aceitar que elas não sabem tudo e, na verdade, carecem em grande parte da experiência vivida para se relacionar com aqueles que elas afirmam representar. Precisamos olhar para nós mesmos com atenção e perguntar por que valorizamos os comportamentos que não alcançam nada digno de nota, em vez de questioná-los.

Precisamos deixar de lado a política de respeitabilidade e entender que a branquitude, como uma construção idealizadora, nunca nos aprovará, e que a aprovação da supremacia branca não é nada que nós ou qualquer comunidade deva buscar. Temos que estar dispostos a abraçar a plena autonomia das pessoas menos privilegiadas e entender que equidade significa tornar mais fácil o acesso às oportunidades, não decidir quais oportunidades elas merecem. Precisamos nos preocupar menos com a aparência e mais com as soluções.

Precisamos mudar a forma com que falamos sobre negritude, sobre pobreza, sobre mulheres que moram nesses espaços nos quais acesso e oportunidades raramente se cruzam. Precisamos estar prontos para escutar as meninas e mulheres que ainda estão lá, não só as que conseguiram escapar. Precisamos nos lembrar que respeitabilidade é o solo envenenado que a supremacia branca nos deu, não a comunidade, ou ser *ghetto* ou *rachet*. Precisamos estar dispostos a colocar as necessidades e preocupações daqueles que mais precisam à frente das nossas regularmente. Fomos ensinados a temer o impacto da rejeição pela brancura, a abraçar seus padrões sem dar muita atenção ao impacto em nosso próprio bem-estar ou no de nossas comunidades. Precisamos quebrar esse condicionamento, nos perguntar por que nós estamos mais preocupados com a maneira como somos vistos pelo patriarcado supremacista branco do que estamos em nos proteger.

A comunidade é a minha casa e sempre será; mas eu sou profundamente consciente do meu privilégio de poder me camuflar em diferentes situações, de observar e imitar maneirismos da classe média para poder ter acesso. Não estou acima de admitir que tenho meus próprios preconceitos quando se trata de criticar pontos de vista com os quais discordo veementemente. Mas eu quero sempre ser capaz de me olhar no espelho e saber que não desrespeitei os sacrifícios feitos para que fosse possível estar onde estou hoje. Eu conheço a extensão do dano causado por narrativas de respeitabilidade em nossos movimentos, nas nossas comunidades e na nossa psique.

Não há dúvida de que o patriarcado supremacista branco precisa ser desmantelado, mas nós não podemos fingir que o classicismo dentro da comunidade negra não é um grande problema. Precisamos desempacotar o que significa ser um guardião de respeitabilidade, estar dispostos a pedir o desenraizamento da intolerância, mas não enfrentar as formas como isso influenciou as nossas narrativas. Precisamos travar nossas próprias batalhas e lidar com nosso próprio processo de desempacotamento, não apenas esperar que, ao nos livrarmos do problema abrangente, todos os outros problemas sejam eliminados.

Ser negra e ser feminista não é mutuamente excludente; quando digo nós, me refiro à comunidade negra como um todo, e às feministas negras em particular, porque, às vezes, estamos mais bem equipados para acessar recursos que podem beneficiar a todos.

Os traumas do passado estão tecidos na fábrica de todos os nossos mecanismos de defesa. Precisamos criar mecanismos que não dependam de respostas perfeitamente organizadas ou de maneiras para mudarmos quem somos, para que possamos ser aceitos. Eu sei que nós conseguimos chegar a um ponto em que abraçamos as diferenças ao invés de fingir que a liberdade é alcançada por apagar as diferenças.

BONITA PARA UMA...

Eu não sei quem é meu pai biológico; mas, presumivelmente, assim como todos os descendentes de negros escravizados, há uma quota branca em algum lugar na minha árvore genealógica. Definitivamente, tenho ancestralidade branca e indígena do lado da minha mãe. Dependendo de que lado você está, do lado da minha avó (rodeada por mistérios) ou do lado do meu avô (obcecado por genealogia e com todos os registros completos), a nossa ancestralidade é variada. Nós somos negros com resquícios de irlandês, o que pode explicar as sardas e o ocasional cabelo ruivo, mas nenhum de nós conseguiu se passar por alguma coisa além de negro; então, a existência de um ranking interno baseado em tom de pele e textura de cabelo, na minha família, é um tanto quanto bizarro às vezes; principalmente, porque eu sou o Pé Grande da família: sou alta, de ombros largos e com um corpo de lutadora de boxe. Imagine a Serena Williams com menos dinheiro e menos habilidades atléticas, e com ainda mais músculos. Minhas primas, por outro lado, são baixas, ossatura fina e ombros estreitos que você esperaria de mulheres pequenas. A única coisa que compartilhamos são as curvas. As delas sempre pareceram ser de tamanho perfeito para elas, enquanto as minhas eram fisicamente equivalentes a unhas postiças até o momento em que comecei a fazer levantamento de peso e meu corpo finalmente passou a se encaixar em meu peso.

    Enquanto eu fazia a transição de "Não-exatamente-indígena desajeitada" para "Bonita para uma menina negra", eu descobri que os padrões de beleza dentro da minha comunidade não eram os únicos em que eu iria me sentir alienada. Meu tom de pele é marrom — o que alguns chamariam de tom médio —, então, eu habito os arredores de qualquer grande debate colorista. Mas eu tenho narinas largas, lábios carnudos e uma bunda grande; o que significa que, em qualquer conversa sobre os padrões de beleza brancos, eu tenho características físicas que variam entre reverenciadas e rejeitadas, dependendo de quem está falando. Quando eu era uma adolescente com um gosto horrível por meninos brancos, namorei meninos que falavam coisas do tipo "você é bonita para uma menina negra", e eu deixava passar como ignorância, ao invés de malícia. Na minha cabeça, era melhor receber elogios duvidosos do que não receber elogio algum. Eu era tola. Uma tola com autoestima baixa, mas uma tola, principalmente.

    Eu fui uma criança incrivelmente esquisita, fisicamente. Se alguém estivesse se sentindo generoso e moderadamente poético, poderia usar a palavra fada para me descrever, não as fadinhas bonitinhas de desenhos infantis, mas aquelas que parecem uma mistura de duende com fada. Proporções não estavam do meu lado. Meu corpo só foi acompanhar o tamanho da minha cabeça quando eu atingi 12 anos; eu não era fofa, eu apenas era menor que as minhas primas do lado materno. O que eu tinha do meu lado, de acordo com alguns familiares que se prendiam à paleta de cores, era o meu tom mais claro. Eu não tinha "cabelo bom", mas era mais clara que a maioria das pessoas do lado da minha mãe e, para eles, isso era o que importava. Uma das minhas tias tentou resolver o problema que era meu cabelo ao me levar a um cabelereiro de quinta, que colocou uma camada de soda cáustica na minha cabeça quando eu tinha três anos. Em poucos minutos eu estava chorando, sangrando e queimada. É uma das minhas memórias mais antigas, e não posso dizer que entendi completamente o que aconteceu comigo naquele dia.

Mesmo antes da permanente que me queimou, as poucas fotos minhas que vi de quando era bebê mostravam claramente que a minha família sempre tentou fazer alguma coisa para domar o meu cabelo. Não havia fotos de um bebê correndo por aí com um afro na cabeça. Eu não consigo me lembrar de uma única vez em que permitiram que meu cabelo ficasse naturalmente na minha cabeça. Depois do incidente, minha avó me levava ao salão a cada duas semanas, sem falta. Ela tinha boas intenções, mas tinha uma série de problemas internalizados em relação a cabelo e cor de pele que fizeram com que eu não me visse no espelho com meu cabelo natural até os meus 17 anos. Até então, eu tinha experimentado progressivas sem soda cáustica, usado o secador diariamente e mexido tanto no meu cabelo até o ter danificado. Foi só então que eu resolvi tentar me rebelar contra o padrão "Natural não é bom o suficiente".

A primeira vez em que eu tentei fazer transição capilar foi por volta do começo de 1994, e eu não tinha ideia de como cuidar do meu próprio cabelo. Isso foi muito antes dos tutoriais no Youtube, ou da variedade de produtos para o meu tipo de cabelo. Eu tentei usar os produtos que existiam na época, mas eu não tinha a mínima ideia do que fazer com eles e aquilo estava óbvio para todos que me viam. Eu eventualmente cedi à pressão da família para estilizá-lo de forma diferente, e, mais ou menos um ano depois, eu voltei a alisá-lo. Estar no comando de meu próprio cabelo significava que eu poderia minimizar o número de vezes que eu o alisava e, pelos próximos 13 anos, meu cabelo mudou descontroladamente, de perfeitamente penteado para um crescimento praticamente novo. Pelo caminho, eu passei a entender que meu cabelo cresce rápido e que estilos que dependem da mudança de textura requerem um nível de manutenção que eu não estou disposta a manter. Em 2005, enquanto estava grávida do meu filho mais novo, me cansei do meu cabelo. Estava absolutamente de saco cheio de ter que ir para um salão ou ter que amarrá-lo ou passar chapinha. Então, eu simplesmente raspei careca. Bem, eu cortei a maior parte dele com uma tesoura e então meu marido entrou no banheiro e deu de cara com a sua esposa, grávida de cinco meses, com uma tesoura na mão, e fez o resto do trabalho.

Após raspar (e superar o choque inicial), eu comecei a aprender a lidar com ele. E por um bom tempo, enquanto eu o deixava crescer, eu ainda não tinha me vendido completamente ao estilo natural. Eu estava majoritariamente convencida de que tinha me consignado a ficar infeliz por alguns meses. Por causa da maneira como eu fui criada, eu costumava ser uma daquelas mulheres negras que achavam que afro era uma bagunça. Então comecei a crescer e realmente prestar atenção nos estilos naturais bem cuidados das minhas amigas e vizinhas. E, com o passar do tempo, eu comecei a desejar poder usar o meu cabelo dividido no meio, ou em coques. Eu não tinha a menor ideia de como fazer nenhum dos dois. De verdade.

Como eu cresci indo a salões de beleza em que meu cabelo era bem alisado, trançado ou com permanentes, meu relacionamento com ele era casual. Eu poderia lavá-lo, secá-lo e alisá-lo, mas realmente cuidar dele? Não muito. Quando havia se passado tempo o bastante e eu finalmente quis estilizá-lo, tive que contar com a magia dos canais do YouTube recomendados por amigos. E, quanto mais aprendia, mais gostava de ter cabelos naturais porque, de repente, pentear meu cabelo não precisava envolver nenhuma dor. Nenhuma. E alguns de vocês lendo isto provavelmente estão pensando: "Por que diabos as mulheres negras fazem isso se dói?", e há uma lista completa de respostas para essa pergunta, que variam desde preferências a não poder trabalhar sem o cabelo alisado, até racismo internalizado.

Toda vez que preciso lavar e trançar meu cabelo, eu reclamo. Cabelo natural é trabalhoso até com *dreadlocks*; mas, para mim, de certa forma, parece uma forma de autocuidado. É mais fácil para mim mantê-lo em *dreads* do que usar meu cabelo solto, porque desembaraçar é um exercício muscular onde falho. Mas o texturismo (a valorização de certas texturas de cabelo acima de outras) na comunidade de cabelos naturais é desenfreado. Em muitos aspectos, é uma consequência do colorismo, que fez minha família me ver como moderadamente atraente, mesmo quando eu era praticamente apenas olhos, pernas e boca.

Por um tempo, fiquei encantada com os privilégios que a beleza oferece, mesmo quando você não está necessariamente dentro dos padrões estéticos de beleza branca. Deixar de ser uma criança desajeitada e se tornar uma jovem relativamente atraente mudou minha vida de muitas maneiras positivas. Não apenas em termos de atenção masculina — embora isso fosse lisonjeiro, no início —, mas porque as pessoas eram mais complacentes a cada passo que eu dava. O meu primeiro emprego coletando opiniões no shopping? Ser atraente estava na lista tácita de requisitos. Pegar meu almoço na praça de alimentação? Eu tinha boas chances de não pagar pelas minhas batatas fritas se a pessoa no caixa fosse um cara.

Tudo isso foi ótimo para minha crescente autoestima, embora eu não possa dizer que veio sem um preço. Entre ataques de promiscuidade (que eram sobre meu ego e sobre ser dona da minha sexualidade), aprendi a ignorar o assédio de rua, a me defender das mãos errantes de homens "amigáveis" que só queriam um abraço. Eu até aprendi que outras mulheres não eram o inimigo ou a competição, não importando o que acontecesse com os rapazes de quem eu gostava ou não. Mas ainda estou aprendendo a medir o quanto do que faço é sobre o que quero e não sobre as maneiras como o mundo exterior determina o que constitui atratividade.

Para ficar bonita em um padrão de beleza centrado em uma mulher branca ou em uma mulher negra, você deve ter a aparência de quem passa pelo menos um tempo no salão de beleza, ou pelo menos com uma boa esteticista. Embora as expectativas mais amplas da sociedade em torno da beleza para mulheres priorizem coisas como uma figura de ampulheta, pele lisa e clara e características simétricas, existem algumas diferenças distintas com base na sua proximidade com a brancura em termos de cor da pele, textura do cabelo e tipo de corpo. Ter um cabelo que não esteja bem penteado, roupas que não sejam atraentes, e assim por diante, pode prejudicar suas chances de sucesso. Embora um coque bagunçado possa ser considerado um desleixado-chique para garotas brancas, qualquer indício de que uma mulher negra falhou em colocar esforço em sua aparência é recebido com desaprovação ardente, tanto dentro quanto fora de sua comunidade. A repercussão que Gabby Douglas[74] teve ao ser vista suando suas axilas nas Olimpíadas apareceu nas notícias por dias, e até mesmo o cabelo de Blue Ivy[75] foi criticado repetidamente. Cinco minutos depois de ser confirmado que Meghan Markle estava namorando o príncipe Harry, mulheres brancas correram para criticar seu cabelo. Deixando de lado qualquer consciência de que uma mulher birracial pode ter necessidades diferentes de cuidados com o cabelo, elas se concentraram no fato de seu cabelo não combinar com o de sua nova cunhada branca, a duquesa Katherine.

O racismo nos padrões de beleza não significa que as mulheres ainda não se beneficiem do privilégio que sua aparência lhes proporciona, mas mostra o quão tênue esse privilégio pode ser, especialmente quando você leva em consideração a realidade de que ele não é permanente. E, embora não haja nenhuma segurança real no bonito, pode ser menos preocupante do que ser pouco atraente.

Uma das minhas maiores lições sobre como ser atraente pode te prejudicar foi quando fui assediada sexualmente no trabalho. Não que o assédio seja um problema relacionado à atratividade, mas as respostas a ele costumam ser filtradas pelas lentes da retórica que culpa a vítima por receber olhares. Eu relatei pela primeira vez, e aconteceu de novo; eu relatei novamente. Finalmente, felizmente, o assédio parou. Possivelmente, porque

---
74 Ginasta norte-americana que ganhou ouro durante as Olimpíadas Rio 2016.
75 Filha de 9 anos de Beyoncé e Jay-Z.

ameacei ferir o agressor fisicamente. No meio do ciclo de assédio, fui puxada para o escritório de uma supervisora branca, para que ela pudesse me avisar sobre os perigos de sorrir tanto. Ela disse: "Você é uma menina bonita, mas é muito amigável, e a maneira como se veste...". Ela parou e me olhou de cima a baixo, sua desaprovação estava muito clara. Eu usava um vestido suéter de mangas compridas, *leggings* e botas, porque era janeiro em Chicago e roupas profissionais só oferecem algumas opções. Não havia muito que eu pudesse usar para esconder minhas curvas e, aparentemente, estar coberta do meu pescoço até os dedos dos pés ainda não era suficiente.

Nesse ínterim, eu deveria ter ficado lisonjeada com as atenções de homens pelos quais eu não tinha interesse. Por que mais eu usaria vestidos que combinavam? E por que não fiquei lisonjeada quando me disseram que geralmente não se interessavam por mulheres negras, mas eu era a exceção? Ser assediada me fez sentir suja e com medo; mas a narrativa atribuída a mim, de fora, era que eu deveria não apenas me sentir lisonjeada, mas também não ter nenhuma expectativa de respeito ou segurança no trabalho ou em qualquer outro lugar. É incrível o quanto esses "elogios" vão te ensinar quando você finalmente parar de tentar encontrar validação neles. Acontece que elogios indiretos são ofensivos e feios. Quem diria?

A partir do momento em que fui capaz de ver a armadilha em ser "Bonita para uma negra" e me prender aos privilégios de ser bonita, comecei a realmente mudar a forma como eu via a mim mesma e o mundo ao meu redor. À medida que minha relação com meu corpo e meu cabelo melhorava, pude ver a armadilha em se ter apenas um único padrão de beleza ou qualquer padrão que dependesse da proximidade da brancura. Mas minha jornada pessoal não resolve as questões maiores do colorismo nos Estados Unidos ou em qualquer outro lugar do mundo. Aquela velha rima sobre quais tons de pele eram aceitáveis ainda vale:

> *Se você é negro, fique para trás;*
>
> *Se você for marrom, fique por perto;*
>
> *Se você é amarelo, você é suave;*
>
> *Se você é branco, você está bem.*

A rima não só explica o colorismo, como continua a informar a maneira como a sociedade vê as pessoas. E, é tão insidioso que, muitas vezes, as pessoas o perpetuam sem realmente pensar no que estão fazendo ou por que. Quando a sequência de Detona Ralph foi anunciada, as imagens promocionais do filme incluíam um encontro entre as princesas da Disney, e mostravam a princesa Tiana, mas não a versão de pele mais escura e nariz largo tão familiar de seu próprio filme. Não, essa versão tinha um nariz estreito, cabelo que não parecia em nada com uma textura afro e pele muito mais clara. Por quê? Porque os artistas não pensaram sobre o que significaria apagar essas características. Embora saibamos que o colorismo se refere à discriminação com base na cor da pele e que prejudica as pessoas de pele escura enquanto privilegia as de pele mais clara, trata-se de mais do que apenas padrões de beleza. Ter a pele mais escura está relacionado a menores perspectivas de emprego, dificuldade de promoção para cargos de alto escalão, menores taxas de casamento, maiores taxas de prisão e penas de prisão mais longas.

Como sociedade, tendemos a apagar e, até mesmo, punir as pessoas de pele escura por existirem.

O colorismo existe há séculos, em várias culturas, e os negros norte-americanos não são a única comunidade que atribui um valor maior ou menor a alguém com base em quão clara ou escura é a pele dessa pessoa. O colorismo é um problema global, encontrado na América Latina, Leste e Sudeste Asiático, Caribe e África. Aqui nos EUA, por sermos uma população tão diversa, é possível experimentar o privilégio com base na cor da pele dentro de sua comunidade e ainda sofrer opressão fora dela.

Nos Estados Unidos, América Latina, Caribe e África, o colorismo tem raízes no colonialismo e na escravidão, mas em algumas culturas, o colorismo antecede qualquer contato com os padrões de beleza europeus, e pode estar mais relacionado à classe do que à supremacia branca. Trabalhadores se bronzeavam enquanto trabalhavam ao ar livre, enquanto os privilegiados tinham pele mais clara porque estavam dentro de casa. Socialmente, a pele escura passou a ser associada à pobreza, e a pele clara, à aristocracia. Hoje, o conceito da pele clara, em partes da Ásia, está emaranhado com essa história, junto com as influências culturais do mundo ocidental que também posicionaram os "caipiras" na extremidade inferior dos estratos sociais de brancura, por razões semelhantes.

O colorismo é uma instituição cultural que distorceu o acesso às oportunidades ao colocar, consistentemente, aqueles com pele mais clara em posições de privilégio. É por isso que coisas como testes de sacolas de papel e testes de pente proliferaram em algumas partes de comunidades negras de alta renda. Para o teste do saco de papel, um saco de papel seria colocado contra a sua pele e, se você fosse mais escuro do que o saco, você não era admitido. O teste do pente funcionava de maneira semelhante: se você não pudesse passar um pente fino em seu cabelo, você seria excluído de certos círculos sociais. Mesmo agora, se você observar os "gurus naturais do cabelo" que se tornam influenciadores e ganham uma quantidade significativa de dinheiro, eles tendem a ter a pele mais clara e um padrão de cachos mais soltos.

E o colorismo significa que a pele mais clara oferece vantagens reais em todas as comunidades. As campanhas de produtos de clareamento da pele fazem questão de destacar a pele mais clara como sendo a chave não apenas para uma renda mais alta, mas para uma vida amorosa melhor. Como resultado, a pele mais clara é tão cobiçada que os cremes clareadores continuam a ser *best-sellers* nos EUA, na Ásia e em outras nações, apesar das evidências de envenenamento por mercúrio, danos à pele e mau funcionamento do fígado e outros órgãos. Para muitas comunidades, as recompensas potenciais superam os riscos, devido à pressão social.

Da mesma forma, texturas de cabelo mais soltas estão associadas ao sucesso a ponto de empresas e escolas se sentirem à vontade para limitar o acesso com base nelas. Recentemente, o *US Eleventh Circuit Court*[76] decidiu que discriminar pessoas com *dreads* não é discriminação, porque a textura do cabelo é uma característica mutável e, portanto, não é um status protegido;[77] mas, estatistica-

---

[76] O Tribunal das Apelações do Décimo Primeiro Circuito dos Estados Unidos é uma corte federal com jurisdição de apelação sobre os tribunais distritais de 9 distritos do Alabama, da Flórida e da Geórgia.

[77] Tribunal das Apelações se nega a revisitar caso de discriminação contra pessoas com dreadlocks: https://www.11thcircuitbusinessblog.com/2017/12/eleventh-circuit-declines-to-revisit-dreadlocks-discrimination-case-en-banc/

mente falando, aqueles com maior probabilidade de usar esse estilo são de ascendência africana, e raça é uma categoria protegida pelas leis atuais contra a discriminação.

Colorismo e texturismo também atuam nos chamados espaços feministas. Já sabemos que o feminismo dominante não é imune aos preconceitos ligados a certas cores de pele. E, para algumas mulheres brancas — uma minoria em comunidades brancas — que se mudam para comunidades não-brancas, o bronzeado artificial, a apropriação de penteados (como tranças boxeadoras), ou mesmo a alegação de "se sentir negra" à la Rachel Dolezal (uma mulher branca que continua a reivindicar o direito de se identificar como uma mulher negra, apesar de ter dois pais brancos) podem significar que elas podem se beneficiar de um padrão de beleza colorista sem nunca terem que se envolver com os danos que isso causa.

Apesar das alegações de não causar nenhum mal, todos sabemos que a cor da pele continua a servir como o critério mais óbvio para determinar como uma pessoa será tratada. Nos Estados Unidos e em todo o mundo, por causa do racismo profundamente enraizado e da antinegritude, sabemos que a pele escura é demonizada e a pele clara é valorizada. Portanto, não serve a ninguém fingir ignorância sobre o que significa capitalizar a fetichização e o exotismo sem fazer nada para combater os problemas mais prováveis de serem enfrentados por aqueles que são prejudicados por esses padrões.

Embora o feminismo negro tenha combatido o colorismo por décadas, fazendo campanhas contra o clareamento da pele, pressionando por uma melhor representação na mídia de meninas e mulheres de pele mais escura e promovendo a ideia de padrões de beleza que não se centram na brancura, o colorismo não é apenas uma questão feminista negra. Se quisermos criar uma próxima geração poderosa de meninas negras e pardas, que podem amar a si mesmas, amar umas às outras e mudar o mundo, precisamos do feminismo dominante para começar a chamar a atenção para o colorismo e abordá-lo.

Sabemos que as narrativas da supremacia branca em torno da cor da pele não só alimentaram a depressão, a ansiedade e o ódio de si mesmas nas meninas e mulheres não-brancas, mas também foram usadas para justificar narrativas de fragilidade branca, que contribuem para privilegiar as lágrimas das mulheres brancas sobre a vida de mulheres não-brancas. Exotificação não é liberdade; qualquer feminismo que gire em torno da fetichização da beleza das mulheres não-brancas é tóxico. Em uma cultura de mídia na qual até mesmo uma princesa da Disney está sujeita ao colorismo, você deve se perguntar por que tantas narrativas feministas da corrente dominante têm maior probabilidade de chamarem uma mulher de pele escura de poderosa, e não de bonita.

E, depois, há questões sobre tamanho, deficiência, das maneiras como alguns tipos de corpo são vistos como mais valiosos do que outros. Há uma narrativa de que, como as mulheres negras relatam consistentemente ter uma autoestima mais alta do que as mulheres brancas ou latinas, isso significa que elas não precisam se preocupar com a beleza como as outras mulheres precisam. Mas esse nível mais alto de autoestima é construído ao longo do tempo dentro de nossas comunidades, e nem todas as garotas recebem o apoio que precisam para combater uma cultura que diz que seus corpos sempre estarão errados.

É fácil falar que os padrões de beleza são superficiais e desimportantes quando você está em uma posição de segurança, já que sua cor de pele é considerada o ápice da beleza. Mas, assim como todas as outras coisas, a beleza é política. Aceitar um corpo que não se encaixa na métrica branca é um ato de resistência, uma maneira de manter uma cultura e uma comunidade vivas apesar do colonialismo e do imperialismo que tentam destruí-las.

E claro, ser bonita pode ser um privilégio, mas a maneira como esse privilégio funciona varia grandemente de acordo com o tom de pele. A mesma métrica que pode colocar uma mulher branca bonita como alguém digna de adoração e/ou respeito, pode ser distorcida para uma pessoa que está sexualmente disponível ou cuja mera existência é completamente obscena quando se trata de uma mulher mais escura com traços similares. É como se andássemos em uma corda bamba, por cima de um buraco repleto de cobras.

Ser ensinada que você é forte, que você é bonita, que você é inteligente e que você é suficiente, é um mecanismo de defesa geracional contra a discriminação. Mesmo quando a confiança não é realmente sentida, você sabe que quanto mais confiante você parecer, mais bem equipado estará para lidar com o racismo. Como resultado, a aparência é valorizada: a positividade corporal originou-se na comunidade negra porque a tonalidade da pele, o tamanho, o tipo de corpo e as deficiências visíveis tornaram muitas de nós estranhas, mesmo em espaços que deveriam ser afirmativos. Até hoje, a noção de beleza é dependente de classe, da qualidade do cabelo comprado para uma trança, da marca de roupas que alguém pode pagar, e esses são marcadores que sinalizam se o seu corpo tem ou não o direito de estar no espaço que está ocupando. E, mesmo que todos os ornamentos sejam os corretos, quando você não é branco, ainda há a questão de se suas características serão vistas como atraentes por todos.

A moda das mulheres brancas sendo elogiadas por alterarem seus corpos, moldarem seus lábios e bronzear sua pele vai desaparecer. Esse envolvimento com uma identidade exótica desaparecerá, mas para as mulheres de pele escura sua opressão permanecerá praticamente inalterada, a menos que o racismo e o colorismo na cultura da beleza e em nossa cultura em geral sejam desafiados.

A beleza vem com privilégios, e quando a saúde, a riqueza e a oportunidade de sucesso de alguém neste país são afetadas pela aparência, pela cor de sua pele e pela textura de seu cabelo, se torna importante saber quem define o que é ou não bonito. O colorismo está tão profundamente enraizado no tecido desta nação que todos nós estamos envolvidos em seu impacto, para o bem ou para o mal. A hierarquia generalizada de cores é aquela que muitas comunidades enfrentam sem um verdadeiro mecanismo para eliminá-las, e, enquanto as nossas culturas estiverem interconectadas, precisaremos de soluções intra e interraciais. Precisamos de um diálogo intercultural sobre o impacto do colorismo, antes mesmo de começarmos a realmente criar um padrão de beleza mais saudável.

O engajamento do feminismo dominante com a cultura da beleza geralmente se concentra no olhar masculino e seu impacto, mas esse não é o único componente tóxico. Devem ser abordadas as formas de valorização do corpo branco, cis, esguio e saudável. Como um movimento, o feminismo precisa estar disposto a mover o dedo para questionar as maneiras como ele se engaja nas hierarquias coloristas internamente. Ele precisa estar disposto a perguntar por que tantas feministas brancas estão dispostas a deixar esses problemas serem resolvidos por feministas não-brancas. Equidade na cultura da beleza requer investimento de todos os lados, não apenas daqueles que têm menos probabilidade de ter o poder e o privilégio de fazer a mudança mais duradoura.

MENINAS NEGRAS NÃO SOFREM DE TRANSTORNOS ALIMENTARES

Eu tive um transtorno alimentar quando estava no ensino médio. Sempre fui magra, e, genuinamente, achava que a minha perda de peso não era muito aparente no começo, principalmente porque eu havia dominado todos os truques de alimentação saudável para manter as pessoas confortáveis. Ocasionalmente, quando alguma pessoa astuta percebia que eu não tinha colocado muita coisa em meu prato, eles colocavam mais comida ou cuidadosamente perguntavam se eu já tinha comido. Eu falava que havia comido bastante no almoço ou que queria guardar espaço para a sobremesa. Às vezes, eu repetia o prato. As pessoas realmente não notam quando você come mais fruta do que qualquer outra coisa; elas não veem que você colocou tudo que não é calórico no prato para parecer que está com um prato cheio. E mesmo que elas percebam, as narrativas que colocam as curvas negras como um sinal de aviso para um futuro de obesidade vão fazer com que eles te parabenizem por estar tomando cuidado com o seu peso ao invés de perceberem que há um problema maior acontecendo. Nós estamos em uma cultura que aceita transtornos alimentares ao dizer que isso é "comer bem", ou algum outro nome fofo ou da moda, e simplesmente ignoramos que um relacionamento desordenado com a comida não é normal, mesmo que a pessoa tenha a aparência que a sociedade espera. Nossa saúde mental é raramente a prioridade dos outros, graças aos mitos prejudiciais sobre a força das meninas negras.

O estresse ainda me faz cortar a comida. É mais fácil agora, porque engordei o suficiente para que uma refeição pulada não faça ninguém piscar. E tenho tudo sob controle, pelo menos no sentido de conseguir comer duas vezes por dia, mesmo quando a comida parece uma tarefa árdua e não uma alegria. E eu sei que isso realmente significa que ainda tenho um transtorno alimentar. É uma coisa que falo na terapia com uma médica adorável, que está satisfeita com minha regra autoimposta. Não tenho certeza se ela tem um plano melhor para mim. As meninas negras não têm transtornos alimentares; exceto quando têm. Há muitas coisas que as meninas negras não têm. Proteção, segurança, o tipo de magia que apaga o colorismo e o racismo e uma dúzia de outros "ismos". Desenvolvemos habilidades de enfrentamento maiores e menores na ausência de melhores opções. Às vezes, essas habilidades de enfrentamento são boas, como uma caminhada diária ou ioga; às vezes, são profundamente prejudiciais à saúde, como uma alimentação desordenada ou alguma forma de vício.

Meninas em comunidades marginalizadas têm os mesmos problemas de saúde mental e emocional que meninas em comunidades mais ricas (bem, exceto afluenza,[78] que é menos uma condição de saúde mental, na minha opinião, e mais uma maneira conveniente de desculpar comportamentos horríveis). No entanto, elas experimentam uma quantidade significativa de traumas e suas consequências.

Os transtornos alimentares (TAs) não têm realmente a ver com hábitos alimentares, embora esses sejam os sintomas mais óbvios do problema. Na verdade, os transtornos alimentares raramente têm a ver com comida. É mais provável que tratem de outros assuntos em casa ou ao redor dela. Quer se trate de divórcio, pobreza, abuso ou uma mistura de todos os itens acima, um TA é a expressão externa de outras questões. Eles também são terrivelmente fáceis de esconder à vista de todos até o momento que o problema atinge uma massa crítica de problemas de saúde e sinais físicos evidentes.

Nós não apenas recompensamos a magreza em geral, mas também recompensamos, especificamente, qualquer estética de beleza que priorize a assimilação. Para os jovens negros que estão desenvolvendo corpos que nunca podem realmente assimilar o monocromático mítico do centro dos Estados Unidos, há muita pouca validação disponível na mídia ou em qualquer outro lugar.

Adicione o dilúvio de imagens que associam a beleza à brancura, e para as meninas negras, que já estão lutando para se amar em um mundo que lhes diz que valem menos, há um risco maior do que a média delas não apenas desenvolverem um distúrbio alimentar, como também esse distúrbio não ser reconhecido e tratado. E para

---

78 A afluenza é um mal-estar psicológico que supostamente afeta pessoas ricas. É uma junção de afluência e influência, e é mais comumente usada por críticos do consumismo. Não é uma doença clinicamente reconhecida.

os poucos sortudos que recebem tratamento, a questão de saber se o programa abordará o impacto do racismo ou se será uma fonte de ainda mais trauma é difícil de prever.

Embora estejamos condicionados a pensar que a maioria dos transtornos alimentares se desenvolve no início da puberdade, a verdade é que as sementes são lançadas muito mais cedo. Crianças não-brancas entram na vida pré-púbere com a dolorosa consciência de que, não importa por quantas mudanças nossos corpos estejam passando, não há nada na puberdade que possa atender aos padrões estabelecidos, não apenas por padrões de beleza irracionais centrados no branco. Nem há qualquer parte do desenvolvimento adolescente que possa se opor à antinegritude, aos estereótipos, à hipersexualização e outras questões enfrentadas pelas comunidades marginalizadas. A puberdade pode ser um gatilho primário para pessoas que não são de comunidades marginalizadas, mas para pessoas não-brancas, pessoas com deficiência, pessoas não-binárias e pessoas trans, os transtornos alimentares estão enraizados, em parte, nos fatores estruturais que têm impactado sua visão de si mesmos durante a maior parte, senão toda a sua vida. Entendemos, por exemplo, que o colorismo afeta as crianças desde a infância, com as pessoas caracterizando a "beleza" dos bebês com base na textura do cabelo e na cor dos olhos como uma razão para quererem filhos mestiços.

Quando caracterizamos os transtornos alimentares como algo que apenas acontece com meninas brancas abastadas, ignoramos o impacto do preconceito diário e as muitas maneiras pelas quais a falta de espaços seguros pode fazer com que jovens negros se sintam impotentes. Adicione as restrições impostas pela lacuna de riqueza, que impacta não apenas no acesso a coisas essenciais como uma casa, transporte e segurança, mas também aos tipos de atividades extracurriculares que validam seu contexto cultural e autoimagem, e há uma receita para o desastre. Quando você não controla nada em seu ambiente e é constantemente bombardeado com mensagens da mídia que dizem que seu corpo está simplesmente errado, isso pode fazer você sentir que seu corpo é a única coisa que você pode controlar. Infelizmente, esses tipos de variáveis socioeconômicas são ignorados pelos prestadores de cuidados de saúde devido ao viés institucional.[79]

Você não desenvolve hábitos alimentares saudáveis quando a comida é mais um campo de batalha contra o racismo ou contra a pobreza, às vezes os dois. Você não consegue ter um relacionamento saudável com o seu corpo quando ele é tratado como um crime simplesmente por existir.

E, quando trazemos os tipos de alimentos considerados saudáveis, a diferença cultural pode fazer com que as pessoas marginalizadas se sintam alienadas. Fotos bonitas no Instagram, blogs de comida ou revistas das últimas dietas e planos de refeições mais saudáveis, valorizadas como soluções rápidas, podem aumentar a ansiedade. A mensagem é inevitável; mesmo se você não olhar para as revistas que estão em todas as salas de espera, há os anúncios no Facebook, há comerciais na TV, há um fluxo interminável de planos de refeição de celebridades sendo discutidos. Os corpos nessas imagens não são apenas extremamente magros, cis e sem deficiências físicas, a comida também não é necessariamente atraente ou familiar. Alguém que vive em um deserto alimentar

---

[79] Os Estados Unidos estão falhando completamente com pessoas negras em relação a transtornos alimentares: https://splinternews.com/how-america-fails-people-of-color-with-eating-disorders-1793858224

nem seria capaz de pagar os ingredientes que os artigos promovem e, mesmo para alguém que pode conseguir a maioria dos ingredientes, os perfis de sabor podem não ser palatáveis. Por falar nisso, depois de décadas responsabilizando culinárias étnicas por maus resultados de saúde, a realidade é que muitas dessas receitas "elevadas" são versões mais brandas e mais caras, embaladas de maneiras ofensivas.

Comer de maneira mais saudável é difícil se as opções disponíveis dentro do seu orçamento não forem como as que você pode experimentar na sua comunidade. É algo que fica nas revistas ou nos vídeos fofos do Facebook e não parece a vida real porque é tão distante e inatingível, que poderia muito bem ser um pão de elfo. Torna-se mais fácil não comer ou cair em um ciclo de compulsão alimentar e purgação do que tentar descobrir como alcançar esse corpo inatingível de qualquer maneira que possa ser saudável. Enquanto isso, embora saibamos que o índice de massa corporal não é realmente útil ou saudável, e estejamos cada vez mais conscientes de que as dietas não funcionam, nós ainda consideramos, como sociedade, corpos brancos e magros o padrão de saúde. Esperávamos que a indústria médica fizesse melhor do que alimentar essa relação desordenada com a comida, mas os médicos são mais propensos a ignorar todas as pesquisas disponíveis, que mostram que o excesso de peso não aumenta a mortalidade,[80] em favor de sua própria gordofobia.

Mesmo as organizações que existem para lidar com os transtornos alimentares estão trabalhando com a

---
80 O Excesso de Mortes Associadas ao Baixo Peso, Sobrepeso e Obesidade: https://www.ncbi.nlm.nih.gov/pubmed/15840860

falta de dados, devido à suposição da comunidade médica de que os transtornos alimentares afetam amplamente as mulheres brancas.[81] Há relativamente pouca pesquisa que seja inclusiva o suficiente para abordar as diferenças raciais, muito menos questões de gênero ou deficiência. Embora haja uma consciência crescente de que os transtornos alimentares abrangem todas as comunidades, mesmo as organizações profissionais relacionadas ao tratamento de transtornos alimentares podem carecer de competência cultural na maneira como discutem não apenas a taxa de incidência, mas também as suas causas.[82]

Textos primários ainda em uso, como *The Eating Disorder Sourcebook*, por Carolyn Costin, aborda questões de etnia e gênero em apenas oito de suas páginas. Apesar de estar em sua terceira edição. *Eating Disorders: A Reference Sourcebook*: um livro de referências de Raymond Lemberg e Leigh Cohn, publicado pela primeira vez em 1999, aborda transtornos alimentares em homens, mas não fala sobre raça, questões não-binárias, trans ou deficiência. Essa ausência de informação é perversamente prejudicial, pois não apenas apaga a individualidade, mas isola ainda mais aqueles que lutam contra a alimentação desordenada. Em vez de tratá-los como indivíduos com vidas complexas afetadas pela dinâmica familiar, pela economia e pela cultura popular, a falta dessas informações os torna fantasmas em uma máquina que os tritura como forragem para uma indústria que acaba prejudicando a todos, incluindo as mulheres brancas magras que supostamente são exemplos inspiradores. É um

---

[81] O Impacto dos Estereótipos Raciais no Reconhecimento de Transtornos Alimentares: https://www.ncbi.nlm.nih.gov/pubmed/12210665/

[82] Raça, Etnia e Transtornos alimentares: Considerações para o DSM-V: https://onlinelibrary.wiley.com/doi/pdf/10.1002/eat.20455

preconceito sistêmico que rapidamente se desintegra em face da experiência vivida: cada comunidade tem seus próprios padrões, mas eles são mais difíceis de ouvir por causa do rugido da cultura dominante.

Quando nós falamos sobre o corpo e sobre como ele afeta o mundo e como o mundo o afeta, nós precisamos nos perguntar por que amamos os ornamentos de diversas culturas quando estão em corpos brancos, mas não amamos esses mesmos ornamentos em corpos da cultura em que foram originados?

Quando a mídia critica os *dreads* falsos da Ciara e os elogia em uma das Kardashian, qual é a mensagem que se passa para as jovens meninas negras? Se a bandana é o novo acessório da moda para muitas jovens brancas que saem nas capas da ELLE e o motivo para meninas latinas saírem algemadas de um colégio de ensino médio, qual é a mensagem que recebemos? Qual o impacto de fingir que trancinhas em meninas brancas são a mesma coisa que tranças negras, quando apenas uma delas corre o risco de perder o emprego por causa do penteado? Nós sabemos que colorismo existe, mas nós compreendemos como uma mensagem de que "uma pele mais clara é melhor" é reforçada antes de criticarmos o clareamento?

É importante lembrar que tudo isso está acontecendo em uma sociedade que privilegia tons claros a tons escuros, que prioriza corpos sem deficiências, que enxerga o cisgênero como a única opção de gênero. Embora nem todos desenvolvam doenças mentais em torno de sua imagem corporal como resultado desse ambiente, para aqueles que as desenvolvem as doenças costumam ser reforçadas porque podem parecer uma forma de ganhar status social. Para uma pessoa marginalizada, o ajuste a uma estética específica pode trazer benefícios, como empregos com melhor remuneração, melhor acesso à educação e melhor tratamento pela sociedade em geral. Não se trata apenas de ser considerado mais atraente. Para muitos, pode ser o determinante do acesso a uma moradia de qualidade, ou mesmo a forma como são tratadas pelo sistema jurídico.

Temos que entender que toda defesa que parte do "é só cabelo", "é só uma fantasia de Halloween", "é só maquiagem" etc., vinda de corpos brancos, nada mais é do que outro peso na balança empurrando problemas de saúde mental para comunidades marginalizadas, uma validação dos brancos em detrimento dos negros. O trauma experimentado pode ter níveis mais baixos, mas também pode ser um estressor constante, sem nenhuma maneira de escapar, a não ser se retirando inteiramente da sociedade.

A verdade é que ninguém está imune ao trauma, mas apenas alguns conseguem o que precisam para lidar com as consequências. A esmagadora maioria dos recursos de saúde mental são difíceis de acessar, independentemente do problema. Como resultado, muitas vezes as pessoas que estão passando por traumas encontram mecanismos de enfrentamento que apenas deslocam a dor em vez de tratá-la.

Existe o potencial estigma associado à ideia de precisar de tratamento de saúde mental ou as expectativas culturais de que alguém que esteja sofrendo busque ajuda na religião em vez de na psicologia ou psiquiatria. Para aqueles que crescem na igreja, é mais provável que a oração seja recomendada ao invés do Prozac. E, embora não haja nada de errado em achar a oração reconfortante, ela não pode consertar a química do cérebro. Um pastor pode ser capaz de dar conselhos em um hospital ou após uma perda, mas é improvável que seja capaz de oferecer sessões semanais regulares como um terapeuta treinado.

Há também o problema de encontrar provedores culturalmente competentes em um sistema de saúde mental que é fortemente voltado para valores e normas culturais eurocêntricas. Ter que combater o racismo, o preconceito e a discriminação fora e, depois lidar com isso no tratamento pode afastar os mais necessitados dos recursos. E, claro, nos Estados Unidos, sempre há problemas causados pela falta de cobertura de seguro de saúde adequado.

Sabemos, por pesquisas recentes, que o TEPT[83] é um problema sério para os jovens de periferia dos Estados Unidos. Quando situado no contexto da segregação racial geográfica, isso também significa que o TEPT é um problema esmagador para os jovens não-brancos. Existem algumas evidências de que o TEPT pode ser um gatilho para transtornos alimentares. Isso significa que os dois estão sempre ligados? Claro que não, mas o que poderíamos descobrir se considerássemos a saúde mental das pessoas em comunidades carentes da mesma forma que fazemos com a saúde mental e emocional das pessoas brancas de classe média?

Mecanismos de enfrentamento prejudiciais podem ir de alimentação desordenada até automutilação e vícios. Quando falamos sobre jovens marginalizados nos principais círculos feministas, tendemos a nos concentrar em narrativas que ignoram quanto o sucesso depende de

---
[83] Transtorno do Estresse Pós-Traumático.

alguém ter os recursos internos necessários para perseverar. Não é sobre narrativas de respeitabilidade, é sobre iniciativas de fortalecimento de saúde emocional. Comer demais ou recusar-se a comer não é saudável, mas também são reações comuns à ansiedade e ao estresse. O que pode ser mais estressante do que viver em comunidades que parecem estar sob cerco? Como você enfrenta quando sua ansiedade começa como um sintoma de TEPT não reconhecido e não tratado? Não posso dizer se meu TEPT ou meu TA veio primeiro, mas sei que, quando finalmente consegui acessar uma terapia que se concentrava especificamente no tratamento de traumas, eu experimentei uma redução em todos os meus sintomas.

Os mitos da Mulher Negra Forte do capítulo 1, da Índia Sábia, da Asiática Submissa e da Latina Atrevida fazem mais do que simplesmente aparecer em programas de TV ruins. Eles influenciam a percepção de que mulheres que não são brancas não vivenciam uma gama completa de emoções, muito menos sofrem dos mesmos problemas de saúde mental. Também não ajuda que os jovens marginalizados possam ser inundados com mensagens de ódio em seus livros escolares e nas redes sociais, diminuindo qualquer senso de proteção e segurança de maneiras que nem sempre são claramente aparentes para pessoas que não experimentam os mesmos tipos de opressão. O daltonismo nem sempre funciona na escolha do elenco e certamente não funciona em iniciativas de saúde comunitária que intrinsecamente deveriam ser feministas. Afinal, se quisermos pregar a positividade e a igualdade corporal, devemos estar atentos não apenas aos corpos que celebramos, mas também às lutas que esses corpos podem ter enfrentado.

A supremacia branca vem sob muitos disfarces, mas a forma como ela se move através de espaços que afirmam ser positivos para todos os tipos de corpo é, talvez, uma das mais insidiosas. A única maneira de desafiá-la é fazer uma pausa e, critica e honestamente, pensar sobre seu impacto. Isso não significa que você nunca deva apreciar uma cultura, nunca participar dela, mas você deve estar disposto a questionar o contexto social e cultural. Enquanto Rachel Dolezal é um dos exemplos mais extremos, pois está essencialmente se apropriando de toda uma identidade racial a serviço de um crime maior, a triste realidade é que ela provavelmente começou com essas reivindicações como uma forma de se sentir melhor, sem qualquer preocupação com o impacto.

Temos que considerar que a representação importa não apenas nas telas ou nos livros, mas também na comunidade. O preconceito afeta não somente a saúde social e econômica das pessoas marginalizadas, como também a saúde mental. Quando seu corpo é tratado como, fundamentalmente, menos humano, quando seu alcance emocional é apresentado como muito atrofiado para ser capaz de avaliar como você foi desumanizado por um movimento que afirma ser feito para você; então, para onde você pode ir para começar a cura? Às vezes, a coisa mais feminista a se fazer é considerar a ideia de que aquilo que faz você se sentir bonita, que faz você se considerar sexy, não está acontecendo no vácuo. Isso tem consequências reais para as comunidades que você não habita, e não é desculpável apenas porque faz a pessoa que está se apropriando se sentir atraente.

Embora o feminismo do positivismo corporal deva celebrar a todas, existem questões recorrentes de racismo e do colorismo, mesmo dentro dessa comunidade. Porque adorar e proteger corpos femininos brancos é um aspecto fundamental de manter as narrativas da supremacia branca, há um efeito colateral de alienar as próprias comunidades não-brancas que deram início ao movimento de positividade corporal. Quando o feminismo branco assume o centro de qualquer conversa sobre corpos, há uma tendência de replicar a mesma estética prejudicial que prioriza certos tipos de corpos para serem considerados valiosos enquanto outros são dignos de serem ignorados ou envergonhados. Sem surpresa, há uma falta de preocupação com a saúde mental daqueles que estão sendo expulsos de um movimento que deveria ser inclusivo.

É importante entender que o estresse e o trauma se estendem além dos comportamentos diretos de indivíduos preconceituosos, e que afetam as comunidades. Quando as pessoas estão cercadas por lembretes constantes de que sua identidade não é bem-vinda, e que microagressões podem ocorrer a qualquer momento, em qualquer lugar, com qualquer pessoa, é gerada uma ansiedade persistente em torno do direito de seu corpo existir. Pode parecer que estou misturando questões díspares dentro da comunidade; mas, para as pessoas marginalizadas, a mensagem de que nossos corpos são errados e um problema a ser resolvido com o desaparecimento deles pode parecer constante.

Vemos, regularmente, clipes de notícias mostrando negros, latinos, asiáticos ou indígenas desarmados sendo mortos na rua, em carros, em celas de detenção ou até mesmo em igrejas. Isso não apenas traz à tona uma série de memórias dolorosas, mas pode desencadear algo chamado "traumatização vicária". Mesmo que um evento específico nunca tenha acontecido conosco diretamente, podemos ter testemunhado experiências semelhantes ou conhecer pessoas em nossas comunidades que foram traumatizadas ou mortas de maneiras semelhantes. Não apenas suas histórias ressoam em nossas mentes, mas nunca faltam especialistas recebendo tempo no ar para justificar o horror que ocorreu. Culpar a vítima não é apenas algo que ocorre em torno da agressão sexual e, como o ciclo de trauma nunca termina, você espera que abraçar a ideia de autocuidado como uma forma de lidar com o trauma resolva a situação, que ser capaz de descansar sua mente ou se alienar de espaços tanto online quanto offline resolva. Portanto, pode ser incrivelmente duro procurar espaços mais seguros e descobrir que você não é, necessariamente, bem-vindo ou cuidado da mesma forma que outros, por causa de sua identidade.

Pessoas marginalizadas provavelmente terão menos acesso a serviços de saúde mental do que pessoas brancas de classe média ou superior, e quando recebem essa atenção, é mais provável que seja de uma qualidade mais baixa. Há diversos fatores que criam situações em que pessoas marginalizadas em ambientes de alto estresse não têm acesso aos cuidados necessários. Em algumas áreas, como Chicago, pode ser algo simples, como falta de clínicas abertas. Até para aqueles que ainda têm programas disponíveis, outras barreiras podem incluir: falta de transporte, falta de creches ou dificuldade para sair do trabalho e comparecer a compromissos semanais.

Sabemos que o sistema de saúde mental é falho, mas essa não é uma desculpa para o feminismo ignorar a saúde emocional das mulheres negras. Em vez de repetir narrativas racistas desumanizadoras sobre a força das pessoas marginalizadas, o feminismo deve estar disposto a questionar seu interesse em defender este aspecto da supremacia branca. Os defensores dos cuidados médicos também devem trabalhar na melhoria do *status quo* para aqueles que têm menor probabilidade de buscar e receber tratamento. O feminismo deve se centrar naqueles que são mais vulneráveis às disparidades sistêmicas, em conversas sobre como obter ajuda e cuidar de si mesmo, seja por meio do sistema de saúde mental ou em casa. Não é suficiente destacar os problemas das comunidades marginalizadas uma vez por ano. O feminismo deve defender um melhor acesso aos cuidados de saúde mental para todos.

Também é importante não agregar o trabalho emocional de educar provedores ou comunidades às pessoas marginalizadas em busca de apoio. Outra questão chave é incluir pessoas marginalizadas em papéis de liderança em campanhas e em instituições que afirmam estar preocupadas com a saúde mental. Acima de tudo, é fundamental fazer o trabalho de pressionar os legisladores, em todos os níveis, para melhorar o acesso a serviços de saúde mental de qualidade em todas as áreas. Não podemos continuar fingindo que os problemas de saúde mental param nos limites da brancura. Em vez disso, temos que estar prontos, dispostos e capazes de abraçar aqueles para quem a saúde mental é uma luta, e ter certeza de que não estamos contribuindo para o trauma sob o pretexto de ser útil.

A FETICHIZAÇÃO DA FEROCIDADE

Dependendo de para quem você pergunta, eu sou ferozmente feminista ou incrivelmente tóxica. Existe algo sobre estar disposto a entrar em um conflito aberto, com qualquer um que te enfrente, que incomoda as pessoas, que as confunde. Também não ajuda que minha abordagem, em particular, para o conflito possa ser um tanto mordaz. Mas as pessoas que têm a maior probabilidade de me descrever como feroz ao invés de tóxica, gostam de saber que eu não tenho problemas para falar abertamente. Que estou sempre completa e totalmente disposta a revidar. Parece existir uma linha muito tênue entre ferocidade e toxicidade nos círculos feministas atualmente (fui chamada de ambos em vários momentos e, honestamente, nenhum dos dois nunca se encaixou perfeitamente), mas uma das coisas que notei sobre o termo *feroz* é que carrega sua própria bagagem altamente específica.

As mulheres mais prováveis de serem chamadas de ferozes são também as mais prováveis de estarem enfrentando os maiores riscos sociais. As mesmas narrativas cansativas sempre acabam sendo apresentadas. A Mulher Negra Raivosa, a Latina Atrevida, e assim por diante. O que nós ignoramos é que essas narrativas informam como nós vemos as mulheres que dizemos venerar. Nós vemos o feminismo de Beyoncé como feroz até o momento em que ela passa a ser a mulher que ama o marido mais do que a ideia de que uma "mulher forte independente que não precisa de um homem".

Adoramos Serena Williams até o momento em que ela se torna visivelmente irritada, desafiando um sistema que a assedia continuamente com testes de drogas e com juízes de linha fazendo ligações questionáveis. Aí, pensamos que ela está com muita raiva e precisa se acalmar. Elas são guerreiras, mas, aparentemente, não são o tipo certo de guerreiras. Serena é castigada por suas expressões faciais durante e depois dos jogos, quando fala sobre o esporte, por responder ao sexismo dos árbitros, até por não ser uma boa modelo porque não é educada o suficiente em suas respostas ao sexismo e ao racismo em seu esporte.

No entanto, suas carreiras e suas vidas são exemplos surpreendentes do poder necessário para se ter sucesso como mulher em indústrias dominadas por homens. Há algo tão incrível em ter o poder de vir das raízes da classe trabalhadora e adquirir não apenas fama e fortuna, mas o poder de moldar a cultura. Elas deram às jovens mulheres negras o poder de se deliciar com a beleza e a sexualidade, tendo o tipo de carreira que domina a grande mídia, enquanto ainda defendem o feminismo como uma força poderosa para o bem das meninas. No entanto, quando elas têm a audácia de não apenas reivindicar o feminismo, mas sentem que podem ditar e direcionar a maneira como se relacionam com ele; de repente, há uma certa sensação de que elas estão menos qualificadas porque usaram seus corpos, corpos muito difamados, muito analisados, para alcançar suas carreiras.

Os críticos ainda questionam a ideia de empoderamento feminino. Querem que as mulheres usem mais roupas, que não sejam tão fortes ou sexy, ou que não sejam tão alegres e entusiasticamente despreocupadas em atingir uma lista de verificação de marcos feministas "apropriados". Mas, lutar ferozmente para ultrapassar os limites que a supremacia branca pode definir não é para os fracos de coração. Afinal, sabemos que mulheres bem-comportadas não fazem história. Ainda assim, à medida que as críticas a elas aumentavam, à medida que a repercussão por elas escolherem seguir seu próprio caminho se espalhou — não apenas por críticas a suas carreiras, mas também por críticas a suas vidas pessoais, até mesmo de seus filhos —, ficou claro que ser tão feroz tinha consequências.

E, embora essas duas mulheres tenham os recursos e as redes necessárias para se isolarem, a mulher comum que luta contra o patriarcado tem maior probabilidade de ser menos privilegiada. No entanto, as exigências de que mesmo assim os riscos sejam assumidos por aquelas sem o isolamento do privilégio racial nunca diminuem. Em vez disso, a narrativa enaltece a coragem daquelas que assumem os riscos com muita pouca discussão sobre as possíveis consequências. Quer seja falando abertamente sobre a brutalidade policial, assédio e agressão sexual na política, entretenimento, tecnologia ou outras indústrias, muitas vezes aquelas que falam são posicionadas mais como as que se sacrificam do que como salvadoras. Quando a repercussão aparentemente inevitável, repleta de assédio e ameaças de morte começar, algumas feministas se manifestarão; muitas irão simplesmente sugerir entrar em contato com a polícia ou o FBI, mas elas não oferecem mais nada. E, se alguém menciona a falta de apoio significativo para as vítimas, a conversa é rapidamente mudada para se centrar naqueles que não correram o risco.

Na minha experiência, quando eu ou outras mulheres negras éramos o principal alvo de assédio, nós tínhamos que apoiar umas às outras nas redes sociais. Isso é especialmente verdadeiro em plataformas como o Twitter, nas quais filtrar *trolls* é dificultado pela falta de ferramentas de qualidade para lidar com o dilúvio de vozes. Quando Jamilah Lemieux,[84] uma editora da Ebony,[85] foi alvo de *trolls* conservadores, foram as feministas negras do Twitter negro que a apoiaram. Quer o motivo do assédio seja "pro-choice",[86] uma crítica às escolhas políticas de um porta-voz do Partido Republicano, ou algo como o que aconteceu com professoras como Anthea Butler,[87] Eve Ewing[88] e outras acadêmicas negras, as feministas brancas vão, na melhor das hipóteses, elogiar essas mulheres à distância por sua ferocidade. Com mais frequência, são ignoradas ou, como foi o caso da deputada Ilhan Omar,[89] tornam-se alvos de feministas brancas como Chelsea

---

84 Colunista, editora e crítica cultural norte-americana. Foi três vezes vencedora do Black Weblog Awards e, em 2010, entrou na lista das "100 mulheres negras mais influentes no Twitter".

85 Revista mensal norte-americana dedicada ao público afrodescendente, fundada por John Harold Johnson e publicada desde 1945.

86 Refere-se ao grupo de pessoas que defende o direito ao aborto.

87 Cadeira de Estudos Religiosos e Professora Associada de Estudos Religiosos e Estudos Africanos na Universidade da Pensilvânia.

88 Socióloga, autora, poetisa e artista visual de Chicago, Illinois. Ewing é professora assistente na Escola de Administração de Serviço Social da Universidade de Chicago.

89 Política somali-americana. Filiada ao Partido Democrata, Omar integra a Câmara dos Representantes dos Estados Unidos, representando o 5º distrito congressional de Minnesota, que inclui toda a cidade de Mineápolis e alguns de seus subúrbios.

Clinton,[90] até que a retórica acabe se transformando em violência física real.

De repente, as mesmas mulheres que adoram a ferocidade, que celebram ideais, como falar a verdade ao poder, se tornam inteiramente interessadas em sua própria fragilidade pessoal. Afinal, ser feroz tem suas consequências. E, além disso, não é como se elas fossem à polícia. Elas não são responsáveis por proteger ninguém, por ajudar ninguém a acessar a segurança ou por conectar ninguém com os recursos existentes. Bem, não com alguém que é inconveniente. Não quando elas têm uma ferramenta na ponta dos dedos e em que podem confiar como a solução carcerária.

Sabemos que o feminismo carcerário (confiança no policiamento, no processo e na prisão para resolver a violência sexual ou de gênero) é mais provável de ser usado contra as mulheres que lutam contra esse sistema, principalmente mulheres negras. O Estado responde às preocupações públicas em torno da violência sexual retraumatizando as vítimas. Raramente é oferecido a elas algo próximo de justiça. O impulso carcerário também informa como o feminismo responde às vítimas antes, durante e depois que elas tentam prestar queixa ou combater o patriarcado. O que tem surgido repetidamente no feminismo é uma tendência a assumir que, uma vez que as vítimas vão pedir ajuda ao estado, suas necessidades serão todas satisfeitas. Isso é especialmente óbvio nas respostas ao assédio online.

Enquanto muitas feministas não têm problema algum em discutir a criminalização desse comportamen-

---
90 Escritora norte-americana e defensora da saúde global. Ela é filha única do ex-presidente dos Estados Unidos, Bill Clinton.

to, elas são mais leves nas maneiras para proteger quem está experienciando essa violência. Devido ao impacto da abordagem carcerária, nós vemos uma mentalidade que restringe os horizontes femininos a estruturas que esperam que o indivíduo lute ao invés do coletivo se unir. Essa forma de feminismo individualista depende da ideia de que uma mulher empoderada é capaz de fazer qualquer coisa, ignorando as realidades econômicas e raciais que algumas delas enfrentam.

O que é o feminismo individualista, na prática? Enquanto nós ficamos nas laterais torcendo pelas mulheres, na grande maioria das vezes há pouquíssimo esforço coletivo que luta contra a opressão em múltiplas identidades. Ignoramos que as mesmas estruturas afetam a todas nós (embora diferentemente), e que dependem dos mitos de força ao invés de buscar entender o que realmente significa trabalhar junto.

Também não ajuda o fato de que, quando a reforma do sistema público de saúde foi promulgada, os políticos ignoraram que vítimas de violência doméstica, assédio sexual, entre outras, podiam não ser capazes de, imediatamente, voltarem ao trabalho — ou de voltarem de qualquer modo. Sem financiamento para habitações públicas ou outras redes de segurança, sobreviventes de baixa renda, principalmente, se encontraram sem uma mísera medida de estabilidade.

Embora louvemos a força daquelas que contra-atacam; às vezes, isso leva as vítimas a serem presas por se defenderem. Isso é especialmente verdadeiro no caso de profissionais do sexo, vítimas de violência doméstica e outras mulheres que se encontram pressionadas entre os sistemas que priorizam aprisioná-las ao invés de protegê-las. As mesmas soluções carcerárias que as aprisionavam tomaram o lugar da infraestrutura que permitia aos sobreviventes uma certa medida de liberdade para viver de forma independente, sem ter que depender de seus abusadores. Afinal, se você tem acesso a programas de bem-estar e moradia a preços acessíveis, suas opções já são mais amplas do que se não tivesse.

Não é que as ações das sobreviventes, ao se defenderem, são necessariamente más ou erradas. O Estado oferece pouquíssimas opções para prevenir a violência e muitas opções para reportar o resultado. Para aquelas que não têm sorte o bastante de atrair atenção midiática suficiente, a autodefesa pode abrir uma porta que as faz perderem anos para o aprisionamento. Mas quando se têm apenas soluções carcerárias para problemas sociais, se tem pouquíssimo espaço para justiça, e menos ainda para superação.

Em círculos feministas, a narrativa da guerreira "feroz" é frequentemente considerada uma honra dada às mulheres que assumem os maiores riscos em suas carreiras. "Oh, ela é tão corajosa por prestar queixa.", "É preciso uma mulher forte para fazer o que ela fez.". Parece ótima, de passagem, a ideia de quem lutou contra o patriarcado ser mais forte, mais corajosa, mais feroz do que quem não correu os mesmos riscos. Mas o que não falamos é sobre o que isso custa às vítimas. Enquanto elas lutam para superar quaisquer obstáculos e o feminismo fica nas laterais torcendo por elas, o que acontece quando a frieza se esvai? Temos uma rede de segurança, uma ideia de como prover as potenciais consequências financeiras e sociais?

Muito frequentemente, aquelas que correm riscos têm pouquíssimas opções em termos de Plano B e ficam à deriva após o ativismo com a mesma pobreza, falta de recursos sociais e emocionais de antes, sem contar que agora têm que lidar com ainda mais obstáculos, devido à infâmia e, em alguns casos, ficha criminal. Para todas que acabam conseguindo ganhar um acordo financeiro bom (dinheiro pode não comprar felicidade, mas pode comprar alguma medida de estabilidade), outras milhares acabam tendo que descobrir como navegar pela vida depois de perder tanto. Alguns de nossos maiores ícones morreram em relativa obscuridade, empobrecidas e sozinhas, dependendo da gentileza de estranhos ou da fria misericórdia clínica do Estado.

Amamos a ideia de uma Mulher Negra Forte, celebramos aquelas que, como Anita Hill,[91] conseguem continuar a ter uma carreira de sucesso. Mas, e aquelas que não podem fazer isso? Para quem não tem um passe de volta para a classe média ou para a torre de marfim, quais recursos estão disponíveis? O mesmo feminismo que as mantém para lutar as batalhas se afasta quando a guerra acaba, e não se preocupa em cuidar das feridas emocionais ou qualquer outra que tenha ficado para trás.

Ser forte ou feroz ou qualquer apelação aplicada àquelas que são brutalizadas, que processam, que terminam mortas no chão, com apenas aqueles que ela deixou para trás implorando ao mundo para que #SayHerName soe ótimo, os rótulos são um conforto frio se não fizer-

---

[91] Professora da Universidade de Brandeis, advogada e ativista conhecida por, em 1991, ter acusado o candidato ao Supremo Tribunal dos Estados Unidos, Clarence Thomas, de tê-la assediado sexualmente enquanto era seu supervisor na EEOC na década de 80.

mos mais para resolver os problemas contra os quais elas estão lutando. Para organizadores e ativistas, essas estruturas às vezes já estão em vigor, mas para a feminista comum que tenta lutar contra um mal social local, especialmente aquelas que vivem em comunidades de baixa renda, a sociedade como um todo tem falhado em fornecer os recursos adequados. Igualdade é ótimo, mas equidade é melhor ainda, precisamente porque a validação emocional que alguém, com a segurança financeira e o isolamento que o privilégio oferece, possa precisar é quase inútil para alguém sem essas coisas. O problema é o conceito de Mulher Negra Forte ampliado o suficiente a ponto de incluir outras comunidades, embora ainda tenha maior probabilidade de impactar as mulheres negras e pardas.

Esperamos que vozes marginalizadas ressoem independentemente dos obstáculos que enfrentam, e, então, as penalizamos por não dizerem a coisa certa da maneira certa. Atribuímos um nível de resiliência incomparável e, uma vez atingido, assumimos que a pessoa que o exibe não tem sentimentos. Ou, mais precisamente, decidimos que elas não precisam de ninguém para se preocupar com eles. Na verdade, o feminismo dominante torna os sentimentos das mulheres brancas a principal preocupação, mesmo em situações que não são sobre elas. Considere o anúncio de Jill Biden[92] em apoio à campanha de seu marido, dizendo que era hora de as pessoas deixarem de discutir seu tratamento à Anita Hill, apesar da evidência clara de que Joe Biden também tem seu próprio legado de contato impróprio e indesejado com mu-

---
92 Atual Primeira-dama dos Estados Unidos.

lheres. Ou a resposta de Alyssa Milano[93] à proibição do aborto na Geórgia com uma "solução" baseada na abstinência, que ignora a realidade de que aquelas com maior probabilidade de serem afetadas negativamente são as mulheres negras e pardas da Geórgia que não são residentes de meio período.

Este é o ponto fraco da ferocidade percebida nas mulheres negras e pardas. Em última análise, a narrativa de ferocidade é uma corda no pescoço, apertando-as e colocando em risco suas chances de sobrevivência. Porque a cultura pop e a mídia nos ensinam que as mulheres de baixa renda existem para servir, para serem burros de carga, deixando de considerar o que elas podem precisar.

Nós as enquadramos como servas frias, pouco educadas, atrevidas e emocionais, para promover a causa feminista. Silenciosamente inseridas nas narrativas de suas vidas, estão as expectativas idealizadas de mamãe e babá. As meninas de comunidade não precisam de ajuda porque podem se proteger contra tudo — ou assim acredita o feminismo branco. Elas estão prontas para lutar, para serem ratos de rua e megeras que podem forçar o mundo a mudar, mas que, claramente, não têm respostas para os problemas que enfrentam dentro de suas comunidades. Elas são, simultaneamente, as primeiras a responder e as últimas a obter recursos. O mesmo medo da periferia e das comunidades, que impede o feminismo dominante de entrar nelas sem gentrificá-las, também contribui para a ideia de que ninguém precisa se preocupar com as mulheres assustadoras e raivosas que vivem lá, a menos que elas possam ser úteis.

---

93 Atriz, produtora, cantora e empresária norte-americana. Sua carreira começou depois que ela apareceu no Musical da Broadway, Annie, e é reconhecida principalmente por seu papel na série Charmed.

Devemos nos afastar das estratégias fornecidas pelo feminismo corporativo que nos ensina a "Lean In", mas não como realmente apoiarmos umas às outras. Organizações e iniciativas são maneiras maravilhosas de lidar com certos males sociais; mas, em sua esmagadora maioria, fazem pouco para fornecer cuidados ou acesso aos cuidados para aquelas que deles precisam. Uma abordagem centrada na vítima é mais do que apenas uma frase que parece boa na teoria. Ela precisa ser um componente-chave na prática, na maneira como estruturamos as respostas para aquelas que lutaram para fazer avançar as causas que o feminismo preza. Não precisamos nem criar um diagrama para cumprir esse objetivo, ele já existe. Podemos olhar para os programas existentes de defesa das vítimas, podemos estruturar nossas respostas virtuais ou cara a cara para as proteger.

Em uma abordagem centrada na vítima, os seus desejos, sua segurança e bem-estar têm prioridade. O feminismo centrado na vítima traria serviços especializados, recursos, cultura competente e, idealmente, perspectivas informadas sobre o trauma para cuidar das necessidades daquelas que passam pelo trauma de testemunhar ou apresentar queixa ou entrar com processos judiciais. Forneceríamos um canal para os profissionais mais aptos a avaliar as necessidades das sobreviventes e forneceríamos suporte crítico a elas, mesmo no caso das mesmas não se qualificarem para os serviços tradicionais de apoio às vítimas que possam existir em sua área. Essas habilidades são essenciais para construir relacionamento e confiança com as sobreviventes, atender às suas necessidades e ajudá-las a criarem uma sensação de segurança e proteção em suas vidas.

Precisamos enfrentar a perda de recursos essenciais da comunidade, que vão desde clínicas de saúde mental até espaços para habitação. Precisamos entender que, às vezes, as guerreiras mais ferozes precisam de cuidado e bondade. Não podemos ter medo de sua raiva ou de sua vontade de gritar. Amamos aquela energia forte no momento em que ocorre, mas precisamos abraçá-la ao longo do tempo. Precisamos mudar nossas ideias de quem merece apoio e nos afastar da ideia de que, depois do caso, tudo está consertado.

A PERIFERIA ODEIA GENTE INTELIGENTE

Eu tenho o que minha mãe, eufemisticamente, chama de espírito rebelde. É uma forma gentil de descrever uma criança que não é o que você esperava. Isso não quer dizer que eu sempre fui forte, certa ou qualquer coisa remotamente perto das narrativas de autoconfiança nata que, frequentemente, são impostas a crianças negras como desculpas para justificar as expectativas prematuras da idade adulta. Eu era uma criança covarde que A) odiava brigar, que literalmente chorava em brigas, de tanto não suportar brigar, e B) entrava e entregava 100% de mim em brigas, mesmo assim. Eu não era boa de briga. Eu era apenas uma criança que entendia que evitar uma briga, às vezes, era insignificante. Existem várias pesquisas em torno de jovens meninas não-brancas e sua relação com brigas; uma narrativa que leva a crer que elas são violentas apenas por serem. Ignorando o fato de que elas são, frequentemente, as únicas pessoas que estão investidas em sua própria segurança além daqueles que lhes são mais queridos.

Eu não era uma criança popular. Eu era uma nerd, meu apelido era Livros. E, sim, eu fui caçoada por falar e ler bem. Mas não era o tropo de "negros não valorizam a educação", que é difundido com tanta frequência. Havia muitos garotos espertos na minha escola primária, Charles S. Kozminski. Éramos todos pobres; então, havia relativamente pouca diferença em nossas roupas, em termos de preço. Estilo era a chave, e eu não tinha nenhum. *Nenhum.* Eu era dois anos mais jovem do que todos na minha série, e o senso de estilo da minha avó era apropriado para a minha idade, mas não apropriado para a minha série. Ela me comprava o tipo de roupa com que se veste menininhas tipicamente femininas e infantis. Meias de renda, Mary Janes e saias rodadas, enquanto todos os outros estavam de macacão e tênis. Eu me sobressaía e não era de um jeito bom. Também não ajudava que eu falasse como quem estava lendo um dicionário na maior parte do tempo. Felizmente, eu tinha amigos que entendiam os perigos sociais de ser criada por um avô ou avó, e eles me incentivavam a sair, para falar como as outras crianças faziam quando os adultos não estavam ouvindo. Aprendi a me camuflar, em algum momento, entre a sétima e a décima segunda série. Mas sempre fui uma nerd.

Há uma tendência, nos livros, de dizer que as comunidades e as periferias punem você por ser inteligente, que odeiam aqueles que buscam o sucesso. Essa não foi minha experiência em tudo. As mesmas crianças que me chamavam de Livros agora são adultos que distribuem meus artigos e me dizem como eles estão orgulhosos de mim, porque não havia nada de malicioso nas provocações. Eu provoquei e fui provocada; afinal, essa é basicamente a natureza das crianças. Existe um mito de excepcionalidade ligado às pessoas que tiveram sucesso acadêmico depois de uma infância na pobreza. Devemos ser únicos e, portanto, vale a pena nos ouvir, mas ao preço de abandonar o passado e as pessoas que nele viveram. Você deve olhar para aqueles anos como se fossem difíceis de se lembrar, e prometer nunca expor seu filho às mesmas coisas. Se você ao menos tiver um filho, porque, afinal, crescer lá é marcante, o tipo de coisa que pode significar que você teve que sacrificar tudo e mais um pouco para sair de lá.

É uma ideia reconfortante para alguns que aspirar por um lugar tem um custo, que o sucesso para as pessoas marginalizadas significa deixar para trás sua cultura e comunidade, porque não é algo bom o suficiente para levá-los aonde querem ir. Mas esse é um mito que abre a porta para que algumas mulheres sejam excluídas de conversas que as afetam diretamente. Ser "uma daquelas pessoas" acaba não só sendo uma capacidade única e útil de entender, como algo que pode ser útil, mas que também pode ser distorcido para ferir as pessoas a quem devem servir.

Classe e classicismo importam, isso não é algo que surge do nada. Tratamos coisas como ser pobre, ser da periferia, ser do campo, como motivos para se ter vergonha, embora ninguém controle as circunstâncias do seu próprio nascimento. Olhamos para lugares que estão carentes de recursos, em que ser durão ou durona é uma questão de sobrevivência, e então dizemos: "Para ter segurança, estabilidade financeira, moradia que não seja abaixo da média, você tem que estar disposto a se desvencilhar de tudo que faz você ser quem você é"; e quando algumas pessoas não podem ou não querem fazer isso, nós as punimos. É a assimilação, e não a aculturação, que se exige de pessoas que já estão se sacrificando, já fazendo escolhas difíceis. No entanto, sempre que surge um problema, essas mesmas habilidades são as que todos precisam para resolvê-lo. Pergunte aos mais velhos sobre filas de pão e cozinhas populares, pergunte a eles quem intervinha imediatamente após um desastre, natural ou não. Invariavelmente, são os que têm menos que são os mais generosos; são as mulheres que se preocupam com a própria casa e família, que se consolam cozinhando panelas de sopa para alimentar as equipes de resgate. São os homens que nada têm a perder que sobem aos destroços sem máscaras nem luvas para arrancar quem tinha tudo e perdeu tudo. As coisas são substituíveis, as pessoas não — é a lógica. Infelizmente, esse tipo de compaixão não é tão comum ao contrário.

Eu sou descendente de pessoas escravizadas. Minha tataravó, Mary Gamble, foi vendida na Ilha de Sullivan,[94] e isso é tudo que eu sei sobre suas origens. Foi teorizado que ela não era completamente africana, devido ao que se sabe sobre sua aparência, mas não há como saber. Sabemos mais sobre seus filhos: o meu tataravô AB, ou Abraham, foi presenteado para um de seus meio-irmãos brancos, quando a família decidiu se mudar da Carolina do Sul para o Arkansas. Seus filhos nasceram na escravidão, embora tenham sido libertos após a Guerra Civil. A terra do meu bisavô ainda está tecnicamente na família, embora meu avô nunca tenha vivido nela depois da infância. Ele tinha um temperamento forte; então, foi para o norte, porque, do contrário, ele iria se matar ou matar outra pessoa. Esse era o medo da época, e ele era um homem duro, então, talvez, essa fosse uma preocupação válida. Quando o conheci, ele estava no conselho de administração da Blackwell AME Zion,[95] mas as pessoas contaram histórias sobre um homem que tentou roubar

---

94 Vila localizada no estado norte-americano da Carolina do Sul.

95 Igreja Episcopal Metodista Africana de Sião.

meu avô e a maneira como ele jogou aquele homem na ambulância em County.

Ele conheceu a minha avó em Chicago. Ela era neta de escravos. Nós não sabemos muito sobre sua história, muita coisa era segredo, porém eu sei que a mãe dela, Penny Rose, foi a primeira mulher da minha linha materna a, legalmente, ter o direito de ler. Nas minhas pesquisas, eu procurei na história o suficiente para saber que a mãe dela havia sido escravizada por um tempo na Geórgia e o pai dela, na Louisiana; mas não faço a mínima ideia de qualquer outro detalhe. Houve um linchamento, algum assassinato (minha família acredita em vingança de maneiras que não consigo explicar), e, então, eles se mudaram. Eles deixaram o Sul, vieram para Chicago, Detroit, espalharam-se para o oeste, até a Califórnia. Penny Rose dirigia uma roda política e eu fui criada por Dorothy, que também estava envolvida na política. O vício e o sacrifício pavimentaram o caminho.

A sobrevivência pode ser uma religião em si e, para muitos, é a única que eles sempre têm tempo para praticar. Colocar comida na mesa, dar à próxima geração uma chance melhor de sucesso por meio de relocação ou educação. As comunidades não carecem de respostas, mas de recursos e, portanto, as prioridades que vão além da sobrevivência básica são em torno de como acumular o suficiente para preparar a próxima geração para mais sucesso.

Eu tenho um bacharelado pela Universidade de Illinois e um mestrado pela DePaul, em Chicago. Minhas tias-avós foram educadas, embora minha avó tenha deixado a faculdade durante a segunda guerra mundial, e há uma história estranha sobre ela trabalhar para o

Signal Corp,[96] que poderia, na verdade, ser um disfarce por trabalhar em criptoanálise. Dorothy adorava seus quebra-cabeças, seus mistérios e seus códigos, e ela era francamente um gênio que nunca recebeu o crédito que provavelmente merecia. Mas ela criou filhos fortes e inteligentes. Crianças complicadas; mas, ainda assim, ela se certificou de que soubéssemos o preço que foi pago para nos trazer onde estamos hoje.

Tentei largar o ensino médio uma vez e, por tentar, quero dizer que mencionei fazer o GED porque eu era uma veterana de dezesseis anos e estava passando por um período péssimo na escola. Eu estava entediada e inquieta, e contei à minha avó meu grande plano. Ela tinha acabado de fazer uma mastectomia radical e eu estava passando um tempo com ela, porque, bem, os idosos são realmente importantes na minha comunidade. Você os escuta, passa um tempo com eles, e eu conversava com minha avó todos os dias, sobre tudo. Tínhamos um ótimo relacionamento, que só correu perigo por aproximadamente trinta segundos, quando achei que seria uma boa ideia desistir da escola para pegar meu GED. Dica de profissional: nunca diga a uma mulher que viveu na época de Jim Crow, que cresceu com avós que foram escravizados, que tiveram mães que trabalharam incansavelmente para tornar as coisas melhores para seus filhos, que você quer jogar fora a chance de um diploma. Quer dizer, você até pode, mas eu prometo a você, ninguém nasce preparado para quando se é agarrado por uma mão mais dura do que aço, enquanto ela lhe informa sobre o que seus ancestrais pagaram com sangue para que você pudesse ter acesso à educação.

---

96 Comando do Exército dos Estados Unidos que desenvolve, testa, fornece e gerencia comunicações e suporte a sistemas de informação para o comando e controle de forças armadas combinadas.

Educação não era a única coisa na mesa. Eu cresci em um meio artístico, porque uma das minhas tias queria ser atriz, outra cantava na igreja. Alguns de vocês vão conseguir reconhecer o tipo de família que eu tinha: eles nunca foram bem de vida, mas, frequentemente, viviam confortavelmente para poder se dar ao luxo de querer coisas. Era uma vida em um apartamento e em um quarto compartilhado, mas tínhamos passeios até a biblioteca, idas à Josephine, na rua 49, para cuidar do cabelo, e uma escola que era pobre, mas excelente. Aspirações da classe média em uma família da classe trabalhadora, que sabia que respeitabilidade não servia para nada, mas que trabalho duro servia para uma série de coisas.

Eu nunca pensei que existia apenas uma forma de ser negro ou que ser negro-americano era de alguma forma menos negro, mas eu tive períodos na minha vida em que estava fascinada com minhas raízes. Eu ainda tenho interesse nelas, mas agora eu sei que as sementes da minha família vieram do outro lado do oceano, mas que as raízes se fixaram nos Estados Unidos. Meus filhos são a sexta geração, possivelmente a sétima (tem detalhes que não estão claros, como, por exemplo, se Mariah e Andrew nasceram aqui ou não, mas baseando-se nas histórias que Penny Rose contava para seus filhos, parece que sim), e não tem como voltar atrás. Eu nunca vou saber de quais culturas essas pessoas seguiam e de onde elas vieram. Eu nunca poderei tomar posse dessas culturas, porque elas não são minhas, nem se eu me mudasse para um dos países que aparecem no meu teste de DNA. Essa é uma estrada fechada. E está tudo bem, podemos seguir em frente com o que temos. Nós sempre seguimos em frente.

Quando fico entre pessoas que desrespeitam os mais velhos, que rebaixam a dor de uma comunidade, nem sempre sou legal. E bondade, na minha definição, não é a mesma que alguns outros usariam. Mas algo do que nunca terei vergonha é do conhecimento de que o negro estadunidense é igual a um contexto cultural único e distinto, que merece respeito e a mesma abordagem cuidadosa, como qualquer outro grupo de diáspora. Existe uma ideia, criada pela supremacia branca e fomentada pela antinegritude, de que os negros americanos não têm cultura para possuir ou defender, que qualquer um pode entrar em nossa cultura e em nossas comunidades, ou ficar de fora das lutas e se declarar parte do que foi construído por meio do sacrifício e do sofrimento. É a mercantilização do Black Cool em corpos brancos, é a narrativa de que os negros americanos são preguiçosos, é a fusão errônea da hipervisibilidade dos negros americanos com poder e privilégio. E, embora eu acredite firmemente que qualquer pessoa na diáspora é bem-vinda para trilhar os caminhos que traçamos e traçar os seus próprios, nunca desistirei de proteger o legado daqueles que abriram o caminho para mim e meus filhos.

Muitas vezes, o legado da escravidão surge na suposição de que os negros americanos não estão aproveitando as oportunidades, sem a compreensão do impacto do racismo geracional e da antinegritude em nossas comunidades. É fácil presumir que todos nós viemos de lugares que são saudáveis, mas realisticamente isso não é possível, não quando lembramos que, embora as flores possam florescer nos ambientes mais adversos, muitas plantas simplesmente morrem. Eu tive sorte, tinha alguém para me acolher, para me criar e me alimentar, e me segurar quando eu poderia ter escorregado. Sou obrigada não apenas a retribuir, mas a desafiar o apagamento e o desrespeito onde o encontro, porque os filhos que estou criando e os filhos de outras pessoas precisam entender que eles são os herdeiros de um legado orgulhoso e duradouro, forjado aqui por pessoas que foram acorrentadas e por pessoas que quebraram as correntes.

Quer estejamos falando sobre as comunidades, as Rez[97] ou os barrios,[98] a verdade é que nenhuma comunidade odeia aprendizado ou sucesso. Os nerds vêm de todas as esferas da vida, mas acessar o estilo de vida que essas coisas supostamente proporcionam é muito mais difícil do que deveria ser quando falamos de pessoas marginalizadas.

Não é nenhuma surpresa que a narrativa de "ser inteligente é agir como branco para que outras pessoas marginalizadas odeiem você" ressoa entre muitas pessoas. Afinal, ecoa uma imagem estreita e estereotipada do que significa ser negro, ser latino, asiático ou indígena. Valida os preconceitos de adultos que se lembram de sentir que eram diferentes e confundem esse sentimento com o ostracismo. É uma explicação fácil para aqueles que eram inteligentes, mas não eram populares na escola, já que não exige pensar sobre a realidade a qual as crianças, assim como os adultos, reagem mais do que a superfície. A narrativa ignora os adultos que poderiam ter recompensado crianças bem-sucedidas academicamente, às custas de crianças que tiveram dificuldades. E, para aqueles que estão apenas vagamente interessados em melhorar seus resultados acadêmicos, promete uma solução rápida por meio de ajuste de atitude, ao invés de investimento real.

É uma teoria que não apenas atrai aqueles que querem se sentir retroativamente especiais e únicos, mas também valida a ideologia conservadora, ao colocar a

---

97 Gíria usada para se referir a reservas indígenas estadunidenses e canadenses.

98 Bairro, em espanhol, usado para se referir aos bairros latinos nos Estados Unidos.

culpa dos resultados acadêmicos díspares nas costas das crianças. Ao fazer a falta de oportunidade ser sobre patologia cultural, em vez de levar em conta os fatores mais amplos como desigualdade, preconceito racial ou segregação, os sobreviventes podem se acomodar à branquitude e se isentar de qualquer responsabilidade significativa para com a comunidade. Sentir-se isolado na sexta série é comum, mas em apenas algumas comunidades a razão disso é dada por uma narrativa que fala sobre ser muito inteligente, e não sobre coisas mais mundanas como roupas, higiene ou desajuste social.

Eu entendo que o caminho de todos para a aceitação e adoção da própria cultura não é o mesmo, e que uma compreensão coletiva do que significa ter sucesso a todo custo é, em última análise, impossível. Mas enquanto falamos sobre feminismo, Black Girl Magic,[99] e pessoas que descobrem uma saída do nada, precisamos abraçar a ideia de que aqueles que nos impulsionaram não eram valiosos apenas por causa do que sua luta fez por nós, como indivíduos. Eles têm e tinham valor por direito próprio. As economias paralelas que eles constroem são para sobrevivência e sucesso, mas também para garantir que, não importa o que aconteça, o futuro é sempre uma opção. Narrativas de salvador branco embutidas na retórica feminista tendem a posicionar as pessoas que não saem das comunidades como pessoas que não valem o esforço de engajamento, de necessidade de ser conduzido a ideologias progressistas, ao invés de entender que as conversas que precisam acontecer entre a periferia proverbial e as montanhas é aquela entre iguais, que tiveram que enfrentar obstáculos diferentes, para chegar ao mesmo destino.

---

99 Movimento que foi popularizado por CaShawn Thompson em 2013. O conceito nasceu como uma maneira de "celebrar a beleza, o poder e a resiliência das mulheres negras" e parabenizar mulheres negras em suas conquistas.

DESAPARECIDAS E ASSASSINADAS

Eu, tecnicamente, desapareci várias vezes em minha vida. Quando tinha oito anos, eu caí no sono na casa de um amigo, durante o recreio. Quando tinha dezesseis anos, entrei no carro com um ex-namorado em quem pensei que poderia confiar e bebi algo que me deixou inconsciente por mais de cem quilômetros. Na primeira vez, minha professora percebeu que eu e meu amigo estávamos desaparecidos. Na segunda vez, ninguém percebeu, mas saí da experiência mais sábia, se não ilesa. Eu poderia ter desaparecido pela terceira vez aos meus vinte e poucos anos, enquanto caminhava em Mainz, na Alemanha.

Mas, àquela altura, eu não ignorava mais os meus instintos. Principalmente, não no minúsculo túnel escuro sob a ponte entre Mainz e Mainz-Kastel. Não no meio da noite, quando um homem bloqueou a saída com seu carro e exigiu que eu me juntasse a ele para uma festa. Meu alemão era péssimo, mas foi o suficiente para eu entender que não era a uma festa que eu queria ir. Corri em direção a ele, através do capô de seu carro, e talvez meu pé tenha raspado em seu rosto no meio da minha fuga. Eu não corri nenhum perigo real no túnel sob a ponte, era um tipo de perigo limitado, com um homem que queria festejar, e, bem, descobri que muita sorte, experiência com as ruas e um bom chute certeiro podem te salvar algumas vezes. Fiquei assustada, recebi um sermão de uma idosa turca, e quando voltei para o meu apartamento naquela noite, eu tinha uma história nova.

Não posso dizer que nunca tive outro susto como esse, sou uma garota de Chicago e, por uma série de razões, é fácil ser negro e desaparecer por aqui. Quase tão fácil quanto ser indígena e sumir, ou ser latina e sumir, ser trans e negro e sumir. Às vezes, isso significa que alguém foi assassinado e ninguém sabe o que aconteceu, porque a pista estava fria desde o início. Como resultado da Síndrome da Mulher Branca Desaparecida, um fenômeno em que a cobertura da mídia sobre mulheres brancas desaparecidas é extensa (às vezes, intermitente, por décadas), não é surpresa que, quando as mulheres desaparecem de comunidades marginalizadas, o problema nem sempre recebe muita atenção. São apresentadas desculpas sobre drogas, comportamentos de risco ou simplesmente que a pessoa desaparecida em questão é um adulto, que provavelmente foi embora com alguma pessoa para outro lugar. Mesmo quando os corpos se amontoam, é perfeitamente possível que a polícia os ignore por causa da raça.

No momento, em Chicago, há grupos de mulheres negras e pardas assassinadas, cujos corpos foram encontrados desde 2001, e seus assassinatos estão, em grande parte, sem solução. A polícia de Chicago insiste que não há evidências de um assassino em série em ação, no entanto, em uma cidade com uma taxa de liberação de homicídio policial de apenas 25%, fica difícil avaliar quanto trabalho foi feito para resolver esses crimes. As taxas de liberação de homicídios caíram em todo o país, com uma média nacional de 59%, mas as de Chicago estão entre as mais baixas do país.[100] Embora o departamento de polícia de Chicago tenha admitido que pode haver um assassino em série ativo à solta depois de duas décadas e mais de cinquenta mortes,[101] depois de tantos anos, quais são as chances de que esses crimes possam ser solucionados? Potenciais testemunhas esqueceram detalhes, mudaram-se ou até morreram.

De acordo com o National Crime Information Center,[102] do FBI, apesar de serem apenas 13% da população total, os negros norte-americanos representam uma média de 34% de todas as pessoas desaparecidas a cada ano. Esforços populares, que vão desde a criação de sites como Black and Missing,[103] vigílias à luz de velas, panfletos e campanhas em mídia social no Twitter e Facebook, são ferramentas importantes para chamar a atenção, mas não são páreos para a cobertura das notícias convencionais ou para melhores esforços do governo. A mídia social também possibilitou que famílias que não conseguem obter a atenção da mídia tradicional por conta própria se tornassem potencialmente virais e acabassem com mais pessoas procurando por seus entes queridos.

---

100 Crimes não resolvidos: Chicago, a luta de outras cidades grandes; a taxa de homicídio é um 'desastre nacional'https://www.usatoday.com/story/news/2018/08/10/u-s-homicide-clearance-rate-crisis/95168100/

101 Existe um assassino em série atacando mulheres negras em Chicago? Após 50 mulheres mortas, FBI e a força tarefa policial investigam o caso. https://blockclubchicago.org/2019/04/12/police-fbi-task-force-investigating-if-slayings-of--50-women-mostly-black-are-work-of-serial-killer/

102 Centro Nacional de Informações sobre Crimes, em português.

103 Negro e desaparecido, em português.

Mas, pelo menos, tem havido algum esforço por parte do governo para rastrear os desaparecidos negros por meio da coleta de dados racialmente específicos, mesmo havendo um acompanhamento mínimo para resolver os casos. As categorias usadas para rastrear dados dependem amplamente de uma abordagem binária de negro/branco para a população esatadunidense, obscurecendo outros identificadores raciais e étnicos. Somente nos últimos 10 anos houve algum esforço real do FBI para rastrear o número de mulheres indígenas desaparecidas. E, embora o governo canadense tenha investido recursos para rastrear o que está acontecendo lá, os EUA estão muito atrás, apesar das promessas do governo de melhorar.[104]

Um estudo do Urban Indian Health Institute[105] mostrou que, dos 5.712 casos de mulheres indígenas desaparecidas relatados em 2016, apenas 116 foram registrados[106] no banco de dados do Departamento de Justiça. A análise dos dados também mostra que alguns condados tiveram taxas de homicídio de mulheres indígenas que eram mais de dez vezes a média nacional. Infelizmente, a qualidade desses dados é limitada pela disposição dos indivíduos de denunciar a violência à polícia e das autoridades policiais em designar as mortes como homicídio. Um estudo de 2014 no American Journal of Public Health,[107] sobre as causas de morte em comunidades indíge-

---

104 Polícia em várias cidades dos EUA falham em rastrear mulheres indígenas assassinadas e desaparecidas. https://www.npr.org/2018/11/15/667335392/police-in-many-u-s-cities-fail-to-track-murdered-missing-indigenous-women

105 Instituto de Saúde Indígena Urbana, em português.

106 Mulheres e Meninas Indígenas Desaparecidas e Assassinadas: Um resumo dos índices de 71 cidades urbanas dos EUA. http://www.uihi.org/wp-content/uploads/2018/11/Missing-and-Murdered-Indigenous-Women-and-Girls-Report.pdf

107 Jornal Norte-Americano de Saúde Pública, em português.

nas estadunidenses, usando dados coletados entre 1999 e 2009, descobriu que as mulheres indígenas têm uma taxa de homicídio que é o triplo da de mulheres brancas.[108]

De maneira similar, as latinas enfrentam uma falta de investimento em sua segurança, especialmente sob os auspícios de um governo liderado por homens da supremacia branca e capacitado por mulheres da supremacia branca, que fingem que latinas nem mesmo merecem buscar segurança. Enterrado na retórica anti-imigrante que o Partido Republicano está defendendo atualmente para justificar a construção de um muro, está o triste fato de que, conforme relata o United Nations High Commissioner for Refugees,[109] muitas das mulheres da América Central que buscam asilo estão fugindo da violência de gênero.[110]

Mulheres e crianças, especialmente meninas, bem como pessoas LGBTQIA+, continuam enfrentando altos níveis de violência de gênero nos Estados Unidos e em todo o mundo. O feminicídio (assassinato de mulheres) é uma questão global. Por exemplo, em El Salvador, que está classificado em primeiro lugar no mundo em homicídios femininos, houve um registro de 469 feminicídios em 2017, o que significa que, em média, mais de nove mulheres e/ou meninas foram mortas todas as semanas nesse ano. Muitos dos requerentes latinos de asilo são

---

[108] Principais causas de morte e taxa de mortalidade nos indígenas americanos e dos povos nativos do Alaska. https://www.ncbi.nlm.nih.gov/pmc/articles/PMC4035872/

[109] Alto Comissariado das Nações Unidas para Refugiados ou Agência da ONU para Refugiados, em português.

[110] "Mulheres em fuga" declarações em primeira mão de refugiadas vindas de El Salvador, Guatemala, Honduras e México. https://www.unhcr.org/5630f24c6.html

mulheres, crianças e pessoas LGBTQIA+ que fogem da violência física e sexual brutal cometida por membros de gangues e outros indivíduos em casa. Infelizmente, eles podem não encontrar muito mais segurança nos Estados Unidos ou no Canadá. Sabemos que, nos Estados Unidos, uma média de três mulheres são mortas todos os dias por alguém que elas conhecem, geralmente parceiros atuais ou ex-parceiros. Mas, devido ao alto número de pessoas desaparecidas, bem como aos assassinatos não resolvidos de mulheres marginalizadas, meninas e pessoas que se identificam como mulheres nos Estados Unidos, não temos uma ideia concreta da taxa de feminicídio neste país.

Sabemos que, dos assassinatos documentados, 22% das quase 15.000 pessoas mortas todos os anos, nos Estados Unidos, são mulheres; enquanto apenas 11% dos assassinatos em El Salvador são de mulheres. Embora a taxa geral de homicídios do Canadá seja inferior à dos EUA, 30% das vítimas no Canadá são mulheres. Apesar de narrativas que posicionam outros países como menos civilizados e mais perigosos para mulheres e meninas do que o Ocidente, a realidade é que os índices de violência nos Estados Unidos estão entre os piores do mundo.

Para as pessoas com deficiência, os próprios cuidadores dos quais elas dependem podem ser sua maior ameaça. Embora existam muitos cuidadores comprometidos fazendo um trabalho maravilhoso de apoio aos entes queridos, para muitas mulheres e crianças com deficiência, elas são vulneráveis à violência precisamente porque dependem de alguém que pode estar se aproveitando delas. Cuidadores que se preocupam mais com seu próprio conforto e conveniência do que com os direitos básicos e o bem-estar de seus filhos são uma necessidade perigosa para muitas pessoas que não têm outras opções.

Isso pode vir na forma de um membro da família experimentando fadiga, um com empatia limitada ou inexistente, ou um funcionário pago que está lá pelo dinheiro, mas não particularmente preocupado ou investido no bem-estar de seu paciente. Mulheres com deficiência em relacionamentos abusivos, seja com um parceiro romântico, um membro da família ou um empregado, relatam não só o horror de perder o controle sobre o acesso à alimentação, mobilidade para banho e sua comunidade, mas também que algumas estão sendo usadas apenas pela renda mínima que elas podem trazer de programas de serviços sociais. Uma dinâmica de poder desequilibrada e a falta de opções alternativas de cuidado podem fazer com que as vítimas se sintam presas em situações que são fundamentalmente perigosas.

Por causa de um preconceito da sociedade, que vem de retratos simpáticos de cuidadores saudáveis e capazes, mesmo quando há um fim violento da vida de uma pessoa, não há uma movimentação para ver essas mortes fazendo parte de uma violência epidêmica contra mulheres e crianças. Grupos de ativistas com deficiência, que tentam chamar a atenção para o problema e alterar as leis para isolar melhor as pessoas de cuidadores abusivos, estão enfrentando uma batalha difícil quando se trata de legislação.

Qualquer chance de combater com sucesso esse problema está na disposição do governo em seguir as pistas em comunidades mais afetadas. No entanto, essas são as mesmas comunidades que têm mais a temer da polícia e que têm menos probabilidade de serem respeitadas, muito menos de serem atendidas com recursos adequados. Isso é especialmente óbvio quando os alvos da violência são trans ou não-binários.

Pessoas trans, nos Estados Unidos, estão enfrentando taxas crescentes de violência, à medida que novos relatórios revelam mais assassinatos e mortes as envolvendo do que antes.[111] Por causa das falhas na forma como o gênero é registrado nas estatísticas sobre violência, e porque as famílias transfóbicas, às vezes, relutam em relatar uma identidade de gênero que difere da identidade atribuída no nascimento, quaisquer números são, na melhor das hipóteses, uma pequena amostra daqueles que já foram perdidos.

Algumas mulheres trans, como CeCe McDonald,[112] lutaram com sucesso contra os agressores e se salvaram, mas a um alto custo pessoal. Depois que CeCe e suas amigas foram abordadas por três bêbados do lado de fora de um bar em Minneapolis, CeCe foi atingida no rosto por um vidro que resultou em lacerações faciais que precisaram de pontos. Quando ela tentou fugir, Dean Schmitz a perseguiu e ela acabou o esfaqueando. Ele morreu e CeCe McDonald foi acusada de homicídio de segundo grau. Embora Cece tenha feito um acordo judicial e tenha sido condenada a 41 meses de prisão por homicídio culposo, a realidade é que seu medo era legítimo. Muitas mulheres trans não sobrevivem a ataques semelhantes, e quase 90% das pessoas trans que foram mortas eram pessoas não-brancas. No entanto, a autodefesa pode levar à prisão se você não se enquadrar em uma narrativa de vítima conveniente. Veja o caso de Cyntoia Brown,[113]

---

[111] Uma epidemia nacional: violência fatal antitransgêneros nos Estados Unidos, em 2018. https://www.hrc.org/resources/a-national-epidemic-fatal-anti-transgender-violence-in-america-in-2018

[112] Afro-americana, bissexual, mulher trans e ativista LGBTQIA+.

[113] Autora e palestrante americana que foi condenada pelo assassinato e roubo de Johnny Michael Allen.

uma mulher que enfrenta 51 anos de prisão por matar um homem que a abusava sexualmente. Promotores e as retratações da mídia transformaram uma garota de dezesseis anos em uma mulher adulta conivente, envolvida em trabalho sexual, como se a ideia de que ela havia sido traficada e abusada fosse um anátema. E esses são casos em que pelo menos temos uma ideia do que aconteceu. Para muitas, elas desaparecem e pouquíssimos recursos policiais são empenhados em encontrá-las.

Mesmo quando as desaparecidas são menores de idade e, portanto, devem fazer parte do Alerta AMBER,[114] se a polícia presumir que elas são fugitivas, isso pode impedir que um Alerta AMBER seja criado, até que seja tarde demais. Os motivos de desaparecimento de pessoas podem variar de doença a acidentes e perigo interpessoal, com causas que vão desde fuga de violência doméstica a tráfico de pessoas e assasinato em série. A variedade é um obstáculo para que desaparecimentos sejam investigados, muito menos resolvidos, em qualquer comunidade.

Adicione um padrão de indiferença da mídia e da polícia, racismo, falta de recursos e complicadas questões jurisdicionais entre agências tribais, federais e locais de aplicação da lei, e as razões pelas quais o problema não está sendo tratado de forma holística se tornam claras. Mas, ao invés de grupos individuais terem que implorar por recursos para sua comunidade, como seria a abordagem dessas questões se todos tivessem acesso ao tipo de recurso geralmente dedicados às mulheres brancas desaparecidas? E se isso fosse enquadrado como um problema de todos, não um problema relegado às margens da sociedade?

---
114 Sistema de alerta de rapto de crianças, criado nos Estados Unidos, em 1996.

Isso não significa que mulheres brancas desaparecidas não mereçam toda atenção, cuidado e preocupação do público, da polícia e da imprensa. Isso significa que o mesmo nível de preocupação deve ser dado a todas. E esta é uma abordagem que só pode ajudar aqueles em perigo se eles souberem que têm a quem recorrer. Isso tornará os predadores menos propensos a atacar alguém se souberem que não há comunidades que serão ignoradas.

Atualmente, muitos dos responsáveis pela vitimização em série de mulheres marginalizadas provavelmente sentem que identificaram o grupo perfeito de vítimas. Quer tenham como alvo pessoas com problemas de abuso de substâncias, moradores de rua ou profissionais do sexo, eles sabem que as chances desses tipos de pessoas receberem tanta atenção quanto uma líder de torcida ou uma mãe do subúrbio são mínimas. Isso não significa que as trabalhadoras do sexo ou qualquer outra pessoa em uma posição marginalizada valham menos, sejam menos amadas ou que seus familiares sintam menos falta delas. Significa apenas que temos uma narrativa assustadora sobre quais vítimas merecem ajuda.

Já é perturbador o bastante que as pessoas que são mais fáceis, para nós, como sociedade aceitarmos como vítimas sejam femininas. Esperamos que mulheres e meninas cis sejam prejudicadas; então, concentramos nossa energia em alertá-las para evitar o perigo. É menos provável que as vejamos como vítimas se elas não aderirem perfeitamente a um conjunto arbitrário de padrões de comportamento, e, então, assumimos que essa falta de aderência aumentará o risco de serem violentadas. É enlouquecedor quando você percebe o impacto da classe e da raça nas maneiras como as vítimas são vistas. E é verdade que não sabemos se a cobertura da mídia de pessoas desaparecidas ajuda a resolver casos. Afinal, mesmo com cobertura regular e contínua, algumas pessoas desaparecidas simplesmente nunca são encontradas. Mas a representação equitativa na cobertura da mídia é importante, porque essa atenção molda como percebemos quem tem valor e, muitas vezes, dita a quem as pessoas expressarão suas simpatias.

Diante do desaparecimento de um ente querido, além da angústia emocional de não saber o destino da pessoa desaparecida, os amigos e familiares muitas vezes têm que lidar com as implicações sociais, econômicas e jurídicas desses desaparecimentos, e fazem-no sem qualquer apoio real a longo prazo, devido a circunstâncias socioeconômicas altamente discriminatórias. A possibilidade de um ente querido ter ficha criminal, histórico com drogas ou algum outro aspecto de sua vida que o torna uma vítima imperfeita pode colorir não apenas o que acontece no período imediatamente posterior, mas também quais recursos os entes queridos podem acessar ao longo do tempo.

As famílias podem não se sentir capazes de se envolver mais cedo, no processo de chamar a atenção para seus entes queridos, porque não sabem como lidar com a mídia e, ao invés disso, acabam esperando serem contatados. As famílias podem relutar em exigir respostas, por causa de sentimentos de vergonha e constrangimento, quando as circunstâncias do desaparecimento envolvem crime, tráfico sexual e drogas. Como resultado dessa falta de pressão da mídia e da família, e por causa do preconceito implícito, as equipes de agências sobrecarregadas e subfinanciadas podem se sentir justificadas em dar mais atenção aos casos envolvendo vítimas brancas.

Enquanto isso, a violência baseada em gênero é claramente uma questão feminista, mas é um lugar no qual a raça e a classe não apenas dividem recursos e mídia, como também há uma série de "ismos" que dividem as respostas para aqueles em risco. Quer se trate de transfobia, racismo, islamofobia ou xenofobia, não há nada que se aproxime de uma resposta eficaz, unificada à violência de gênero, que inclua todos.

Obviamente, não existe uma solução rápida e fácil para uma crise que é global e complicada, mas temos que começar com uma conversa que vá além de soluções carcerárias, como a Lei da Violência Contra a Mulher. A punição após o ato de violência, para uma pequena porcentagem de criminosos, não vai dissuadir nenhum predador. Ao invés disso, o que vai continuar a acontecer é que os infratores escolherão aqueles com menor probabilidade de serem protegidos, não muito diferente de um leão matando o membro mais fraco de uma manada de gazelas. Diante desse tipo de violência, temos que trabalhar juntos, temos que estar dispostos a resistir e lutar juntos.

Talvez o melhor exemplo que tenho em mente seja encontrado nas soluções que algumas mulheres na Índia e no Quênia, que foram vítimas de violência de gênero, encontraram. Elas se unem, priorizando sua segurança acima das narrativas sociais gerais sobre a necessidade de um patriarca para protegê-las. A verdadeira solidariedade feminista, em todas as linhas raciais, significa estar disposta a proteger umas às outras, falar quando as mulheres desaparecidas não são de sua comunidade e chamar a atenção para as maneiras como a violência predatória pode atingir várias comunidades. Devemos enfrentar os perigos em nossas próprias comunidades, escolas e igrejas, a fim de enfrentar esta crise. Temos que investir em ser verdadeiramente guardiãs de nossas irmãs. Tomar medidas quando nos virmos em apuros e intervir para apoiar aquelas que são forçadas a se defender com violência também.

Soluções carcerárias para a violência são um tópico complicado, pois é fácil pensar em prender predadores como uma solução, mas as leis que regem a resposta do estado à violência são mais prováveis de serem usadas contra as vítimas do que contra os vilões. E há o triste fato de que a dinâmica da respeitabilidade não afeta apenas a forma como o estado responde aos relatos de alguém desaparecido, mas também afeta a forma como o estado responde àqueles que podem as ter prejudicado. Mas, quando centramos a segurança daqueles que são mais vulneráveis à violência, quando priorizamos a prevenção ou o aumento da violência, há uma chance maior de uma mudança cultural, no sentido de reduzir o perigo para todos. É aqui que todos nós entramos no árduo trabalho de desafiar não apenas as narrativas de propriedade propagadas pelo patriarcado, mas no trabalho mais árduo de desfazer a mensagem cultural que privilegia os predadores até que eles tenham causado um dano grave.

Temos que estar dispostas a usar programas de desvio de violência de forma mais liberal do que usamos a liberdade condicional, temos que ter um programa, que comece na escola, para acabar com a normalização da violência contra as mulheres.

MEDO E FEMINISMO

Na faculdade, eu tive uma matéria que se chamava "A Psicologia do Assédio Sexual", que era lecionada por uma mulher chamada Dra. Louise Fitzgerald. Era uma aula boa, repleta de informações que me ajudaram mais tarde, quando eu fui assediada no trabalho. Não era uma matéria capaz de me proteger, mas pôde me preparar, e, por isso, sou grata. O que eu mais me lembro dessa aula foi o dia em que conversávamos sobre Anita Hill e uma menina branca soltou: "por que mulheres negras sempre defendem homens negros?". Ela estava chocada que nem tantas mulheres negras agiam da maneira como ela imaginava, como feminista, e que não tinham mostrado apoio à Anita. Ela ignorou (ou provavelmente não sabia) que muitas mulheres negras *haviam* apoiado e se reunido por Anita. O que ela sabia era que todos os rostos que ela viu mostrarem apoio foram os de mulheres brancas, e, por longos e insuportáveis minutos, ela tentou criar uma narrativa sobre o privilégio masculino e atitudes patriarcais que eram completamente ignorantes à raça. Sua narrativa desmoronou sob a enxurrada de fatos que se seguiram, vindos de mim, do Assistente de Professor negro e até de outra menina branca da turma.

Em retrospectiva, deve ter sido um pouco perturbador para ela ser desafiada por tantas pessoas ao mesmo tempo. Nós mencionamos não só o apoio que mulheres negras deram a Anita Hill, mas também as narrativas da mídia, a própria questão do racismo e o perigo de assumir que a memória de um trecho da história era a história completa. Sendo positiva, a conversa foi vivaz, mais provavelmente pareceu hostil, porém a porta para a hostilidade não foi aberta pelas pessoas que desafiaram suas afirmações. Faltavam nuances em suas perguntas, seus argumentos revelaram sua crença de que, de alguma forma, mulheres negras não estavam sendo feministas corretamente, porque não tinham a aparência que ela esperava que tivessem. Tecido, durante a conversa, estava o seu próprio racismo mascarado, ao assumir que o feminismo branco tinha todas as respostas para os problemas das comunidades negras.

De alguma forma, foi um momento completamente normal, porque nenhuma de suas atitudes foram inéditas. Ela estava decidida a lutar contra o patriarcado e estava certa de que havia apenas uma forma correta de se fazer isso. O patriarcado soa como uma entidade monolítica, até o momento em que você considera a realidade de que homens não-brancos não têm o poder de oprimir da mesma forma que homens brancos têm. Eu me pergunto se, após a confirmação da audiência do então Juiz Associado Brett Kavanaugh — cuja nomeação para a Suprema Corte foi questionada quando alegações de assédio sexual vieram à tona contra ele, assim como a repercussão após a eleição de Donald Trump, que se tornou infame por seu sexismo — essa aluna fez as mesmas perguntas em relação às mulheres brancas. Onde, ao longo dos anos, as mulheres brancas cobraram umas das outras o confronto, a luta contra o impacto dos sistemas patriarcais brancos? Onde estão as medidas de responsabilização para lidar com as maneiras pelas quais as mulheres brancas têm sido cúmplices da opressão de outras mulheres, por esses sistemas e homens patriarcais brancos?

Mulheres brancas, mães com filhas, já justificaram comportamentos predadores ao defender que "passar a mão não é nada". Elas marcharam e seguraram placas, defendendo tanto Trump quanto Kavanaugh. Em meio a relatos sobre o temperamento de Kavanaugh ser inadequado para o mais alto tribunal do país, histórias que refletem um histórico de problemas com autocontrole foram recebidas com uma falta de interesse quase arrogante nas potenciais consequências de dar a alguém incapaz tanto poder. Em resposta às histórias sobre o Juiz Kavanaugh se envolvendo em brigas de bar, quando universitário, a proeminente jornalista canadense e analista política de centro-direita Jen Gerson publicou no Twitter: "Minha posição sobre brigas de bar: um número relativamente pequeno de homens possuem a inclinação temperamental para engajar em brigas de bar. Esses homens podem ser problema. Mas você não iria gostar de estar em um apocalipse zumbi sem eles. Eles são os problemas com que temos que conviver".

Quase soa como uma resposta lógica, até o momento em que você se lembra de que estamos falando da Suprema Corte, e não de um apocalipse zumbi. E mesmo se o apocalipse fosse uma possibilidade real, você não quer homens esquentados, com pavio curto, que são estupradores em potencial, com você durante o apocalipse. Na melhor das hipóteses, eles seriam um perigo; na pior, eles te colocariam na linha do perigo para se protegerem. É o tipo de situação em que não tem como sair ganhando e que só pode ser evitada ao se recusar a ser uma serva do patriarcado. Bem, pelo menos, isso não está nos meus planos. E, mesmo assim, nós temos mulheres que se beneficiam do feminismo dominante, fazendo todo o trabalho do patriarcado para diminuir os seus próprios direitos e sua liberdade.

O feminismo dominante centrado no branco não falhou apenas com as mulheres negras, ele falhou com as mulheres brancas também. Não as está tornando mais seguras, mais poderosas, ou mesmo mais sábias. Ele apoia os objetivos da supremacia branca com tanta frequência e de forma tão acrítica, que 53% das mulheres brancas votaram não apenas pela ideia de um presidente que tem o legado de desrespeitar e abusar das mulheres, mas pelo sistema que o apoia. As condições não estão melhorando para as mulheres brancas; na verdade, esses padrões refletem um retorno a um paradigma no qual a única diferença é que sua gaiola é dourada, enquanto outras estão presas em confins menos decorativos.

É fácil dizer "bem, essas não eram feministas", e fingir que o feminismo é algo acessível apenas aos liberais, mas a realidade é que chegamos a um governo que debate o direito de escolha, o valor da mulher na força de trabalho, e se ser ou não um estuprador é razão para desqualificar alguém dos cargos mais altos do país, porque o feminismo empodera todas as mulheres — até mulheres brancas que nem votam para se proteger. A senadora Susan Collins, do Maine, é uma mulher branca que deve sua posição aos avanços conquistados pelo feminismo. No entanto, apesar de ser "pro-choice", ela ainda optou por confirmar o cargo de juiz para Kavanaugh, apesar das evidências claras de que ele é contra a escolha.

Feministas conservadoras encontram razões para justificar porque merecem igualdade e segurança às custas dos outros. A professora Christine Hoff Summers,[115] autora de "Who Stole Feminism? How Women Have Betrayed Women"[116] e "The War Against Boys",[117] rotineiramente argumenta contra as políticas que ajudam meninas e mulheres socialmente, enquanto afirma ser uma feminista real, porque ela não está interessada em gênero, mas em igualdade. Sua ideia de equidade não inclui abordar os problemas estruturais do sexismo porque, agora que ela teve sucesso no que queria, ela parece curiosamente despreocupada com a vida de outras mulheres que não são como ela. Karin Agness iniciou a Network of Enlightened Women (NeW)[118] nos campis universitários em 2004. O objetivo, na teoria, era a diversidade intelectual; mas, na prática, o foco tem sido o reconhecimento das "conquistas" dos homens em serem cavalheiros no campus, culpar as vítimas e protestar contra as performances do The Vagina Monologues.[119] Não é um feminismo para todas as mulheres, apenas para aquelas que pensam que estão seguras dentro de uma sociedade patriarcal de supremacia branca. Não requer empatia, compaixão, cuidado ou preocupação, e, mesmo assim, é tecnicamente feminismo. O feminismo conservador permite algumas das piores decisões políticas sob o pretexto de mulheres protegendo mulheres.

---

115 Escritora e filósofa estadunidense, conhecida por sua crítica ao feminismo do final do século XX e por seus escritos sobre feminismo na cultura contemporânea dos Estados Unidos.

116 Livro não publicado no Brasil, tradução livre: Quem roubou o feminismo? Como as mulheres traiam as mulheres.

117 Livro não publicado no Brasil, tradução livre: A guerra contra meninos.

118 A Rede de Mulheres Iluminadas, em português. É uma organização para mulheres culturalmente conservadoras nas universidades americanas.

119 Os Monólogos da Vagina, em português. É um espetáculo teatral escrito pela autora norte-americana Eve Ensler. A produção já recebeu diversas adaptações para outros países, e uma versão para televisão com a presença de Ensler já foi produzida pela rede HBO.

Sejam suas justificativas contra o aborto ou na crença equivocada de que o racismo e sexismo defendidos pelo Partido Republicano são inofensivos, elas ficam felizes em se beneficiar do feminismo e da ação afirmativa, ao mesmo tempo em que solapam os próprios conceitos que lhes deram acesso ao poder. Em última análise, qualquer argumento de que elas estão, de alguma forma, separadas do feminismo branco dominante, ignora não apenas os números em termos de votos, mas também as formas com que o feminismo dominante se apressará para apoiá-las e defendê-las. Enquanto o Alabama se prepara para aprovar a legislação antiescolha mais restritiva desde que Roe VS. Wade[120] foi promulgada, não foram os homens brancos os responsáveis por isso. A deputada estadual Terri Collins escreveu o projeto, e a governadora Kay Ivey está pronta para assiná-lo. Elas são mulheres conservadoras, que foram capacitadas pelo feminismo para fazer o mal.

Quando Megyn Kelly[121] estava sendo castigada por alguns dos apoiadores de Trump por ousar perguntar a ele sobre sua linguagem misógina em relação às mulheres, houve um impulso para se unir a ela, para proteger a voz dessa nova "feminista corajosa". O fato de Kelly ter feito seu nome por meio de um racismo perplexamente casual (argumentando severamente que Papai Noel era branco), além de outras intolerâncias "amigáveis" da Fox News, foram repentinamente varridas por uma maré de irmandade de mão única. Kelly, enquanto surfava em

---

120 Caso judicial pelo qual a Suprema Corte dos Estados Unidos reconheceu o direito ao aborto ou interrupção voluntária da gravidez, nos Estados Unidos.

121 Jornalista, advogada e comentarista de política norte-americana. De 2004 a 2017, foi âncora de jornalismo no canal Fox News e apresentadora e correspondente na NBC News de 2017 a 2018.

uma onda de comportamentos quase feministas, até alcançar um trabalho melhor e com maior alcance, não mudou absolutamente nada em sua política. Ela prontamente abandonou qualquer pretensão de aprender com suas experiências com a misoginia; então, retomou seu padrão original de apoiar uma ideologia da supremacia branca que não deixa espaço para mulheres que não são como ela alcançarem mais do que uma medida limitada de sucesso. No final das contas, não foram suas críticas a Trump que a fizeram ser demitida, nem foi qualquer defesa dos direitos das mulheres. A carreira de Kelly na TV diurna terminou como começou: no racismo. Desta vez, porém, foi uma defesa ardente de *blackface*, junto com uma audiência que só caía, que a tirou do ar.

Você pode argumentar que os valores conservadores estão em desacordo com a ideologia feminista; mas, em última análise, a questão não deve ser apenas "que mulheres estamos empoderando?", mas, também o que as estamos empoderando a fazer?". As mulheres brancas não são apenas beneficiárias passivas da opressão racista, elas são participantes ativas. As mulheres brancas têm sido o alicerce da ideologia conservadora nos Estados Unidos, desde os ataques de Phyllis Schafly[122] à Emenda de Direitos Iguais, até os atuais esforços antiaborto. Para o feminismo branco dominante, os argumentos são politicamente mais à esquerda, mas ainda excludentes.

Seja Abigail Fisher[123] entrando com um processo para diminuir casos de ação afirmativa, ou Sheryl San-

---

122 Advogada constitucionalista, ativista conservadora, escritora, palestrante e fundadora do Eagle Forum. Schlafly era conhecida por suas firmes posições políticas e sociais, sua oposição ao feminismo moderno.

123 Jovem estadunidense que processou a Universidade do Texas referente à política de cotas raciais, sob o argumento de que ela perdeu uma oportunidade devido ao tratamento especial de minorias raciais.

dberg[124] inclinando-se para favorecer as teorias conspiratórias de direita do Facebook, a realidade é que o feminismo predominante branco tem que enfrentar a ideia de que o poder de causar o mal também está nas mulheres. Não podemos simplesmente fingir que a política que se desenvolve em torno do impacto do feminismo não é informada pelo mundo em geral. Caso em questão, a recente proliferação de mulheres brancas chamando a polícia para pessoas negras e pardas por motivos que vão desde almoçar até estar em um estacionamento. O feminismo lhes disse que elas têm o direito de ocupar todos os espaços, mas não passou a mensagem de que elas não têm o direito de forçar as outras pessoas a cumprirem seus caprichos.

Quando todos estavam comemorando o quão pacíficas foram as Women's Marches[125] e postando fotos de mulheres brancas com chapéus rosa em formato de vaginas, posando com policiais, houve um aparentemente sincero comentário de "veja, é assim que você faz protestos", que estava em forte contraste com a forma como os protestos do Black Lives Matters foram recebidos: policiais em trajes de choque, cachorros e coisas piores. Desafiar o patriarcado muitas vezes não significa desafiar as formas como ele é usado contra outras mulheres e suas comunidades. O racismo permeou o feminismo de tal modo que, mesmo quando o feminismo branco deveria ter como causa comum a luta contra a supremacia branca, as feministas brancas estão sendo validadas em

---

124 Empresária norte-americana. É a chefe operacional do Facebook desde 2008.

125 Marcha das Mulheres, em português. Foi uma manifestação que ocorreu em 21 de janeiro de 2017, em Washington, D.C., para promover os direitos da mulher, reformas na imigração e direitos LGBTQIA+ e abordar as desigualdades raciais, questões trabalhistas e questões ambientais.

seu medo de pessoas não-brancas, especialmente de pessoas negras. Em vez de se questionar ou questionar as narrativas que aprenderam, elas recorrem ao familiar. Elas foram ensinadas que a polícia está lá para proteger e esquecem ou ignoram completamente que, embora a polícia possa correr em defesa de uma mulher branca, para muitas mulheres, a polícia e o Estado, em geral, são uma fonte de violência.

Muitas vezes, as mulheres brancas decidem que, quando se sentem desconfortáveis, chateadas ou ameaçadas, podem recorrer ao patriarcado em busca de proteção. Porque elas não querem perder essa proteção (duvidosa como é), elas a defendem quando é conveniente e a desafiam apenas quando o patriarcado as ameaça diretamente. No entanto, elas sabem que se beneficiam com o patriarcado sendo desafiado e, assim, deixam para as outras fazerem o trabalho sujo. Elas nem mesmo reconhecem que o relacionamento conflituoso que têm com o patriarcado inclui uma certa covardia em torno de não apenas desafiá-lo, mas desafiar as outras mulheres que o abraçaram.

Entretanto, quando as mulheres brancas veem mulheres não-brancas em conflito sobre o comportamento dos homens em suas próprias comunidades, quando observam as mulheres não-brancas não discutindo publicamente todos os sentimentos da maneira que as mulheres brancas acham que deveriam, muitas vezes são rápidas em criticar as mulheres não-brancas. Há uma certa licença para assumir que, de alguma forma, o feminismo pertence às mulheres brancas que optam por compartilhá-lo com outras pessoas, em vez do trabalho de todas em prol da igualdade, se não da equidade. É um mito que não apenas as deixa tagarelar desaprovando as falhas em comunidades às quais não pertencem, mas também as permite fingir que suas comunidades são, de alguma forma, mais saudáveis ou seguras.

Quando as mulheres brancas patologizam os problemas nas comunidades não-brancas, enquanto ignoram o perigo que enfrentam com o patriarcado masculino branco, elas criam uma estrutura na qual precisam que as pessoas não-brancas, especialmente as mulheres negras, sejam representações perfeitas de um feminismo corajoso que elas mesmas se recusam a incorporar. Elas se sentem ofendidas por nosso foco em nossas próprias comunidades, não conseguindo entender que estamos lidando com situações complexas em nossos próprios termos. Elas recusam a ideia de que temos propriedade sobre nós mesmas, sejam nossos corpos, nossas vidas ou nossos filhos; nossa prioridade é proteger comunidades inteiras, e esperamos que elas façam o mesmo.

Isso significa que as mulheres de comunidades não precisam desafiar as ideias patriarcais? Absolutamente não. Porém, significa que é necessário um ato de equilíbrio que frequentemente requer soluções fora do âmbito carcerário. Quando você sabe que a opressão não vem de uma direção, mas de muitas, você deve desenvolver uma estrutura que permita a possibilidade de encontrar segurança ou solidariedade com aqueles que não oprimem as pessoas parecidas com você.

Para as mulheres de comunidades marginalizadas, isso pode significar nunca chamar a polícia, porque você sabe que parar uma forma de violência introduzindo outra violência não é a medida mais segura para você ou para aqueles que você ama. Existe uma ideia de que as maneiras como as mulheres negras interrogam as ações e os motivos umas das outras possam parecer agressivas. Mas, sem essa etapa, sem esses desafios, quem precisa de ajuda pode acabar morto nas mãos da polícia.

A intervenção dentro das comunidades costuma ser interpessoal: um telefonema, uma conversa, às vezes uma briga. É imperfeito e bagunçado. Mas as soluções que realmente ajudam a comunidade a longo prazo geralmente são escassas. Se o feminismo branco é uma arma, então o feminismo interseccional é uma bandagem de pressão. Não pode curar as feridas, mas pode estancar o sangramento e dar a uma comunidade a chance de se curar por conta própria.

O feminismo que vem de um lugar de medo, que prioriza não ter medo ou não se sentir desconfortável ao invés de ser eficaz, é perigoso. Não permite espaço para que o impacto de algumas escolhas "feministas", que incluem aumentar a vigilância ou convidar o Estado a entrar em espaços de maneira que os torne fundamentalmente inseguros para alguns, seja considerado. O medo de alienar outras mulheres brancas recusando-se a desafiá-las ou negando-lhes apoio como consequência de seu racismo é fundamentalmente prejudicial a qualquer conceito de feminismo como um lugar que pode criar segurança para todos.

Quando falamos sobre os perigos da supremacia branca, tendemos a fazê-lo em torno da ideia de que a raiva dos homens brancos é inerentemente perigosa, enquanto ignoramos a frequência com que essa raiva é dirigida e transformada em arma por resultado dos medos das mulheres brancas. Os medos das mulheres brancas podem minar o futuro de comunidades inteiras. Muito se fala sobre o "medo" da raiva daqueles que são marginalizados, e toda vez que o feminismo falha em desafiar esse medo, toda vez que o feminismo se alimenta da narrativa de que o medo é uma razão para defender as estruturas da supremacia branca, ele falha no passo mais básico de defender a igualdade.

Isso significa que o medo é uma emoção inválida? Claro que não, mas chega um ponto em que o medo claramente substitui a lógica e causa mais problemas do que pode resolver. Assim como o medo de um homem negro é usado para justificar linchamentos, o medo de ofender outras mulheres brancas se tornou a desculpa para não confrontar o dano que as mulheres brancas estão causando a si mesmas, em sua pressa de defender as proteções limitadas oferecidas pelo privilégio branco.

O medo, o medo profundo e real do mal que pode ser causado ao colocar alguém como Kavanaugh na Suprema Corte, é ridicularizado até que as consequências apareçam. Se as pessoas da direita temem a mudança, o patriarcado teme a igualdade, e algumas feministas brancas temem a equidade; então, o que as pessoas marginalizadas temem? E como estão lidando com esse medo? Não é votando nos piores candidatos possíveis em massa; certamente, não é se recusando a confrontar o que há de errado em suas comunidades ou fora delas. Cada comunidade tem pessoas que preferem o *status quo* aos riscos inerentes à luta pela liberdade. Mas o impacto peculiar da fragilidade branca na dinâmica entre as mulheres brancas significa que, muitas vezes, as feministas brancas convencionais se prendem a serem educadas em detrimento de serem eficazes.

Não se trata apenas de Kavanaugh ou dos outros juízes como ele — aqueles com uma história que obscurece sua capacidade de processar qualquer coisa como justiça —, esse é o problema. Não são apenas as mães dispostas a tornar suas filhas descartáveis para proteger os filhos dos privilegiados. São todas as maneiras pelas quais o problema é ignorado ou maltratado até que se torne uma crise pública, porque as mulheres brancas frequentemente escolhem raça em vez de gênero, com base no medo alimentado pela intolerância. É o dano que essa mentalidade temerosa pode causar nas comunidades. Medo dos negros. Medo de imigrantes. Medo do outro. É um ciclo interminável que depende da disposição das mulheres brancas de ignorar seu próprio poder para efetuar mudanças positivas.

Embora possa ser verdade que algumas mulheres brancas são influenciadas pelas opiniões de seus pais, maridos, filhos e pastores, na maioria das vezes as mulheres brancas têm a agência e a autonomia para afastar suas famílias dessas narrativas de "tradição acima de tudo" e se mover para um futuro melhor. Ao invés de apoiar uma narrativa centrada no retorno dos Estados Unidos ao passado misógino, elas poderiam votar em seus próprios interesses. Elas poderiam pular os shows dramáticos de apoio aos predadores e, ao invés disso, apoiar suas próprias liberdades.

Irracionalmente, o que as mulheres brancas parecem temer é: se resistirem à misoginia, todo o poder que elas têm, atualmente, será perdido. Da mesma forma que muitos homens brancos parecem ver o poder como um jogo de cabo de guerra, as mulheres brancas querem se apegar ao arbítrio e à individualidade que sentem que lutaram tanto para conseguir. Elas acreditam genuinamente que, ao defender esses avatares do patriarcado, elas se beneficiarão de alguma forma, mesmo que seja às custas de todos os outros.

Quando você vê o racismo casual das tais mulheres brancas feministas, você tem que entender que frente a qualquer trabalho que elas estejam dispostas a fazer para se isolar, elas ainda estão dispostas a sacrificar outros por seu direito de serem opressoras iguais aos homens. Elas podem não caracterizar dessa forma, podem se sentir genuinamente ofendidas por alguém as enxergar como um elo fraco na corrente que é o feminismo. Mas, realisticamente, o trabalho que precisa ser feito internamente é menos sobre a superação do patriarcado masculino branco e mais sobre elas desistirem de abraçá-lo.

A supremacia branca não se trata apenas de normalizar o racismo, mas quando as mulheres brancas ajudam a manter o *status quo* em uma sociedade que está transbordando de supremacia branca, elas se dão mais poder. Além disso, como as mulheres brancas, historicamente, centraram suas próprias preocupações em cada movimento, suas prioridades giraram, em grande parte, em torno de se manterem intactas, seguras e livres. Embora as mulheres brancas como um todo estejam longe de serem politicamente homogêneas, elas têm famílias e vidas sociais que envolvem forte interação com seus opostos políticos.

Para aquelas que se sentem oprimidas pela integração ou imigração, elas têm mostrado repetidamente uma profunda vontade de participar ativamente e até mesmo liderar movimentos contra a igualdade. Seja juntando-se ao KKK ou assediando crianças negras em seu caminho para escola, elas podem canalizar para os outros qualquer raiva que sentem por não terem igualdade. Elas podem culpar o Outro por sua falta de oportunidade e acesso, ao invés de seus pais, irmãos e maridos.

Embora seja fácil apontar para "aquelas mulheres brancas", todas as mulheres brancas costumam fazer parte das mesmas comunidades. Conversas que, em grande parte, podem ser resumidas como sendo sobre a segurança nacional, a economia e a defesa dos padrões de sua comunidade e instituições religiosas, são apresentadas em favor da unidade familiar. Isso significa que a mesma tia que está votando pró-vida, anti-LGBTQIA+, pró-armas e anti-imigração está passando as férias acompanhada de sua sobrinha mais progressista que é "pro-choice", pró-LGBTQIA+ e pró-*se-recusa-a-fazer-qualquer-coisa-para-tentar-influenciar-aquela-tia*, ou os filhos que ela está criando.

Não é surpreendente que as coisas com que se preocupam tendam a se originar das mesmas raízes familiares da supremacia branca, mesmo que não pensem nisso dessa forma. Afinal, elas são diferentes da tia Susan, mas podem se dar bem com ela. Por que todo mundo não pode? O fato de que tia Susan é legal com elas, porque compartilham a cor da pele, nunca penetra completamente. E, como resultado, as mulheres brancas muitas vezes estão dispostas a ignorar que aquelas que são "Outras" estão em perigo, devido ao impacto político e social das mulheres brancas que têm prioridades diferentes.

Este não é um argumento de que as mulheres brancas não se importam com os outros; é que, em muitos casos, elas simplesmente não se importam o suficiente. O problema é que, embora possam ver o perigo em votar a favor da construção de muros, em discriminar muçulmanos, e em votar em candidatos acusados de agressão sexual; enquanto elas não se sentirem diretamente ameaçadas, serão menos propensas a confrontar ou provocar quaisquer consequências sociais para os membros da família que o fazem. Elas não percebem o quanto suas decisões irão prejudicar os outros, porque, geralmente, mesmo as piores políticas não irão prejudicá-las da maneira que irão prejudicar os outros, por conta do isolamento que o privilégio branco proporciona a elas. Quando você olha dessa maneira, é claro que o foco principal delas é proteger o povo patriarcal em suas vidas. Esses mesmos pais, irmãos e maridos certamente não podem estar sujeitos a consequências por seu comportamento racista ou sexista. Afinal, se eles não podem acessar as alturas de poder para manter o sistema de supremacia branca; então, as mulheres brancas correm o risco de realmente ter que existir fora da bolha que a supremacia branca cria.

Enquanto isso, para todos os outros que estão em risco, para aqueles que definitivamente serão afetados negativamente pela supremacia branca, eles não podem se dar ao luxo de mimar os sentimentos das mulheres brancas que investem em não ser responsabilizadas. Há trabalho a fazer, e o patriarcado não se destrói. Portanto, o feminismo branco terá que se sentir confortável com a ideia de que, até que elas desafiem suas tias, pais, primas racistas etc., então, definitivamente, todas as mulheres brancas são as responsáveis.

RAÇA, POBREZA E POLÍTICA

Eu tinha dezesseis anos e estava no último ano do ensino médio quando Bill Clinton foi eleito presidente pela primeira vez, em 1993. E, mesmo então, dois anos antes de ter idade suficiente para votar, eu entendia que ser um republicano melhor que o último presidente republicano não era a mesma coisa que ser um presidente bom para todos. Misturado ao seu jeito de tocar saxofone e pronunciamentos sobre não inalar,[126] o primeiro governo Clinton foi quase tão agressivamente contra os pobres quanto o governo de Ronald Reagan, uma década antes. Entre o projeto de lei Welfare to Work,[127] de Clinton, e a destruição de outras redes de segurança social, ficou claro que acabar com a pobreza não era realmente uma prioridade para seu governo. Eu não era fã de Bill Clinton como presidente e, para ser honesta, também não estava particularmente encantada com a ideia de Hilary Clinton como presidente. Sou um espécime peculiar, alguém que

---

[126] Bill Clinton fez uma declaração, 25 anos atrás, dizendo que ele "não inalava" — mas a história entre Presidentes dos EUA e drogas é muito mais antiga. http://time.com/4711887/bill-clinton-didnt-inhale-marijuana-anniversary/

[127] Projeto de lei criado para ajudar pais subempregados e desempregados que recebem auxílio em dinheiro para aprender habilidades profissionais e encontrar trabalho, para que possam sustentar suas famílias.

vive em um estado no qual os partidos políticos não parecem se importar quando se trata de corrupção política. Eu era pobre devido à reforma da previdência, e embora houvesse outros programas para ajudar, já era possível ver que a reforma da previdência servia mais para punir a pobreza do que para acabar com ela.

A pobreza é um apocalipse em câmera lenta, inevitável e geracional. Às vezes, é pessoal; às vezes, destrói toda uma comunidade. Não é um único evento de proporções bíblicas, mas é uma série de encontros com um ou mais dos lendários Cavaleiros do Apocalipse. Quando os políticos falam sobre a classe trabalhadora e o Cinturão de Ferrugem,[128] podemos ouvir que eles entendem as consequências da pobreza de longo prazo. Eles conseguem entender que não é uma falha moral ou pessoal, mas sim consequências da colisão de políticas ruins e oportunidades limitadas ao longo do tempo. Mas quando se trata da periferia, de repente a moralidade da pobreza deve ser debatida. A ideia de que lá vivem pessoas da classe trabalhadora desaparece repentinamente, apesar das funções da cidade dependerem dessas populações. A supressão do eleitor colide com o desinteresse do mesmo para promover, mais ainda, a privação de direitos dos residentes. É essa receita que se presta ao cenário político nos Estados Unidos e em outros lugares, tendendo cada vez mais para a direita, na qual a crença na lógica do esforço e trabalho duro individual dominam a formulação de políticas — mesmo no Partido Democrata.

Há uma leve suposição de que a baixa participação eleitoral se deve à preguiça ou à falta de informação ou mo-

---

[128] Conhecido até os anos 1970 como cinturão da manufatura, é uma região dos Estados Unidos que abrange estados do nordeste, dos Grandes Lagos e do meio-oeste.

tivação. Quase nunca surge no discurso político, durante a corrida eleitoral, que, para aqueles que vivem em bairros decadentes, os anos de abandono deixaram a impressão de que não importa o partido político, nenhum político se importa o suficiente para tentar conter a maré da pobreza. Adicionalmente, não abordamos a forma como ter um assento na primeira fila, para a brutalidade da pobreza e da negligência, pode impactar uma pessoa emocionalmente. Ainda assim, milhões de mulheres vivem ali, crescem naquele precipício, criam filhos ali e têm que navegar pela vida à sombra de uma potencial destruição.

Quando enquadramos a classe trabalhadora apenas como sendo brancos nas áreas rurais, quando falamos sobre as ansiedades econômicas desse grupo como justificativa para seus votos em 2016 e 2017, ignoramos o dano muito real causado não apenas às comunidades não-brancas do centro, mas a todas as comunidades não-brancas daqui e do exterior. Desde a maneira como várias administrações estadunidenses usaram a deportação para expulsar imigrantes, até a maneira como a administração Trump não só usou a deportação, como também a prisão de requerentes de asilo, são os pobres que estão sofrendo. Fora das fronteiras dos Estados Unidos, a política externa do país privilegia, cada vez mais, os ricos às custas dos pobres. O imperialismo estadunidense sempre permitiu que os ditadores acessassem e mantivessem o poder se isso servisse aos interesses ocidentais, e, durante o governo Trump, paramos até mesmo de fingir que é uma ideia para o bem maior.

Quando alguns brancos fanáticos ouviram a mensagem de Donald Trump e dos demais integrantes do Partido Republicano de que suas preocupações eram importantes, de que o medo gerado por seus próprios preconceitos tinha como alvo os imigrantes mexicanos e muçulmanos, muitos abraçaram o Partido Republicano em seu próprio detrimento. Falamos longamente sobre os 53% de mulheres brancas que apoiaram o candidato republicano à presidência, mas tendemos a ignorar a realidade de que muitos eleitores brancos têm apoiado aberta ou passivamente os mesmos candidatos e políticas problemáticas por décadas.

Os pesquisadores apontam para a raiva e a decepção, entre alguns brancos, como resultado de crises como o aumento das taxas de mortalidade por suicídio, drogas e álcool; o declínio dos empregos disponíveis para quem não tem diploma universitário; e o mito contínuo de que os brancos são tratados injustamente por políticas destinadas a nivelar o campo de jogo para outros grupos — políticas como a ação afirmativa. Outros estudos apontaram para o apelo do autoritarismo, ou simplesmente os velhos conhecidos: racismo e sexismo.

A cientista política Diana Mutz disse, em uma entrevista à revista Pacific Standard, que alguns eleitores que mudaram de partido para votar em Trump foram motivados pela possibilidade de uma queda no status social: "Em suma, eles temiam que estivessem em processo de perder seus direitos anteriores, posições privilegiadas"[129]. Em vez de considerar o aumento das taxas de matrícula em faculdades de pessoas marginalizadas como um sinal de que precisariam melhorar suas próprias habilidades, eles votaram com medo de estarem perdendo seus privilégios e, portanto, suas posições. O fenômeno da votação não se trata apenas de dinheiro, racismo ou sexismo, mas

---

129 Pesquisas encontram que racismo, sexismo e medo de queda de status motivou votos em Trump. https://psmag.com/news/research-finds-that-racism-
-sexism-and-status-fears-drove-trump-voters

de todos os itens acima; e, de muitas maneiras, o problema existe devido à recusa em levar em conta a história dos EUA. Os estadunidenses amam o mito da meritocracia mais do que qualquer outra coisa, porque nos permite ignorar a realidade do impacto da intolerância.

A repercussão negativa imediata após a presidência de Barack Obama não era nem um pouco inesperada. A ideia (e a realidade) do sucesso dos negros sempre desencadeou algum nível de raiva na sociedade norte-americana. Os esforços de reconstrução após a Guerra Civil foram frustrados pelo racismo. Apesar da ideia de liberdade e igualdade para todos ser uma parte significativa dos ideais norte-americanos, na execução, a sociedade norte-americana depende da antinegritude e da desigualdade. Afinal, apesar da significativa sobreposição entre ativistas envolvidos no abolicionismo e os direitos das mulheres, a história do movimento do voto feminino inclui um objetivo claro de manter a supremacia branca, dando às mulheres brancas poder igual ao dos homens brancos.

As afirmações de supremacia branca por sufragistas brancas como Laura Clay, que foi cofundadora e primeira presidente da Associação de Direitos Iguais de Kentucky, não são novidade. Ao considerar como o voto nas mãos dos negros poderia ameaçar o domínio branco, ela afirmou que "os homens brancos, reforçados pelas mulheres brancas educadas, poderiam 'nevar sob' o voto dos negros em todos os estados, e a raça branca manteria sua supremacia sem corromper ou intimidar os negros". Considere também que Belle Kearney, também sufragista, supremacista branca e primeira mulher eleita para o Senado Estadual do Mississippi, sustentou que:

"A emancipação das mulheres asseguraria a supremacia branca imediata e duradoura, honestamente alcançada, pois, sob autoridade inquestionável, afirma-se que em todos os estados do sul, exceto um, há mulheres mais instruídas do que todos os eleitores analfabetos, brancos e negros, nativos e estrangeiros, combinados. Como você provavelmente sabe, de todas as mulheres do Sul que sabem ler e escrever, dez em cada onze são brancas. Quando se trata da proporção de propriedade entre as raças, a dos brancos supera a dos negros incomensuravelmente."

Pule para cem anos depois, e sob as alegações de ansiedade econômica, está claro que os eleitores brancos de Trump foram, em grande parte, movidos pelo ressentimento racial, independentemente de seu gênero. Mas o mais contundente foi quantas mulheres brancas, que se beneficiaram com os avanços do feminismo e da ação afirmativa, correram para ajudar a minar as mesmas políticas que lhes deram poder e liberdade.

Seu apoio subsequente a outros candidatos profundamente falhos continuou a refletir a realidade de que os fatos e as finanças tinham muito pouco a ver com o sucesso de candidatos racistas e sexistas. As promessas bombásticas de trazer de volta o carvão e "tornar a América grande novamente" eram um verniz fino de falsa esperança sobre uma crueldade racista alegre. Foi um longo golpe que pareceu tirar os exemplos mais ridículos de como é difícil conciliar os ideais de igualdade com a realidade das consequências do racismo. A ideia de que a grandeza da América se baseia nos mitos da era de Jim Crow é atraente para muitos porque eles ainda acreditam na supremacia branca, apesar de todas as evidências do contrário. Aumentar o número de mulheres brancas poderosas não garante, de forma alguma, que essas adições irão apoiar políticas ou candidatos que sejam bons para todas as mulheres.

Veja as atuações que marcaram a ascensão do juiz Kavanaugh à Suprema Corte. Imagens de mulheres brancas vestindo camisetas "I stand with Brett"[130] e "Women for Kavanaugh"[131] encheram as ondas de rádio durante as audiências. Embora houvesse muitos homens brancos envolvidos em seu comitê de apoio (homens os quais superaram as mulheres, em quantidade, na foto que adornou os ônibus que levavam os dizeres "Mulheres por Kavanaugh"), a visão de um grupo de 10 a 15 mulheres confiantemente abrindo caminho através dos manifestantes para mostrar apoio a um candidato que, provavelmente, prejudicaria o acesso não apenas à justiça reprodutiva, mas aos cuidados de saúde em geral, foi chocante. Elas variavam em idade, de meninas a idosas, e, mesmo assim, nenhuma delas parecia sábia o suficiente para perceber que estavam se organizando solidamente contra os direitos de todas as mulheres, a favor do apoio ao patriarcado. E não é apenas uma questão de direita, muitas das defensoras mais fervorosas de Bernie Sanders estavam aparentemente convencidas de que atacar verbalmente qualquer pessoa não-branca que o criticasse era uma boa política.

Bernie Bros foi o nome dado a esta mistura de verdadeiros apoiadores e trolls que pareciam assombrar as plataformas de mídias sociais, especificamente para repreender, agressivamente, qualquer um que não fosse um apoiador de Bernie.[132] Embora alguns apoiadores de Sanders insistissem que os Bernie Bros não eram reais, que todos eram trolls e que o termo "bros" apagava as mulheres que apoiavam Bernie, a realidade era que o

---

130 Eu estou com Brett, em português.

131 Mulheres por Kavanaugh, em português.

132 Bernie Bros, explicado: https://www.vox.com/2016/2/4/10918710/bernie-bro-bernie-bro

termo não era o problema. O problema era que, teoricamente, os partidários de esquerda de Sanders se sentiam à vontade para acusar os eleitores negros e marrons de terem "pouca informação" por não apoiarem seu candidato preferido.

No geral, as pesquisas descobriram que, embora 40% dos eleitores se opusessem à confirmação de Kavanaugh, o número de mulheres republicanas que o apoiavam aumentou para 69% nos dias após o testemunho dele e da Dra. Christine Blasey Ford.[133]

Para muitos apoiadores republicanos, o depoimento de Kavanaugh fora contundente, ao invés do discurso assustador que era. Alguns eruditos e políticos discutiram, argumentando que, embora acreditassem na Dra. Ford, não acreditavam que seu agressor fosse o juiz Kavanaugh, um argumento que desafiava toda a lógica. Seja qual for o motivo, uma coisa é certa: a política partidária alimentada pelo preconceito anulou a razão e permitiu que muitos apoiassem não apenas um presidente (que foi acusado de agressão sexual e má conduta por quase vinte mulheres), mas um partido que diz, da boca para fora, preocupar-se com as mulheres, ao mesmo tempo em que emancipa um padrão dedicado não apenas a diminuir — neste caso, a credibilidade da Dra. Ford —, mas a de qualquer mulher que ouse falar contra homens poderosos.

Pode parecer chocante que uma mulher branca instruída não tenha sido capaz de impedir a confirmação de Kavanaugh, mesmo com o apoio das principais organizações feministas tradicionais. Mas sua disposi-

---

[133] Professora norte-americana de psicologia, que leciona na Universidade Stanford. Christine relatou ter sido agarrada por Brett, em 1980, quando ela tinha 15 anos.

ção de ignorar as vítimas "erradas" com base em raça, gênero ou classe, abriu o caminho para este momento. Quando algumas vítimas são vistas como descartáveis, eventualmente, todas as vítimas são descartáveis, independentemente das alegações patriarcais de supremacia branca de investir na proteção da feminilidade branca. Essa mentalidade não é o suficiente para grandes batalhas, envolvendo acusados poderosos; infelizmente, o feminismo tem que estar presente em todas as batalhas, ou pode rapidamente ficar quase impotente para prevenir momentos como este.

O poder político das mulheres brancas, em particular, raramente é tratado da mesma forma que o de outros grupos. Apesar da expectativa de que eleitores negros, latinos ou asiáticos sejam tratados como um monólito, ninguém realmente espera que as mulheres brancas votem como um bloco unificado. Isso é especialmente óbvio depois de todas as eleições que provam que dar às mulheres brancas o direito de votar tem, de fato, funcionado para preservar amplas faixas de privilégio dos brancos. Por quê? Porque as mulheres da supremacia branca sempre existiram, e não são fiéis a nada além do racismo.

Enquanto isso, para os eleitores não-brancos, especialmente as mulheres negras onde, muitas vezes na política norte-americana, espera-se que elas salvem todos os outros, não há nem mesmo a pretensão de que seus votos possam realmente ser dados em seu próprio interesse, ou que elas possam ter ideias diferentes sobre o que é ou não é de seu interesse das quais os candidatos insistem que são. Não há políticos concorrendo em nenhuma eleição que priorize as preocupações e necessidades dos mais pobres e vulneráveis. A ideia é falada da boca para fora, porque, na prática, a política e os políticos americanos são amplamente suscetíveis ao dinheiro. Frequentemente, é dado espaço à ideia de que o que ajuda quem tem mais dinheiro ajuda quem tem menos. No entanto, sabemos que não existe riqueza generalizada, muito menos uma abordagem eficaz de cima para baixo para ajudar a comunidade. Sermos liderados por aqueles com menos parece contraintuitivo; mas, na realidade, o velho ditado sobre uma maré alta levantando todos os barcos é, ironicamente, uma metáfora apropriada para o que poderia estar acontecendo se as mulheres brancas votassem em grande parte como as mulheres negras.

Isso não quer dizer que as mulheres negras sejam automaticamente mais bem preparadas ou mais versadas em política. Na verdade, o mais comum é que as pessoas mais pobres são as mais bem versadas no que é preciso para sobreviver. Como resultado, seu foco é menos em engordar os bolsos dos ricos e mais no que manterá as luzes acesas, as crianças alimentadas e permitirá, pelo menos, alguns pequenos prazeres. Quando você nunca teve nada, você não inveja que seus vizinhos tenham tanto quanto você, porque você sabe que se trabalharem juntos, podem sobreviver a tempos difíceis juntos. É menos sobre altruísmo e mais sobre matemática simples. Acompanhar a família "Jones" está bem abaixo na lista de prioridades quando você sabe que tudo o que eles têm provavelmente será compartilhado se você precisar de ajuda.

Você pode não ter recursos para passar o mês sozinho, mas compartilhar recursos com seu amigo ou vizinho significa que vocês dois conseguem; então, é claro que você deseja que todos tenham mais. Nós enquadramos a política e o voto como um jogo de cabo de guerra, que deve ser vencido por um lado, levando a derrota do outro quando, na verdade, se trata sempre de redução de danos. A falta de empatia exibida em um determinado partido político pelo outro seria engraçada se as consequências não fossem tão terríveis.

Em um país onde a senadora republicana Cindy Hyde-Smith fez pequenas piadas sobre linchamento e ainda venceu uma eleição em um estado com 44% de negros, a pergunta não deveria ser "como os negros estão votando?", mas "o que podemos fazer para mudar a forma como os brancos votam?". Ou, melhor ainda, "como protegemos o acesso ao voto?". Para as pessoas marginalizadas, o feminismo está falhando por estar tão focado em se as mulheres brancas de classe média têm ou não o que precisam e querem, mas não em proteger o direito de voto para todos os outros. Afinal, este não é um problema apenas para os americanos; se os candidatos e seus apoiadores não podem ver as pessoas não-brancas dentro dos Estados Unidos como seres humanos dignos de proteção e apoio, então, que chance aqueles de fora dos Estados Unidos têm?

A desumanização é o primeiro passo para justificar o voto contra os direitos de outras pessoas. Isso é verdade aqui nos Estados Unidos e em qualquer outro lugar do mundo. Quando você tem o tipo de poder militar que os Estados Unidos ostentam, os riscos de votar apenas nos interesses pessoais sem nenhuma preocupação com o impacto mais amplo é inerentemente egoísta e, no caso de votar pela supremacia branca, inerentemente autodepreciativo, uma vez que as consequências que as comunidades mais prejudicadas enfrentarão vão acabar chegando na porta dos menos prejudicados também.

Por mais que eu não quisesse votar em outro Clinton, já havia me reconciliado com a ideia de que a opção menos prejudicial era a única disponível. No final das contas, não era o voto popular que importava tanto quanto o colégio eleitoral, e essa é, talvez, a parte mais contundente de qualquer discussão sobre raça e política. Embora o meme popular seja que as eleitoras negras podem fazer toda a diferença, a realidade é que uma coalizão de eleitores marginalizados às vezes não é suficiente para criar uma mudança duradoura.

O fato é que os votos redutores de danos das pessoas marginalizadas nunca serão suficientes para superar a estupidez dos brancos que votam no racismo às suas próprias custas. Empatia não é algo que podemos ensinar aos adultos, e enquanto a supremacia branca prevalecer nas casas e nas cabines eleitorais para tantas mulheres brancas, as questões sobre a participação eleitoral são discutíveis em um país onde o direito ao voto está sob ataque. Leis de identificação do eleitor, tentativas de impedir o afastamento de eleitores para as urnas e outras táticas que vão desde o fechamento mais cedo de centros de votação até a redução do número de lugares para obter identidade em um estado vão minar o acesso ao voto para os mesmos grupos que ajudaram a colocar Obama e outros líderes centristas e progressistas no cargo. De taxas eleitorais que requerem que ex-criminosos na Flórida fiquem obrigados a pagar todas as multas e taxas judiciais antes de recuperar seus direitos de voto, à eleitores registrados desaparecendo das listas, as mesmas velhas táticas de supressão de eleitores estão de volta ao uso. Gerrymandering[134] por um sistema escolar segregado leva diretamente a gerrymandering por um político

---

[134] Método controverso de definir em termos de área os distritos eleitorais de um território para obter vantagens no número de representantes políticos eleitos, em especial nos locais onde se utiliza o sistema eleitoral majoritário com voto distrital.

antiescolha. Imagine o impacto de algo como respeitabilidade a quem tem acesso ao direito de voto.

Os mesmos pontos de vista que permitiram que as sufragistas apoiassem a supremacia branca, apesar de muitas terem sido abolicionistas fervorosas, é parte integrante do feminismo branco moderno, ignorando não apenas as formas como o racismo impactou a eleição, mas o buraco cada vez maior entre o direito de votar e o acesso ao voto também. As atitudes que consideramos tão abomináveis em sufragistas como Rebecca Latimer Felton, que foi a primeira mulher a servir no Senado dos Estados Unidos e é lembrada em alguns círculos como um ícone feminista apesar de seu apoio ao linchamento, sustentam a lógica feminista carcerária que ignora uma das principais formas de privar os direitos de voto: o policiamento discriminatório. Não é apenas a vida dos negros que importa, os votos dos negros também importam. E os votos negros não são os únicos votos em perigo. Qualquer mulher com ficha criminal pode perder o acesso ao direito de voto.

De acordo com o relatório do Projeto de Sentenciamento de maio de 2018, existem aproximadamente 110.000 mulheres encarceradas nos Estados Unidos. Isso é 1% da população total de mulheres no país. Esse número tem crescido significativamente desde 1980, e, com o aumento do índice de encarceramento, muitos potenciais eleitores estão perdendo o seu direito de votar por causa de leis que tornam ilegais os votos de criminosos condenados. As leis variam de estado para estado, e não estão enraizadas no entendimento moderno sobre o impacto da Guerra Antidrogas nas comunidades não-brancas, muito menos no impacto da violência e má-conduta policial. Aqueles que estão em maior risco de perder o seu direito ao voto são aqueles que têm o voto como a única ilusão de acesso ao poder político.

Seria o voto a solução perfeita para os problemas que afligem os Estados Unidos? Claro que não. Mas ter um voto significa ter voz na forma em que o país é governado e, às vezes, essa voz é o primeiro passo para uma comunidade seguir em direção à estabilidade e segurança.

Muito antes da eleição de 2016, o feminismo dominante estava ignorando as formas pelas quais o direito ao voto das pessoas marginalizadas dos Estados Unidos estava sob ataque. A história da supressão de eleitores é muito bem documentada. E, por mais que as mulheres tenham conseguido o direito ao voto em 1920, realisticamente, antes da Lei de Direito ao Voto de 1965, os estados usavam pagamentos de impostos e pesquisas de alfabetização para impedir que negros e indígenas votassem. Foi só depois de inúmeros processos, após a aprovação da lei, que tais obstáculos foram removidos. Políticos em diversos estados imediatamente começaram a criar novas barreiras como substituições das criadas na era Jim Crow. Até hoje, alguns legisladores continuam a buscar políticas que minam o direito ao voto. Mesmo com estudos mostrando que o voto ilegal é um mito; nos últimos anos, aqueles que defendem restrições mais rígidas ao voto estão ganhando cada vez mais suporte no lugar de oposição.

Sob a pretensão de resolver a fraude eleitoral, muitos estados adotaram medidas que incluem métodos de identificação mais rígidos e redução da quantidade de locais de votação, principalmente em locais onde há a possibilidade de votação antecipada, para restringir votos antecipados na eleição de 2016. Mais revelador ainda, vários estados onde essas políticas de voto adiantado foram estabelecidas, têm um longo histórico de discriminação racial e até recentemente tinham que buscar aprovação federal antes de qualquer mudança em suas leis e procedimentos eleitorais. Quando os defensores dos direitos eleitorais mostraram que essas medidas criam barreiras para dezenas de milhares de cidadãos de baixa renda e cidadãos não-brancos, a resposta dos eleitores de direita e da maioria dos de esquerda foi de ignorar os obstáculos atuais e históricos à votação para comunidades marginalizadas. Querer limitar a participação eleitoral faz sentido quando vem de políticos de direita, mas para políticos de esquerda, ignorar as razões pelas quais a Lei de Direito ao Voto existe e deixar esses deslizes acontecerem é espantoso.

O direito de votar é, ostensivamente, um pilar da democracia estadunidense, mas inúmeros americanos enfrentam barreiras para votar. Ainda assim, relativamente poucas organizações feministas priorizaram a proteção do direito ao voto para todos, muito menos levam em conta o preconceito que permite que tantas mulheres brancas votem contra os interesses de todas as mulheres. Quer sejam as mulheres que se manifestaram para apoiar a nomeação de Kavanaugh para a Suprema Corte, apenas para descobrir que ele também as havia rebaixado e desrespeitado; ou os republicanos que se precipitaram em comemorar sua nomeação, há consequências terríveis para os direitos das mulheres como um todo, porque só algumas mulheres têm acesso ao direito de voto.

Qualquer narrativa que presuma que as mulheres podem ser tratadas como um bloco eleitoral unido, sem preocupação com raça, classe ou outros fatores, é de visão curta e profundamente equivocada. A história da política feminista mostrou os perigos de ignorar o trabalho das mulheres marginalizadas, cis e trans. Francamente, mulheres como Fannie Lou Hamer e Ida B. Welles e tantas outras, são líderes em uma ampla variedade de questões sociais há gerações. Seus trabalhos têm feito muito para melhorar as condições para todos, embora tenham recebido o mínimo de reconhecimento ou respeito dos norte-americanos brancos. O movimento feminista de hoje não pode ignorar o direito de voto para todos, não apenas porque os números são necessários para apoiar causas defendidas por mulheres brancas, mas porque, se o objetivo do feminismo é realmente igualdade para todos, isso significa que o futuro do feminismo deve ser muito diferente de seu passado. O feminismo tem sido uma força política poderosa por décadas, mas seu foco precisa se expandir para que eleições críticas sejam ganhas.

O feminismo que abrange todas as questões que afetam as mulheres, desde a pobreza à reforma da justiça criminal, desde os salários dignos à melhor proteção para os imigrantes e às questões LGBTQIA+, é o feminismo que tem como questão fundamental a garantia ao direito de voto para todos.

EDUCAÇÃO

Enquanto crescia, lembro-me de políticos aparecendo na TV para falar sobre como salvariam as cidades da "ameaça" dos traficantes de drogas. Estávamos na era dos "superpredadores" e todos deveríamos ser gratos pelos líderes que priorizavam a lei e a ordem. Mas eu não conhecia nenhum superpredador. Eu conhecia *dopeboys* e *dopegirls*. Os que vendiam drogas, transportavam, seguravam e, às vezes, faziam-nas. Eu não era um deles — era uma nerd com futuro e, apesar das histórias contadas nos especiais após as aulas, ninguém estava interessado em me recrutar. Eu era a Livros para eles, e para mim eles eram as mesmas crianças que eu conhecia desde o jardim de infância.

Compreendi que, embora tivesse meus avós e tias e, eventualmente, minha mãe e meu padrasto por perto, eles não tinham ninguém, ou, pelo menos, ninguém que olhasse para uma situação traumática e fizesse o que fosse possível para a tornar melhor. Os meninos que vendiam drogas estavam, em grande parte, em orfanatos ou nos cuidados de parentes que mal podiam sustentar seus próprios filhos, muito menos dos filhos de outras pessoas, mesmo que fossem parentes. Naquela época, as meninas geralmente não vendiam drogas, embora as transportassem, e é claro que elas estavam envolvidas (muitas vezes intimamente) com os meninos e homens que traficavam maconha ou pó. Ao contrário de mim, elas não tinham uma avó que via tudo, nem um avô que podia aparecer a qualquer momento e perguntar o que elas estavam fazendo.

Em vez disso, muitas vezes eram elas as responsáveis por garantir que havia comida na geladeira ou que a conta do gás era paga. Essa responsabilidade podia ter caído sobre seus ombros na quinta ou décima série, ou simplesmente ter sido algo que sempre sentiram ser necessário. Não tenho nenhuma história sobre a época em que vendi drogas, mas há duas histórias sobre traficantes que eu conheci enquanto crescia. E o quão fácil é precisar de mais dinheiro do que você tem e não ter como consegui-lo sem recorrer ao vício. Vamos começar com Deon J.

Deon era um bom garoto. Nos nossos primeiros anos de escola juntos, ele era exatamente como eu e uma dúzia de outras crianças. Ele morava em um apartamento em Drexel com sua avó, sua irmã e, ocasionalmente, sua mãe. Vinha de família de baixa renda, mas segurava as pontas como quase todo mundo na vizinhança. Não havia dinheiro suficiente para todos os brinquedos e coisas legais que as crianças querem, mas, certamente, o suficiente para ter roupas que não chamassem atenção por seu estado; ele estava limpo e, aparentemente, bem alimentado. Deon teve dificuldades na escola quando se tratava de leitura, às vezes era provocado por ter a pele clara ou por ter sapatos Payless. Tudo padrão para uma escola de 99% de negros nos anos 80 em Chicago. Kozminski era tecnicamente uma escola segregada, mas não sabíamos disso, e você não pode perder o que nunca teve; então, não posso dizer que algum de nós realmente sabia o que nos faltava.

Não ter dois pais em casa era algo normal, morar com uma ou duas gerações acima de você também era normal. As famílias se agrupavam, ou assim parecia quando éramos pequenos. Mas nem todas as crianças tinham o mesmo sistema de apoio. Quando ficava doente, minha avó me colocava para dormir, e meu avô ou minha tia forneciam refrigerante de gengibre ou biscoitos. Para Deon, de alguma forma, suas lutas em casa eram tantas que, quando teve catapora na terceira série, ele quase sempre vagava pela vizinhança enquanto estávamos na escola, em vez de ficar em casa na cama. Houve um período na quarta e quintas séries em que ele tinha mais dinheiro para comprar sapatos e roupas do que qualquer outra pessoa e, no final da sexta série, ficou claro que ele não estava apenas andando por aí com as gangues, mas estava no caminho certo para entrar em uma.

Sua mãe não ficava por perto, sua avó adoeceu e ele e sua irmã precisavam comer. O aluguel precisava ser pago. O aquecedor precisava permanecer ligado. Não sei exatamente quando ele começou a vender drogas. Eu sei que em algum momento sua família precisou do dinheiro que ele estava trazendo mais do que eles precisavam mantê-lo na linha e em um bom caminho. Ele se gabava de seu lugar na hierarquia da rua. À medida que íamos ficando mais velhos, a maioria de nós foi para o ensino médio, alguns foram para a escola de comércio, faculdade ou o exército, mas Deon continuou na rua. As ruas eram tudo em que ele podia confiar. Ele podia cuidar de sua irmã e de si mesmo após o falecimento de sua avó e após o fim das visitas periódicas de sua mãe. Ele abraçou as ruas porque elas o abraçaram quando ele precisou de ajuda. Eu o via de passagem quando visitava minha avó e ele parecia próspero, se não feliz, na maior parte do tempo. Sua irmã foi para o ensino médio e para a faculdade enquanto ele circulava entre as ruas e a prisão. Não sei quem ele poderia ter sido, porque o mataram antes dos trinta anos, mas as ruas eram tudo o que ele tinha. É fácil julgar uma criança como ele, fácil supor que já que eu consegui, ele também poderia ter conseguido, mas eu tinha mais opções e melhores recursos.

A segunda história é sobre uma garota chamada LaToya. Ela estudou na mesma escola primária que eu, mas acabou se transferindo mais tarde; então, eu não a conheci no jardim de infância como alguns dos outros. Ela era engraçada, charmosa e surpreendentemente gentil comigo, mesmo sendo nerd e desajeitada na sétima e oitava série. Não éramos exatamente próximas, mas eu conhecia os primos dela e, consequentemente, após deixarmos a escola primária, passamos a nos conhecer. Ela era inteligente e provavelmente poderia ter ido para a faculdade. Mas em algum momento, LaToya segurou drogas para seu namorado. Sua mãe estava morrendo, o resto da família não era financeiramente estável, e ela era uma adolescente. Ele pagou as contas dela e de sua mãe com dinheiro das drogas enquanto ela as armazenava e transferia para ele. Ele não era um anjo, mas era melhor do que qualquer uma de suas outras opções, que incluía a rua ou as coisas que acontecem em um orfanato em Illinois, e nada mais que isso. Ela pegou um tempo na cadeia quando os dois foram pegos, mas ela era muito mais jovem do que ele, e, se a memória não me falha, foi sua primeira ofensa, o que significa que ela foi capaz de se beneficiar de um programa extinto que ajudava ex-presidiários a se estabelecerem após saírem da prisão. Ela conseguiu um emprego, um lugar para morar com os filhos e, eventualmente, ser uma "cidadã modelo". Com um emprego, um lugar para morar e o ambiente mais estável que ela conseguiu criar para si, ela pode fazer qualquer coisa que quiser agora, exceto votar.

Por que essas histórias de desfechos diferentes? Bem, embora eu não tenha me envolvido com o comércio de drogas, porque tive um pouco mais de apoio familiar e supervisão, isso não significa que eu não infringi a lei. Invadi, roubei lojas, fumei maconha, comecei a beber álcool aos quatorze anos, violei o toque de recolher, cometi vandalismo besta. Meus crimes eram mais mundanos, menos propensos a despertar a intervenção policial. As comunidades não são um lugar sem esperança, mas os obstáculos que você pode encontrar variam enormemente com base em fatores mundanos, como por exemplo: se há ou não um policial em sua escola, ou se você tem uma família com a qual pode contar desde o começo e frequentemente.

Cada vez que eu saía da linha, era com a certeza de que, não apenas precisava ser sorrateira para evitar repercussões externas, como precisava ficar dentro da linha que meus avós e meus outros parentes haviam estabelecido. Isso foi mais fácil de fazer porque eu nunca tive que me preocupar com quem pagaria as contas. Ou que se algo acontecesse com qualquer membro da família, eu ainda teria para onde ir. Quando minha mãe não pôde cuidar de mim na minha infância, eu morei com tias, avós ou amigos da família. Quando meu avô morreu na minha adolescência, eu morei com minha mãe e meu padrasto. Quando meus pais e eu não conseguimos nos dar bem durante meu penúltimo e último ano, eu podia ir para a casa de um amigo, voltar para a minha avó ou para uma das minhas tias. Todos nós tínhamos uma dinâmica familiar complicada, com pais que estavam lutando e às vezes falhando. Deon não tinha nenhum apoio adulto significativo e tinha que ser o adulto de sua irmã; LaToya tinha algum apoio, mas nem sempre o suficiente, e eu tinha o que precisava, mesmo que nem sempre fosse o que eu queria.

Para todos nós, ter uma equipe que se preocupava, uma comunidade que tentava fazer a diferença, significava que podíamos pelo menos imaginar um futuro mesmo quando parecia que era impossível chegar lá. A história de Deon é a mais triste por razões óbvias; mas por mais triste que seja, hoje em dia, uma criança como ele não chega à idade que ele chegou. Hoje, ele correria o risco de ser baleado pela polícia por ser um menino de 12 anos em um local público com algo que poderia parecer uma arma. Ou ele teria sido algemado na escola ou espancado por um Oficial de Recursos Escolares. Antes das políticas de tolerância zero, esses meninos sempre conseguiam encontrar um lugar seguro na escola, mesmo que não existisse um em casa. Políticas escolares mais duras que vieram após a dessegregação e práticas de segurança que incluem trazer oficiais para as escolas sãouma combinação que criou o canal escola-para-prisão, no qual os alunos com problemas estão sujeitos não apenas à detenção, mas a suspensões, expulsões e, até mesmo, prisões. Em vez de serviços de aconselhamento ou intervenção, as escolas estão cada vez mais usando táticas de aplicação da lei para lidar com o mau comportamento, até mesmo para pequenos incidentes.

Para os jovens que são empurrados para fora da escola e para os sistemas de justiça criminal juvenil, é mais provável que seus futuros se pareçam com Deon do que com o meu ou com o de LaToya. Esta é uma crise feminista e de justiça racial porque os alunos expulsos não são apenas desproporcionalmente estudantes não-brancos, eles são, cada vez mais, mulheres. Muitos também são alunos com deficiência, e esse número inclui também alunos LGBTQIA+. O preconceito não para na porta da escola, e os motivos pelos quais os alunos marginalizados estão sendo desproporcionalmente impactados por essas políticas têm mais a ver com identidades do que com comportamento.

Embora a ideia de políticas de disciplina escolar de tolerância zero venha das políticas "duras com o crime" das décadas de 1980 e 1990, seu impacto não foi tão severo naquela época, porque os alunos provavelmente seriam ensinados por funcionários que os conheciam e conheciam suas famílias, funcionários que reconheciam sua humanidade fundamental. A falta de diversidade de professores, combinada com sistemas escolares instáveis — como as Charter Schools[135] — ,que enquadram um sistema disciplinar de estilo militar/prisional como a chave para o sucesso do aluno, só serve para prejudicar o desempenho do estudante, assim como sua segurança; principalmente quando essas são as únicas opções que restam após o fechamento de dezenas de escolas públicas. Quando você pode ser forçado a sair da classe por ter sapatos de cores erradas (assim como acontece nas regras em várias escolas Charter em todo o país), os adultos ao seu redor lhe ensinam que eles valorizam a obediência ao invés da educação. E se eles não valorizam você ou seu futuro, então, por que você deveria?

A forma mais comum de discriminação do professor se manifesta nas expectativas da sala de aula e no encaminhamento disciplinar. Um professor tendencioso

---

[135] Escolas Públicas Independentes. Recebem fundos públicos mas operam de forma independente.

pode acabar punindo um aluno em particular de forma mais dura e mais frequente por causa da identidade dele. Eles podem se recusar a usar pronomes preferenciais, escrever políticas de sala de aula que interfiram no acesso do aluno aos banheiros ou, de outra forma, criar padrões arbitrários que garantam que o aluno, de alguma forma, infringirá as regras. Isso é especialmente comum para alunos negros e latinos no ensino médio. Aos dezesseis anos, meu filho mais velho quase foi condenado em seu primeiro ano por invasão de propriedade por um professor com quem teve vários conflitos de personalidade. A invasão? Ele se sentou em uma sala de aula vazia para estudar antes de um teste. O teste foi naquela sala de aula. Não foi o professor real do meu filho que ameaçou denunciá-lo, ele não teve nenhum problema com isso.

O professor que o ameaçou provavelmente estava mais interessado em controle do que em qualquer outra coisa, mas meu filho mais velho é inteligente, desafiador e não se impressiona com demonstrações mesquinhas de poder. Não havia nenhuma regra real contra ele estar na sala, a porta estava aberta; mas, no ponto de vista desse professor, meu filho havia sido pego e merecia punição. Quando perguntei (como uma mãe faz) o que exatamente justificaria uma advertência, dada a frequência com que as crianças que queriam um lugar tranquilo para estudar faziam exatamente o que meu filho havia feito, o professor desistiu. Alegou que estava tentando ensinar alguma disciplina ao meu filho, mas como ele estava estudando, a desculpa não deu certo. Outras maneiras pelas quais a discriminação por parte dos professores pode ser vista vão desde a avaliação injusta até a aceitação ou incentivo de comportamento discriminatório de outros alunos na sala de aula.

O que falta nas discussões sobre questões de bullying nas escolas é o fato de que, com as discussões, professores estarão cientes do que está acontecendo e pelo menos alguns irão continuar a ignorar o problema. Como resultado, um aluno marginalizado com recursos emocionais limitados pode se sentir atacado por todos os lados. E o problema não para por aí. Os alunos que tentam relatar comportamento discriminatório à secretaria podem se deparar com mais um problema que os perturba.

E, claro, há o fato de que os professores também podem ser agressores e usar seu poder sobre o aluno marginalizado de maneiras que podem expulsar o aluno da sala de aula, se não da escola por completo. Quando alunos marginalizados são alvos de professores, eles precisam enfrentar sentimentos de vergonha e impotência. Eles lutam para estabelecer outras relações positivas dentro da escola. Em um estudo feito em 2007 com alunos em um ambiente escolar alternativo, os alunos relataram que um adulto, e não um colega, estava envolvido em sua pior experiência escolar, com mais de 80% relatando que haviam sido física ou psicologicamente prejudicados por um professor. O bullying causado pelo professor também pode ter um efeito contagioso, indicando aos outros alunos que o bullying de um determinado indivíduo é aceitável e tornando-o assim vulnerável a mais abusos. Apenas recentemente o bullying proveniente de professores contra os alunos foi identificado como um fator que contribui para resultados ruins e, embora haja estudos em andamento, não há números concretos sobre a frequência com que isso está acontecendo.

Talvez o aspecto mais angustiante do bullying feito por professores seja a facilidade com que ele pode ser desconversado por adultos, os quais acabam se tornando cúmplices porque estão projetando seus próprios preconceitos em seus alunos. Os pais podem saber sobre o comportamento por meio de reclamações dos filhos, mas pensam que não há nada que eles possam fazer, exceto removê-los da escola, porque os funcionários escolares não fazem nada a respeito quando é relatado pela primeira vez. Professores preconceituosos podem até mesmo mascarar seus maus-tratos aos alunos como parte de uma estratégia legítima de incentivo ao desempenho. Por causa de narrativas que citam a disciplina como uma razão para falta de desempenho, os professores podem simplesmente apontar as notas mais baixas causadas por sua própria má conduta para justificar suas ações. Quando confrontados, os infratores podem minimizar ou negar a conduta e alegar que foi uma falha de comunicação. Ignorar o problema do bullying do professor apenas o agrava. Como a inércia apoia um ambiente hostil que prejudica o aprendizado, os pais podem acabar tendo que combatê-lo de várias maneiras. Isso pode significar fazer mais visitas durante o horário escolar; se possível, ter um filho com gravador ou celular; ir à secretaria; ou até mesmo ir a público.

Meu filho de nove anos tinha uma professora da quarta série que fazia bullying com ele. A princípio, pensei que meu filho estava exagerando ao ouvir um sermão sobre seu dever de casa bagunçado, mas ficou cada vez mais evidente para mim que sua professora sempre mudava as regras sobre como ele deveria entregar seu dever de casa. Falei com ela com calma e conversei, também, com a secretaria. Eu até fui ao conselheiro da escola. No final das contas, ela só parou quando meu marido e eu começamos a aparecer do lado de fora da sala de aula. Após o primeiro par de "Surpresa, estamos bem aqui!", o comportamento peculiar parou. Nós documentamos e denunciamos; mas, como muitos agressores, a violência só era divertida quando suas vítimas não podiam revidar.

Infelizmente, a discriminação por parte da administração das escolas é mais comum do que a discriminação de professores. Em escolas de ensino fundamental e médio, os administradores podem penalizar excessivamente os alunos negros, enquanto raramente penalizam os alunos brancos pelo mesmo comportamento. Os alunos de comunidades marginalizadas nessas escolas podem ter maior probabilidade de serem suspensos ou expulsos do que seus colegas brancos. Não é apenas um problema de escola pública.

A forma mais comum de discriminação racial na educação é o assédio de estudantes negros por seus colegas brancos. Semanalmente, as notícias veiculam uma história de bullying racista, seja por ataques físicos, mensagens rabiscadas nas paredes da escola, ou atividades odiosas organizadas com a intenção de fazer os alunos marginalizados se sentirem indesejados e inseguros. Embora incidentes isolados cometidos por um aluno em um campus escolar possam não desencadear uma investigação, ofensas repetidas ou a falta de consequências para os infratores, podem indicar uma questão cultural mais ampla. No entanto, quando os alunos negros respondem, seja por meio de protestos ou de uma resposta física mais direta, é mais provável que seu comportamento seja criminalizado pelos policiais presentes nas escolas.

Para as jovens mulheres não-brancas, a brutalidade policial já é um risco enfrentado desde o berço. Não há o tal "Policial Amigável", não há nenhuma segurança em uma instituição que deixa de reconhecer que os erros dos jovens negros não são inerentemente mais perigosos simplesmente por causa da cor de suas peles. E essa atitude de policiamento agressivo em relação aos estudantes negros é cara. Os estados gastam US$ 5,7 bilhões por ano no sistema de justiça juvenil ao invés de investir em nossas escolas. Em média, os estados norte-americanos gastam US$ 88.000 para encarcerar um jovem, mas destinam uma média de US$ 10.000 para educá-lo.

Quando pensamos em escolas sem financiamento, sem quadro de funcionários e em comunidades carentes, a matemática para a presença de policiais ao invés de recursos simplesmente não faz sentido. No entanto, embora não haja escassez de defensores da educação que se beneficiam do feminismo para defender mudanças nas políticas que privilegiam as Charters sobre as escolas públicas, em termos de acesso a financiamento, não faltam feministas brancas de classe média prontas para argumentar contra a expansão dos limites dos distritos escolares para incluir as comunidades marginalizadas; curiosamente, elas ficam quietas quando falamos de como melhorar as condições nas escolas de uma forma que não inclua a presença de mais policiais.

Elas hesitam quando a conversa sobre como o maior envolvimento dos pais pode exigir que agendem reuniões de pais e mães de maneira flexível e disponível para aqueles que não têm horários de trabalho tradicionais. Ou para confrontar o preconceito no financiamento e nas linhas do distrito escolar de maneiras que podem colocar em risco o *status quo* que privilegia escolas predominantemente brancas, mesmo em cidades como Chicago, onde a população branca é minoria. Nós podemos ver esses momentos se desenrolarem em tempo real, quando vazam vídeos de reuniões do conselho escolar na cidade de Nova York, onde pais brancos argumentam contra as medidas de diversidade. Ou quando pais asiático-americanos entram com ações judiciais para interromper esse argumento.

* * *

Para muitos pais de comunidades marginalizadas, eles lutam não só para manter as escolas abertas, mas para evitar que seus filhos sejam criminalizados desde a pré-escola também. Honestamente, o dinheiro que tem sido usado para aumentar o número de policiais escolares em todo o país poderia ser mais bem gasto em serviços de saúde mental para fornecer aconselhamento para alunos em risco e suas famílias. Os alunos precisam que escolas e políticos coloquem mais conselheiros escolares, assistentes sociais, enfermeiras, programas pós-escola, ou programas de fim de semana e verão como essenciais para a definição de segurança.

Os apelos para aumentar a segurança escolar raramente reconhecem a maneira em que o policiamento afeta os alunos negros. Não há segurança em ser perfilado, em ser vigiado e assediado em um lugar que deveria ser sobre oportunidades e não sobre obediência total.

Sabemos que a desigualdade permeia o mundo, desde o acesso à água potável até o fechamento de escolas. Um excelente exemplo disso é o fato de que o fechamento de escolas de Chicago entre 2002 e 2018 impactou 533 alunos brancos, 7368 alunos latinos e 61.420 alunos negros. Então, por que o acesso à educação não é uma alta prioridade nos círculos feministas? Certamente não é por falta de esforço para chamar a atenção para o problema.

Ativistas vão para reuniões, para a imprensa, marcham nas capitais estaduais e em frente a prefeituras e, às vezes, até mesmo em frente à casa de prefeitos. Eles escrevem cartas para editores de jornais, pais organizam greves para manter escolas abertas, mas os fundos sempre desaparecem de uma maneira esmagadora até o momento em que alguém elabora um "plano de contenção" que envolve uma pessoa armada em uma escola como forma de proteção. Nós fingimos choque quando vemos esses "oficiais escolares" brutalizarem alunos, ou quando esses oficiais não impedem um tiroteio de acontecer, e depois lamentamos a falta de sucesso educacional para alunos de comunidades, quando eles têm maior probabilidade de serem policiados do que serem educados.

Organizações como a Dignity in Schools fazem o possível para rastrear os dados de quantas crianças estão sendo afetadas negativamente. Eles descobriram que os alunos negros são suspensos e expulsos em uma taxa três vezes maior do que os alunos brancos. Enquanto isso, 70% dos alunos presos ou encaminhados à polícia na escola são negros e latinos. Embora as crianças negras representem cerca de 16% da população escolar do ensino fundamental e médio nos Estados Unidos, eles são a maioria nas prisões, compreendendo aproximadamente 31% das prisões relacionadas à escola. Talvez o mais preocupante seja o fato de que os alunos com deficiência têm duas vezes mais chances de receber uma suspensão fora da escola do que os alunos sem deficiência. Como não há um processo ou treinamento consistente para se tornar um policial escolar, e os policiais nem sempre são treinados para interagir com crianças e jovens adultos, eles podem interpretar um comportamento perfeitamente normal adequado à idade como excessivo ou mesmo criminoso.

Sabemos que alunos em escolas com policiais têm mais probabilidade de obter antecedentes criminais, mesmo por comportamentos não violentos, como vandalismo. Mas, o que não sabemos é com que frequência as crianças nas escolas são brutalizadas pela polícia, porque ninguém mantém registro desses incidentes. Claro, alguns chegam ao noticiário, e o clamor público resultante pode trazer mudanças com aquele oficial específico daquela escola específica. No entanto, mesmo no caso particular em que um vídeo emergiu de uma jovem negra de um lugar X sendo brutalmente empurrada contra a parede por um policial da escola, os grupos feministas dominantes mal reagiram. Ao invés disso, o trabalho de defender seus direitos e os direitos de outras pessoas como ela recaiu exclusivamente sobre as organizações de justiça racial.

É verdade que, para as vítimas da brutalidade policial nas escolas, o esquema escola-para-cadeia e as práticas de expulsão são mais propensas a serem aplicadas em estudantes não-brancos, mas isso não torna a questão menos feminista.

Bem-vindos à uma abordagem feminista interseccional para a educação! Aqueles de nós que têm a opção de fazer escolhas mais seguras, de serem redirecionados pela comunidade ou protegidos por seus privilégios, devem tomar uma atitude e intervir para defender essas crianças do sistema que arruinaria suas vidas. Sabemos que algumas crianças correm risco por causa de situações em suas vidas domésticas que são culpa dos adultos. Seja esse risco resultado de vício, pobreza ou violência, não podemos permitir que a escola deixe de ser um lugar seguro.

Em geral, as crianças de famílias de baixa renda correm o risco de serem reprovadas nas escolas por causa da crença errônea de que seus pais não têm ambição por elas. O foco na necessidade de aspirações é amplamente citado como necessário para acabar com a diferença entre as realizações de pessoas marginalizadas e as de pessoas privilegiadas. No entanto, em ambientes onde os alunos podem não se ver representados pessoalmente ou nas páginas dos livros, o que exatamente eles almejam? Quem define esses padrões, e como saber se eles são alcançáveis no mundo mais amplo sem professores culturalmente sensíveis e competentes?

Não é suficiente para o feminismo defender acesso à educação, também é necessário defender a educação acessível a todos. Qualidade, assim como quantidade, importa. Não adianta um aluno poder ir à escola se a escola é um lugar onde ele pode ser abusado e traumatizado sem ter pessoas sendo punidas por isso. Desafiar os preconceitos internalizados que permitem a existência de administrações de escolas formadas, em maioria, por mulheres brancas que se sentem confortáveis usando a polícia como uma arma contra menores, ao invés de ter controle na sala de aula, é necessário para dar fim ao esquema escola-para-cadeia.

Nós sabemos que, às vezes, os professores são os que praticam bullying; nós sabemos que alunos não-brancos têm sido punidos por tudo, desde seus penteados até os seus sotaques.

Minha infância foi tumultuosa, e enquanto eu nunca morei em casas com portões brancos e grama verde que nem as de classe média, eu tive a boa fortuna de que, mesmo quando a minha situação familiar estava profundamente instável, a minha situação escolar não estava. Quando eu acidentalmente coloquei fogo no laboratório de ciência durante a oitava série, a Sra. Archibald fez que eu limpasse a bagunça, mas ela não chamou a polícia. Quando eu faltava às aulas durante a décima série ao ponto de quase reprovar, eu recebi sermões e intervenções, não uma estadia no reformatório. E mais tarde, quando eu frequentava todos os lugares errados, quando estava no precipício para o caminho errado, foi uma das minhas professoras que me disse que eu só tinha que aguentar até completar 18 anos e, então, eu poderia determinar o percurso da minha vida. Em cada um desses momentos, eu estava rodeada de professores negros que me viam não só como alguém com potencial, mas como alguém que merecia uma segunda chance. Seja o que for que você pensa das crianças que vê em vídeos de má-conduta escolar, você deveria se perguntar: *por que elas fazem tanto barulho? Por que elas estão bravas? Onde que elas se sentem seguras? Como o feminismo tem empoderado elas ou suas comunidades? O feminismo ao menos ajudou essas meninas?* Porque, no final das contas, as maneiras que estamos falhando com jovens meninas não-brancas irá, um dia, voltar para assombrar as futuras gerações, tanto nossas, quanto suas.

HABITAÇÃO

Eu já falei sobre a fome em outro capítulo, mas vamos, agora, falar da outra perna da pobreza: a crise imobiliária. É mais fácil, de algumas maneiras, separar isso em diferentes tópicos, o escopo fica menos trágico dessa forma. Mas a realidade é que o aumento dos preços das casas e a diminuição dos salários empurram, cada vez mais, as mulheres marginalizadas para longe de moradias estáveis e seguras. Separar por volta de 30% do seu salário mensal para despesas de aluguel ou hipoteca, como os conhecedores recomendam, parece algo razoável até o momento que você compara a casa que você pode ter, com 30% de um salário mínimo, com as casas disponíveis.

Na teoria, moradias públicas e a Seção 8[136] deveriam estar fechando a lacuna — afinal, esse é o propósito desses programas. No entanto, as famílias estão voltando a dividir espaços pequenos e desafiando os códigos de ocupação por causa dos custos. Tetris é um jogo que deveria ser jogado com blocos, não pessoas. E a crise de moradias acessíveis impacta mulheres de uma maneira desproporcional. Com a diferença salarial, mulheres

---

[136] A seção 8 da lei de habitação de 1937, comumente chamada de seção 8, autoriza o pagamento de assistência para aluguel de moradias a proprietários privados em nome de famílias de baixa renda nos Estados Unidos.

ganham menos; então, proporcionalmente, elas acabam pagando mais, e, por sua vez, isso significa que as famílias mantidas por mulheres têm que pagar mais do que a média do salário em aluguel. Nós sabemos que as diferenças salariais ocorrem em relação à cor e ao gênero, ou seja, mulheres brancas ganham menos que homens brancos e mulheres negras, latinas e indígenas ganham menos que mulheres e homens brancos. Analisando esse padrão por toda uma geração, isso significa que há muito menos renda disponível nessas famílias, com uma maior parte do salário sendo usado para aluguel, tornando ainda mais difícil a aquisição de independência e segurança financeira.

Isso é claramente observado quando falamos de pessoas em relacionamentos abusivos. Apesar da minha história ser de uma mulher em um relacionamento heterossexual, a realidade é que a crise imobiliária afeta todos as dinâmicas de relacionamentos abusivos. É simplesmente mais provável de afetar mulheres cis e trans porque, apesar de gênero não ser binário, há uma punição financeira pela apresentação feminina, afinal, misoginia é uma droga e tanto.

Em 2002, como uma mãe de primeira viagem, solteira e na universidade, eu chorei quando percebi que eu não tinha condições de manter o meu apartamento. Felizmente, eu consegui me mudar para um conjunto habitacional. Mas os cortes do governo impactaram tão negativamente o financiamento para moradia assistencial, que o Lakeside Terrace, o conjunto habitacional em que morei por dois anos após o meu divórcio, não existe mais. As listas de Seção 8 em algumas áreas estão fechadas há décadas e, até mesmo em áreas onde os cupons estão disponíveis, os valores dos subsídios de aluguel para locatários de baixa renda não acompanharam a inflação. Não estão sendo construídas novas propriedades no lugar das antigas no ritmo que foi prometido, e, em cidades como Chicago, as propriedades ficam simplesmente vazias durante anos devido à burocracia e à realidade de que as pessoas mais impactadas não têm o poder político para pedir mudança.

A crise imobiliária não é acidental. É o resultado direto de uma série de decisões tomadas, em muitos casos, por pessoas que estão bem cientes de que as pessoas marginalizadas arcarão com as consequências dessas ações. Tive a sorte de deixar meu relacionamento tóxico quando esses programas necessários ainda existiam. Mas, para muitas mulheres, mesmo que elas possam partir com segurança, não podem se dar ao luxo de ficar longe. Encontrar moradias populares não é apenas um problema nas comunidades; mesmo em áreas rurais onde os custos de moradia são substancialmente mais baixos do que seriam no centro urbano mais próximo há falta de moradias populares. Mas a triste realidade é que custos de vida mais baixos andam de mãos dadas com renda mais baixa para muitos nas áreas rurais. De maneira muito semelhante às condições para os trabalhadores urbanos pobres, oportunidades econômicas limitadas estão disponíveis para aqueles que vivem e trabalham em áreas pobres. Para muitos, a moradia que possuem é imprópria para habitação humana, mas eles não têm outras opções. Eles podem reclamar com proprietários ausentes ou inexistentes ou com a agência mais próxima, mas correm o risco de perder o contrato de aluguel e não conseguir obter um novo. Ou que os proprietários irão pedir um despejo como retaliação. Os proprietários desse tipo também continuam a deixar a propriedade se deteriorar até que seja conveniente para eles fazer os reparos básicos ou vender a propriedade.

Condições de habitação de baixa qualidade ou perigosas não são uma anomalia nas áreas urbanas ou rurais. Aqueles que não conseguem salvar suas habitações, ou encontrar novas casas a preços acessíveis, muitas vezes são forçados a trabalhar com membros da família para evitar a falta de moradia total. E, ao contrário daqueles que acabam na rua, esse nível de sem-teto é invisível porque as pessoas com algum lugar para ir (embora tênue) nem sempre são contadas nas estatísticas. Muitos programas de assistência aos desabrigados não farão de alguém uma prioridade, a menos que eles estejam morando em um carro, na rua ou em algum outro lugar considerado completamente impróprio.

A pesquisa de Matthew Desmond para seu livro vencedor do Prêmio Pulitzer sobre o impacto de longo prazo do despejo como causa da pobreza, *Evicted: Poverty and Profit in the American City*, mostrou que os casos de despejo em 2016 foram registrados a uma taxa de quatro por minuto. Como resultado de sua pesquisa, ele fez uma parceria com a Universidade de Princeton para criar o primeiro banco de dados de rastreamento de despejos em todo o país, chamado The Eviction Lab. Usando isso, podemos ver quantas pessoas estão lutando para ficar alojadas; mas, mesmo essa pesquisa, por mais robusta que seja, não permite uma imagem clara de quantas mulheres foram afetadas.

Como Desmond aponta, a instabilidade imobiliária não é apenas um resultado da pobreza, mas pode ser a causa também. Ter uma moradia é essencial para o sucesso, e, com ela, torna-se possível ir à escola, ao trabalho, cuidar de crianças, dos idosos e de si mesmo. E, mesmo assim, cada vez está mais difícil ter uma moradia ou mantê-la por causa do aumento dos preços e dos salários estagnados. A crise está se tornando uma catástrofe.

– Eu tenho sido incrivelmente sortuda apesar do que eu e alguns amigos chamam de minha maldição habitacional. Eu tive senhorios que entraram em execução hipotecária, que foram presos, que morreram, ou que simplesmente negligenciaram e administraram mal uma propriedade até o ponto em que ela se tornou inabitável. Eu tenho o conhecimento e os recursos para resolver alguns dos meus problemas sem ter que depender dos programas sociais, cada vez mais incertos. Meu marido e eu temos diplomas universitários e estamos lidando com a fase de ninho vazio com duas fontes de renda aos quarenta anos ao invés dos cinquenta ou sessenta. Nós temos o privilégio dos recursos sociais e financeiros.

Apesar de sermos uma família de renda dupla, alguns anos atrás, enfrentamos a possibilidade de ficar sem teto quando descobrimos que o apartamento em que morávamos tinha níveis tóxicos de mofo. Há muito a ser dito sobre como é fácil se tornar um sem-teto e o quão difícil pode ser escapar. Os abrigos familiares são raros, e a falta de moradias de emergência pode deixar alguém com recursos limitados em uma situação terrível. Tínhamos recursos para ficar em hotéis, manter nossos filhos em suas escolas e conseguir um novo lugar quase imediatamente. E, apesar de termos que nos livrar da maioria de nossos pertences por causa do mofo, ficamos apenas incomodados e não arruinados.

Isso trouxe para nossa casa a noção de quantos privilégios eu acumulei desde meus vinte e poucos anos, quando não era capaz de reunir qualquer semelhança a estabilidade. Não há nada de excepcional nas minhas histórias. Sou como milhões de mulheres em comunidades, no interior, em qualquer lugar que você possa imaginar onde possam existir mulheres com menos dinheiro e com as mesmas necessidades. E, mesmo assim, não falamos realmente sobre a crise imobiliária como uma questão feminista, apesar do fato de que afeta principalmente as mulheres. Claro, você pode encontrar um punhado de artigos, talvez uma ou duas ativistas trazendo isso à tona como uma questão feminista. Mas não há campanhas chamativas, nem programas com slogans cativantes apoiados por nomes famosos. Ao invés de um movimento coletivo para melhorar as condições para todos, o feminismo dominante tem tratado a habitação como um problema para outra pessoa resolver.

E, para aqueles que fazem campanha para trazer de volta moradias populares, para acabar com as leis que penalizam as vítimas de violência doméstica, há uma necessidade real de acesso ao poder e recursos de quem tem o privilégio de estabilidade habitacional. Os ativistas que lidam com questões de insegurança habitacional geralmente têm poucos recursos e estão sobrecarregados de trabalho. E eles se deparam com os gentrificadores que prometem resolver o problema revitalizando os bairros com pequenas butiques e cafés bonitos. Os rostos da gentrificação costumam ser jovens, brancos e femininos. Embora a disparidade salarial por gênero signifique que as mulheres brancas provavelmente não serão capazes de competir com os homens brancos por propriedades em áreas desejáveis, elas ganham mais do que a maioria dos outros e podem se dar ao luxo de tirar proveito de aluguéis mais baixos e espaços maiores em comunidades não-brancas. Quer abrir uma loja que vende apenas maionese? Você pode colocar um rótulo cafona em seu produto, pagar muito menos em aluguel e ter um bônus; sua presença sinaliza que um bairro cheio de pessoas não-brancas está pronto para uma invasão econômica. Estamos todos em terrenos roubados nos Estados Unidos, mas algumas comunidades são muito menos propensas a serem afetadas por redlining[137] ou empréstimos de risco.

Em teoria, a gentrificação pode trazer serviços e empregos para uma comunidade. Na prática, significa oportunidade para alguns e criminalização para outros. É fácil rejeitar as alegações de residentes sobre o aumento da presença da polícia como especulativas quando você é novo na área. Mas, para aqueles que viveram nas últimas décadas nas grandes cidades, eles viram a falta de investimento nesses bairros quando crianças e depois como adultos. Mesmo que a gentrificação tenha se tornado uma norma nas principais cidades norte-americanas, você pode dirigir pelas novas ruas cheias de flores, pelas butiques e cafeterias até alcançar a degradação urbana. Em bairros de baixa renda, onde residentes e negócios de longa data são substituídos por trabalhadores de colarinho branco, você pode observar a diversidade de opções e pessoas se esvaindo quarteirão a quarteirão quanto mais perto você chega do centro. Ao longo do caminho, você também verá uma diferença nas opções de transporte público, coleta de lixo e, até mesmo, nas condições das ruas. A sabedoria convencional de que a gentrificação é uma bênção por causa da reestruturação econômica que traz mais empregos e recursos infelizmente ignora que os residentes de longa data não estão necessariamente sen-

---

[137] Práticas discriminatórias na qual os serviços de clientes potenciais que residem em bairros classificados como "perigosos" ao investimento; estes residentes pertencem em grande parte a minorias raciais e étnicas.

do contratados; muitas vezes são alvos de novos vizinhos que não entendem as normas do bairro e chamam a polícia sobre coisas mundanas que vão desde o som de caminhões de sorvete a churrascos. À medida que as taxas de gentrificação aumentam, a criminalização se torna mais do que um efeito colateral: se torna uma ferramenta que afeta desproporcionalmente as comunidades não-brancas. A gentrificação força os residentes mais necessitados a abandonar os novos recursos e avançar para áreas degradadas, onde, mais uma vez, lutam para acessar os níveis mais básicos de bens e serviços.

Quando os bairros de baixa renda desejáveis veem um influxo de residentes de alta renda e seus negócios, a dinâmica social e as expectativas se chocam. A mesma tagarelice agradável vinda da varanda da esquina que pode ser reconfortante para as mulheres negras é filtrada pelas lentes do assédio nas ruas porque um homem negro está falando com uma mulher branca. Um dos exemplos mais reveladores desse fenômeno foi uma campanha viral contra o assédio sexual promovida por Hollaback há alguns anos que, bizarramente, comparou um homem latino dizendo "Olá" com uma tentativa de assédio por um homem branco. Se você não se lembra da campanha, isso não é surpresa, a resposta da Internet por causa da remoção da maioria dos homens brancos acabou com a campanha horas após o lançamento. Expectativas divergentes de segurança e ordem pública, e o papel do Estado em garanti-la, entram em conflito, especialmente, em torno da habitação porque, embora as mulheres brancas possam perceber as ruas tranquilas e a alta presença da polícia como segurança, para as mulheres negras isso costuma ser um precursor de uma interação violenta com os agentes do estado. Para muitas comunidades não-brancas, vadiagem não é um crime real, é uma desculpa para a polícia assediar alguém por sentar-se em uma varanda ou fumar um cigarro do lado de fora da barbearia. Para os brancos dos subúrbios, sair na rua é aparentemente um problema sério — assim como bateristas, pessoas arrumando seus carros e qualquer outro comportamento social que pode ser visto como criminoso em bairros racialmente diversificados que não são majoritariamente brancos. E para aqueles que estão tentando envelhecer no local, as mudanças podem ser incrivelmente desorientadoras e, às vezes, perigosas, pois sua comunidade diminui mais rapidamente do que o que era esperado.

Devido à disparidade financeira, as pessoas que mais precisam de moradias populares em áreas com bons recursos têm menos probabilidade de se sentirem bem-vindas com o tempo. Uma de minhas parentes é dona de uma casa no extremo oeste do Hyde Park, perto da Washington Square. Quando ela a comprou, sua casa precisava de reformas, e ela a conseguiu por um preço compatível com aquela realidade. Avance vinte e três anos e, conforme ela vai se acomodando na aposentadoria e nas alegrias de uma casa quase completamente paga, ela está enfrentando um número obsceno de pessoas tentando fazê-la vender sua propriedade. Não é apenas o casual "Oh, esta casa está à venda?". Não. Ela teve estranhos batendo em sua porta, dizendo-lhe que é casa demais para ela, e, até mesmo, escrevendo longas cartas sobre como eles podem se imaginar tomando um brunch em sua varanda ao sol! A mulher que escreveu a carta incluiu uma descrição maravilhosa de sua família branca, de classe média norte-americana, completa com uma descrição de si mesma. Então, um dia, enquanto estávamos trabalhando no quintal do lado de fora, um casal que correspondia à descrição da carta (ou eram as pessoas que escreveram) apareceu e perguntou à minha tia quanto ela cobrava para fazer o trabalho do jardim. Nunca lhes ocorreu que ela era a dona da casa. É desnecessário dizer que minha tia fica feliz de saber que essas pessoas nunca vão quebrar nem um ovo em sua cozinha.

Minha tia tem sorte, ela comprou a casa por um preço baixo, tem conseguido manter os impostos pagos e pode contar com familiares para cuidar das tarefas que podem estar fora de sua capacidade física. Ela é proprietária de uma casa, não uma locatária que poderia ver seus aluguéis dobrarem ou triplicarem em face da gentrificação, enquanto sua renda permanece estagnada devido à aposentadoria. À medida que os aluguéis e a taxa de mercado aumentam, o deslocamento ameaça até mesmo aqueles que vivem em moradias protegidas, como apartamentos subsidiados para idosos de baixa renda. Esses empreendimentos podem acabar com falta de fundos em qualquer presidência, incluindo a atual; eles podem ser desligados e nunca substituídos, como aconteceu no passado. Quando os residentes desses empreendimentos fechados tentam entrar novamente no mercado de aluguel, não só muitos de seus vizinhos já se foram, mas eles também não podem se dar ao luxo de ficar perto dos serviços de que precisam.

Embora a maior parte do deslocamento durante a gentrificação ocorra por meios diretos, incluindo aluguéis crescentes, aumento dos impostos sobre a propriedade ou a conversão de propriedades com preços modestos em empreendimentos de luxo, às vezes é tão simples quanto remover o resto da comunidade. A gentrificação pode desencadear o deslocamento indireto que garante que os idosos se sintam alienados em sua própria comunidade. Residentes mais jovens e mais brancos podem trazer cafés e boutiques, mas à medida que expulsam os residentes de longa data, a mudança demográfica também prejudica as instituições locais, deixando os idosos sem uma farmácia que faça entregas, uma mercearia que venda alimentos básicos a um preço acessível e lugares para se encontrar, como parques, por exemplo. Pois é assim que uma comunidade se mantém conectada. Os residentes até podem pagar por sua moradia ainda, mas seu orçamento não permite que eles sintam que podem participar do mundo ao seu redor. A morte social, especialmente para mulheres mais velhas, quando elas não se sentem mais conectadas com a vizinhança, pode ser incrivelmente difícil de administrar.

Quando falamos sobre moradia e feminismo, devemos lembrar que não se trata apenas da preocupação da jovem ansiosa para começar seu negócio ou encontrar um lar para sua família. É a preocupação com as mulheres mais velhas, com nossas anciãs, que dependem dos ritmos e das normas de sua comunidade para poder envelhecer com dignidade. Um novo empreendimento residencial para idosos que não é acessível para ninguém devido à falta de transporte público até o local não é a solução. Uma comunidade onde um idoso não consegue comida, material de limpeza ou o cuidado emocional a que está acostumado é um terrível futuro feminista. E isso assumindo que eles não irão acabar se juntando ao número crescente de pessoas sem-teto idosas, pessoas com deficiência ou marginalizadas tanto por sua idade e por quem são.

Enquanto os números de pessoas em situação de rua aumentam, a verdade é que temos mais moradias vazias do que precisamos; mas, um efeito colateral da gentrificação é que muitas das mesmas pessoas que estão dispostas a usar a polícia como uma arma de proteção do seu estilo de vida *boutique* se recusam a aceitar a necessidade de serviços em comunidades que incluam essas pessoas sem-teto. Sabemos que os números de pessoas em situação de rua incluem idosos que perderam a capacidade de pagar por suas casas, pessoas com doenças mentais e pessoas com deficiência. Sabemos que moradias acessíveis são caras e de difícil acesso para quem tem recursos mínimos. Ainda assim, quando falamos sobre instabilidade habitacional, tendemos a ver isso como um problema a ser resolvido por outras pessoas. Mas mulheres enfrentam uma lacuna financeira que as colocam em maior risco de serem despejadas, de terem que lutar para conseguir uma casa ou continuar morando nela. A moradia é, em última análise, uma das questões feministas mais urgentes porque o impacto da instabilidade habitacional pode reverberar não apenas na vida de uma pessoa, como nas vidas daquelas ao seu redor.

Isso não significa que as feministas precisam cavalgar como salvadoras. Essas questões são complexas e exigem não apenas uma grande quantidade de conhecimento, mas um ato de equilíbrio dos recursos existentes e uma pressão por melhores políticas ao lado de todo um trabalho cultural para mudar a atitude de que a moradia não é um direito humano. Isso significa ouvir ativistas e organizadores, guiar os políticos para longe do fechamento de moradias públicas e ir em direção a enxergar as áreas com pessoas mestiças e de renda mista como a norma. Significa compreender que a habitação é uma crise nas áreas urbanas, suburbanas e rurais, e que as políticas que servem para um, não servem para todos. Significa adotar a abordagem de que o feminismo não pode se dar ao luxo de abandonar nenhuma mulher, nem cis, trans, deficiente, pobre, trabalhadora do sexo, o que sejam; e sua moradia deve ser tratada como uma prioridade por todas as organizações que defendem os direitos das mulheres.

  Isso significa que as candidatas feministas a cargos públicos devem se comprometer não apenas a fazer o que é popular e apoiar a classe média, mas também a implementar medidas para combater a falta de moradia, desde prometer aumentar os gastos estatais com moradias de baixo custo até exigir que os empreendedores forneçam mais do que um punhado simbólico de unidades em empreendimentos de luxo. Significa planos relevantes para controlar os aluguéis e revitalizar áreas sem deslocar os moradores de longa data. Significa ir atrás de soluções inovadoras para esses problemas da nova era que permitem cuidados em casa, envelhecimento no local e uma dúzia de outros programas que focam em mulheres que podem nunca ter uma renda de classe média, mas que merecem o mesmo nível de cuidado e preocupação dos candidatos e dos sistemas, já que dependem de seus votos e de seu trabalho.

JUSTIÇA REPRODUTIVA, EUGENIA E MORTALIDADE MATERNA

Minha história com mortalidade materna surgiu durante a minha quinta gravidez. Gravidez sempre foi difícil para mim, e eu tive mais abortos espontâneos do que partos. Engravidei cinco vezes e três delas acabaram em abortos. A minha quinta gestação foi a última. Eu tive dificuldades desde o começo: não tive nenhum dos indicadores normais de uma gravidez — não tive menstruação atrasada, e, na época, eu estava até em acompanhamento com uma médica obstetra-ginecologista especializada em tratar miomas uterinos e endometrioses devido ao aumento de fluxo da minha menstruação —; então, eu só descobri que estava grávida quando já estava com 10 semanas de gestação. Quando meu marido e eu descobrimos (depois de um teste de gravidez padrão pedido antes de uma cirurgia), nós conversamos sobre e discutimos a possibilidade de um aborto — eu cheguei até a ir em uma clínica — antes de decidir que iríamos tentar fazer dar certo. Nós já tínhamos dois filhos e, mesmo não tendo certeza de que nós conseguiríamos sustentar um terceiro naquele momento, nós queríamos uma filha. Minha médica desde o início me alertou dos perigos e que ela não tinha certeza se teríamos sucesso. Eu tinha um grande mioma e endometriose, e minha gravidez seria de extremo risco. Eu fiz exatamente tudo o que ela disse em relação a ir com calma e tomar cuidado, porque eu queria dar à criança a melhor chance possível. Mas, após outras oito semanas, o sangramento intermitente não parava, e eu sabia que tinha uma grande chance de eu não conseguir carregar a gestação até o final.

Eu estava tirando um cochilo de tarde quando a hemorragia começou. Acordar e encontrar sangue jorrando do seu corpo é uma experiência que eu não desejo a ninguém. A possibilidade de abrupção placentária que minha médica tinha me alertado estava acontecendo, e eu teria que dar o meu melhor para que ambos sobrevivêssemos. Meu marido estava no trabalho e meu filho com dois anos não saberia ligar para a ambulância; então, tive que fazer a ligação eu mesma. Irei poupar os detalhes sangrentos dos respingos pela casa, e, quando finalmente cheguei ao hospital, eu precisava do aborto para salvar a minha vida. Eu não fui atendida imediatamente apesar de todo o sangramento, e minhas tentativas de contar a história do quão falho havia sido o meu tratamento com aquele primeiro médico levou a um artigo publicado no Salon e meses de assédio dos chamados pró-vida, incluindo um grupo que segue Jill Stanek, uma ex-enfermeira conhecida por dizer que bebês prematuros estavam sendo deixados para morrer em um armário de vassouras em um hospital em Oak Lawn, em Illinois.

Seus seguidores e outras pessoas me mandaram ameaças de morte, dizendo que eu não tinha direito de engravidar por causa do meu status como veterana inválida (eu nunca descobri como minha perna coxa e meu útero estavam conectados), e, em grande parte, fizeram o seu melhor para tornar minha vida um inferno. Alguns até entraram em contato com meu antigo chefe na tentativa de me fazer ser demitida de um emprego que eu já tinha saído. Foi angustiante, e eu fiz o meu melhor para aguentar tudo de cabeça erguida e ainda proteger a minha família. Enquanto isso, várias pessoas que não haviam passado pelo mesmo que eu estavam opinando sobre o que eu deveria ter feito, se eu estava realmente contando tudo sobre os meus detalhes médicos, ou se eu estava lidando com isso da forma correta, como se houvesse algum tipo de manual de instruções para os piores momentos da sua vida.

Eu gostaria de poder dizer que eu me senti apoiada pelas feministas. Mas essa não foi a minha experiência. Apesar de as feministas dominantes falarem que eu merecia apoio, elas, em grande parte, apenas fizeram demandas. Queriam que eu falasse em comícios, testemunhasse e desse a elas cópias dos meus exames médicos. Meu artigo havia se tornado viral, e não havia carência de atenção, apesar das reações negativas superarem as positivas. Em meio a advogados e ativistas entrando em contato, ninguém parecia se importar que eu estava assustada, que minha família estava sendo ameaçada, ou que eu não podia esperar o mesmo tipo de apoio da polícia que, para elas, era óbvio. Eu tinha o apoio da minha comunidade. Das pessoas que colocavam a minha segurança e sanidade acima da ideia de eu ser ou não a pessoa certa para falar no Congresso. A crença de que o direito de ter um aborto é visto como algo intrinsecamente feminista é verdadeira. Mas o que fica escondido é que o acesso consistente à sistemas de saúde de qualidade é algo que todo mundo precisa em todos os estágios da vida.

E, para muitas, quando as coisas dão errado, o primeiro passo não é processar alguém, e, sim, sobreviver.

Recentemente, o fato de que os Estados Unidos têm uma média acima do normal em relação a mortalidade materna tem trazido mais atenção à forma em que o racismo impacta o sistema de saúde. Nós sabemos que mães negras nos Estados Unidos morrem de três a quatro vezes mais do que mães brancas, uma das mais absurdas disparidades em saúde da mulher, e que a riqueza pessoal não protege mães negras desse maior risco. Um ótimo exemplo disso é a história de Serena Williams. Ela teve que exigir a assistência médica necessária para prevenir uma embolia pulmonar ou algo pior. Ela é rica e está na mídia — assim como seu marido. Ela é bem versada em suas próprias necessidades de assistência médica e, mesmo assim, teve que discutir com a equipe para obter o tratamento necessário.

No entanto, enquanto o aborto é uma questão feminista, o acesso à saúde não é necessariamente visto dessa forma. A justiça reprodutiva precisa ser reformada para incluir todo o espectro de escolhas que cerca os diferentes estágios da vida das mulheres, seja reprodutivo ou em outros âmbitos. Os Estados Unidos estão constantemente tendo que lidar com uma crise no sistema de saúde, e apenas algumas pessoas parecem entender que esses problemas estão relacionados e que refletem em uma falha do sistema.

Por volta de 45.000 pessoas morriam todos os anos por falta de convênio médico antes do *Affordable Care Act*. E esse número engloba apenas as mortes por falta de convênio. Acrescentando as pessoas que morrem em resultado de já terem atingido o valor máximo que podem utilizar em um convênio e as que têm seus tratamentos negados esse número aumenta. Agora, quando falamos sobre a diferença entre os índices de mortalidade materna por raça, é imprescindível que haja uma mudança na forma que abordamos o acesso à assistência médica. Temos que ver isso como um direito, não como uma comodidade ou uma opção. E os médicos têm que se perguntar quais preconceitos eles estão trazendo na hora de abordar os diferentes pacientes.

As crenças racistas persistentes na medicina e em outros ramos são as raízes do nosso problema de disparidade de tratamento e resultado entre pacientes, o que representa não só um desafio para os médicos do século XXI, mas para aqueles que lutam pelo acesso a um sistema de saúde de qualidade para as pessoas marginalizadas. Os problemas são amplificados por preconceitos inconscientes que estão enraizados no sistema médico, afetando a qualidade do tratamento de formas sutis e gritantes, variando de experiências como a minha para situações em que a maternidade é uma sentença de morte porque ninguém consegue ter compostura a tempo.

Esse é um problema que afeta comunidades de mulheres negras, latinas e indígenas, todas lidando com complicações similares devido a intolerância. Junto com as "Apendicectomia do Mississipi" (o que nada mais é do que outro nome para as histerectomias desnecessárias realizadas em hospitais-escola no sul do país em mulheres negras), também houve as esterilizações forçadas de indígenas-americanas que permearam até as décadas de 70 e 80, com jovens mulheres recebendo laqueaduras quando aparentemente deveriam ser apendicectomias. No fim das contas, um número estimado de 25–50% das mulheres indígenas foram esterilizadas entre os anos de

1970 e 1976. Programas de esterilização forçada também fazem parte da história de Porto Rico, onde os índices de esterilizações estão entre os mais altos do mundo. Mais recentemente, as prisões na Califórnia foram acusadas de terem autorizado esterilizações forçadas em aproximadamente 150 mulheres presas entre 2006 e 2010.

Em países onde a eugenia por esterilizações forçadas não é apenas uma história para se envergonhar, mas um problema atual, precisamos investigar a falta de acesso à saúde de qualidade disponível para a população mais impactada pela eugenia. Munidos por ideais preconceituosos, esses programas colaboram com as políticas de imigração e segregação, e, agora, parecem estar impactando a assistência médica de maternidade.

Em ambientes em que a sociedade não valoriza as famílias não-brancas, não é de se admirar que o direito de ter filhos ainda seja contestado. A justiça reprodutiva enfoca, com razão, na preservação do direito de escolha, mas na maioria das vezes as defensoras focam no acesso à contracepção, às custas das comunidades que ainda enfrentam outros obstáculos. A verdadeira justiça reprodutiva envolve não apenas o acesso a métodos acessíveis de controle de natalidade, aborto e cuidados de saúde, como também envolve fornecer acesso a esses mesmos métodos para aquelas que estão presas, que estão em centros de detenção de imigração, que são vistas como indignas de controlar suas próprias vidas por uma variedade de razões. E isso é antes de entrarmos no assunto de como as pessoas trans, não binárias e intersexo são afetadas por uma estrutura que prioriza amplamente as necessidades das mulheres cis brancas de classe média.

Assistência médica reprodutiva é sobre ter autonomia sobre seu próprio corpo, algo que é frequentemente negado às pessoas trans devido à transfobia. Além de terem um gênero designado ao nascimento que pode não estar de acordo com a sua identidade, elas lidam com obstáculos simplesmente por buscar assistência médica. As pessoas trans lidam com a ignorância ou com o preconceito escancarado por parte de profissionais de saúde, que acabam se tornando mais uma barreira na busca por atendimento médico de qualidade. Tudo, desde acesso básico à saúde até tratamentos hormonais seguros pode ser difícil, ou praticamente impossível, dependendo de onde você é e do quanto você tem no bolso. Infelizmente, quando alguns profissionais da saúde descobrem que seus pacientes são trans, as suas atitudes discriminatórias atingem o ponto de se recusarem a prescrever remédios ou de simplesmente não atendê-los. Outros já disseram não entender as necessidades das comunidades trans, e, ao mesmo tempo, se negaram a ir buscar a informação que lhes faltava. Tais comportamentos fazem com que essas pessoas tenham que passar por situações desconfortáveis de ter que não só pagar do próprio bolso tratamentos, mas servirem de "experiência" para esses profissionais.

Uma querida amiga que fez sua transição fora dos Estados Unidos teve câncer de mama há alguns anos. Seu atendimento deveria ter sido bastante simples, ela tem uma boa vida, tem um convenio médico excelente e vive em um estado que há muito tempo tem proteções para pessoas LGBTQIA+ codificadas na lei. Mas seu excelente convênio a encaminhou para um especialista que, embora não fosse totalmente discriminatório, tinha pouquíssimas informações sobre o processo de transição. Portanto, durante parte de quase todas as consultas com seu oncologista, minha amiga teve que responder a perguntas invasivas que não tinham nada a ver com seus cuidados médicos. Ela queria ser curada, precisava da ajuda deste médico e se sentiu pressionada a manter um relacionamento cordial enquanto seu médico lidava com seus próprios sentimentos sobre a questão de gênero durante o seu tratamento. Era incrivelmente antiprofissional e sempre que ela tentava redirecionar a conversa, ele afirmava que só queria ser um médico melhor. Sua curiosidade lasciva sobre como a esposa dela lidou com a transição importava mais para ele do que a ética profissional. Apesar disso, ela conseguiu o tratamento de que precisava e teve que contar isso como uma vitória.

Com a recente proposta do governo Trump de reverter as proteções que impediam os médicos de discriminar legalmente com base na identidade de gênero, o governo estadunidense está pronto para, não apenas permitir que os médicos se recusem a tratar pacientes trans, mas para estimular ativamente essa discriminação. Isso pode significar que alguém que não esteja em conformidade com o sexo biológico poderia ir ao médico por causa de uma tosse persistente e, ao invés de receber uma avaliação em sua função pulmonar, poderia ter seu tratamento negado sem ter direito a um recurso legal. Não importa se a tosse é bronquite, tuberculose, ou câncer de pulmão, porque, a menos que elas possam encontrar uma série de bons médicos, a saúde delas estará comprometida.

Enquanto ser consciente sobre a sua própria saúde pode levar a melhores tratamentos, algumas coisas vão além do apoio, e passam a ser exploração de uma comunidade marginalizada como fonte de informação gratuita. Devido à intolerância, os profissionais de saúde que se recusam a atender pacientes trans contribuem para essa cultura, onde pessoas que já tem uma maior dificuldade em ter acesso a tratamentos podem também ter que renunciar aos melhores profissionais por conta de comportamentos antiprofissionais. Isso significa que pacientes trans podem ser forçados a, repetidamente, ter que participar de situações que podem desencadear disforia só por buscar cuidado.

Qualquer disforia de gênero pode ser fatal se não tratada: impressionantes 44% da comunidade trans já tentaram suicídio. Traumas em serviços de saúde reprodutiva podem levar pessoas trans a temerem o sistema de saúde como um todo. Entre discriminação e medo que levam as pessoas marginalizadas a ficarem do lado de fora de consultórios médicos, as pessoas trans estão entre as menos prováveis a receber cuidados preventivos e as mais prováveis de sofrerem complicações por falta de tratamento. Isso pode incluir situações de aborto ou gestações. Para pessoas não-binarias e trans, o acesso a saúde reprodutiva já é escasso devido a questões financeiras e barreiras sociais. Acrescentando o trauma, um lugar que deveria servir para encontrar ajuda acaba se tornando mais uma bomba emocional.

Também é extremamente necessário discutir o fato que uma razão comumente dada para a necessidade de manter o aborto acessível é a questão da deficiência fetal. Por um lado, ninguém deveria ser forçado a ter uma criança que não quer; por outro, mesmo que o feminismo (como movimento) esteja comprometido com a eliminação da discriminação, uma faceta central do direito de escolha não deveria se prender à lógica discriminatória. Argumentos que colocam a deficiência como razão para o aborto ser legalizado a colocam como condição incompatível com uma vida saudável e completa. Você pode argumentar pelo direito de escolher sem precisar argumentar contra o direito das pessoas com deficiência de existirem.

Deficiências não deveriam ser uma sentença de morte. Isso significa que o direito a escolha deve ser revogado? Não. Eu firmemente acredito que o aborto deve ser uma decisão da pessoa grávida. Mas muitas das preocupações em volta dos índices de aborto têm sido centradas na ideia de que o aborto sob demanda nada mais é do que eugenia em ação. Os defensores da justiça reprodutiva não deveriam repetir a retórica eugenista, principalmente quando se trata do direito de algumas pessoas de existirem.

A justiça reprodutiva é fundamentalmente sobre atuação e autonomia. Direito ao aborto nunca deveria ser uma luta sobre o valor das vidas de pessoas com deficiência, porque essas pessoas definitivamente merecem existir. Fetos, que são vidas em potencial sem nenhuma capacidade de sobreviver por conta própria, não são a mesma coisa que humanos vivendo por conta própria fora do útero, e deveriam ser categorizados exatamente assim em conversas.

Os índices mais altos de aborto em comunidades de baixa renda são algumas vezes relacionados com eugenia por grupos anti-escolha. Por causa do racismo ambiental, acesso limitado ao pré-natal e à nutrição, e moradia abaixo da média para muitos dessas comunidades marginalizadas, os fatores de risco por ter um filho com deficiência são maiores que a média. Acrescentando o fato que recursos são limitados, não só para crianças com deficiências, mas para adultos com deficiências também, esse índice mais alto de aborto faz sentido.

A falta de recursos é no que nós deveríamos estar focando quando falamos sobre justiça reprodutiva. O movimento da justiça reprodutiva dominante não fala o suficiente sobre deficiências nem para saber como abordar essas preocupações. Ao invés disso, o movimento pró-vida se posicionou com sucesso como um movimento focado no direito de um bebê com deficiência nascer. Como esse movimento tomou controle dessa discussão, os ativistas "pro-choice" têm, em grande parte, se absolvido da responsabilidade de defender as opções reprodutivas para *adultos* com deficiência, e o que significa querer ter a triagem de deficiências como um padrão de saúde. Em uma estrutura de direitos reprodutivos que coloca no centro a autonomia e a autodeterminação, deve haver uma clara relação com o ativismo de direitos para pessoas com deficiência.

Ao invés disso, uma aliança entre misóginos, racistas, e terroristas violentos que fingem ser pessoas preocupadas com o direito à vida tem feito mais esforços visíveis em incluir pessoas com deficiência. E eles são apoiados por pessoas que afirmam acreditar fielmente no direito à vida, e que podem até estar falando a verdade, mas não têm nenhuma consideração com a real consequência de apoiar a retórica anti-escolha para as pessoas que não são elas mesmas. Qualquer um pode ser um hipócrita, incluindo aqueles que alegam salvar crianças via adoção. Isso significa que todo mundo que adota uma criança com deficiência faz isso sem ter as melhores das intenções? Claro que não.

Mas há alguns problemas muito reais com a forma que os grupos anti-escolha usam crianças como apetrechos em suas campanhas. Eles reforçam os seus argumentos ao adotar crianças com deficiência, contam histórias requintadas sobre esse amor miraculoso que eles encontraram ao "salvar" essas crianças, e aí votam para candidatos que planejam remover serviços comunitários para pessoas com deficiência. Essas pessoas estão mais preocupadas com suas mensagens públicas do que qualquer mudança real, e minam os sistemas de saúde que poderiam garantir melhores chances de independência e satisfação para pessoas com deficiência. Enquanto as narrativas de deficiência fetal forem centradas nas retóricas pró-vida, e as feministas pró-vida apontarem o aborto de fetos com deficiência como uma forma de eugenia, elas irão falhar em cuidados de acompanhamento e preocupação real.

Os verdadeiros defensores da justiça reprodutiva fizeram um trabalho melhor ao incluir uma estrutura de direitos das pessoas com deficiência no movimento como um todo, mas eles também hesitaram em ser verdadeiramente inclusivos com as pessoas com deficiência e suas preocupações. É difícil manter uma conversa entre essas comunidades quando falta acessibilidade na escolha de locais para reuniões, quando elas carecem de acessibilidade para pessoas com deficiência auditiva ou surdos, ou quando surgem outros obstáculos, porque os ativistas estão muito mais acostumados a falar por comunidades ao invés de ouvi-las.

É desconfortável, e às vezes irritante, considerar um diálogo com o movimento pró-vida, mas sem esse diálogo eles vão continuar se apropriando por completo do movimento pelos direitos das pessoas com deficiência e irão, no final das contas, acabar falhando com todos. Ninguém na justiça reprodutiva deveria querer se identificar como eugenista, mas não apenas porque é um rótulo falso que o movimento pró-vida usa para pessoas que defendem o direito ao aborto. Eles deveriam querer evitar a retórica eugenista porque, em última análise, ela só servirá para minar o trabalho da justiça reprodutiva.

Quando o movimento pró-vida traz à tona mulheres que abortam fetos com diagnóstico de síndrome de Down, os defensores da justiça reprodutiva precisam de uma resposta melhor do que ignorar a questão. A conversa precisa ser centrada nos recursos, no apoio e no combate às narrativas capacitistas. Quando elas enquadram essas estatísticas como prova de eugenia, como prova de que o movimento pelo direito ao aborto não se preocupa com pessoas com deficiência, as feministas da justiça reprodutiva devem estar prontas para enquadrar a deficiência não apenas em crianças e fetos, mas em adultos com deficiências também. A conversa sobre o direito de escolha deve incluir, explicitamente, esse direito das pessoas com deficiência. Têm que falar sobre a infraestrutura e o acesso de que podem precisar. Têm que falar sobre os direitos das pessoas com deficiência de controlar sua própria fertilidade e sexualidade.

Quando as feministas convencionais não falam sobre a infraestrutura que contribui para as pessoas abortarem fetos com deficiência, isso deixa um espaço pronto para aqueles que infringem o direito de escolha. Como outras pessoas que fazem aborto, aqueles que optam por abortar fetos com anomalias congênitas provavelmente o fazem porque já têm filhos para sustentar, vivem na pobreza e/ou experimentam outra opressão estrutural que os impede de serem capazes se comprometer a cuidar de uma criança com deficiência. É importante para os direitos reprodutivos e para a justiça reprodutiva reconhecer que a escolha de seguir com uma gestação ou abortar é fortemente influenciada por classe, raça e outros obstáculos criados pela marginalização. Os pais com deficiência são estigmatizados como incapazes de cuidar adequadamente de seus filhos, não importa quantos deles criem famílias com sucesso. Algumas pessoas com deficiência correm o risco de serem esterilizadas por causa desse estigma. Outros foram esterilizados sem consentimento com base na ideia de que teriam filhos com deficiência e, assim, criariam um ciclo intergeracional de dependência dos recursos mínimos disponíveis.

Em geral, ter filhos é caro; e a falta de segurança social substancial nos Estados Unidos torna a vida ainda mais difícil para pais de baixa renda que já lutam para pagar o básico de moradia, creche e assistência médica. Crianças com deficiência podem exigir cuidados de saúde especializados caros, apoio educacional, uma dieta especializada e terapia, e a justiça reprodutiva tem que lidar com o que acontece depois que uma criança nasce. Em geral, os pais não podem se dar ao luxo de não trabalhar fora de casa, o que significa que eles devem pagar por creches ou tentar arranjar alguma forma de cuidado em casa com horários de trabalho opostos. Há uma escolha devastadora em cima da mesa: a falta de tempo para a família e o apoio do cuidador ou uma perda substancial de renda. Como as instituições não foram projetadas para ajudar os pais a criar filhos com necessidades especiais, fica muito mais fácil argumentar que crianças com deficiência são um fardo a ser evitado ao invés abordar a escassez de recursos.

A compaixão não alcança pais de crianças com deficiência e pais com deficiências, principalmente quando os pais não são brancos, ou são LGBTQIA+, ou habitam qualquer espaço que não está nos conformes do que é a família tradicional branca de classe média. Quando questões como deficiência, raça, imigração, identidade de gênero, orientação sexual e nível socioeconômico entram no debate, o foco deixa de ser no que devemos fazer para apoiar essas famílias e passa a ser sobre o direito ou não dessas pessoas de constituir uma família. Porque, assim como raça, a deficiência tem sido uma desculpa usada há tempos por instituições médicas para justificar a esterilização forçada, e todo e qualquer conceito de justiça reprodutiva deve incluir esse fato da história.

Uma verdadeira estrutura de justiça reprodutiva deve desafiar os direitos dos cuidadores de pessoas com deficiência de pedir, sem o consentimento daqueles que cuidam, uma esterilização. De acordo com a Human Rights Watch, pessoas com deficiência que são esterilizadas e são incapazes de compreender ou consentir com o procedimento estão particularmente vulneráveis ao abuso.

Nós precisamos ser cuidadosos para evitar contribuir para essa narrativa prejudicial sobre pessoas com deficiência. O feminismo não pode repetir a ideia de que pessoas com deficiência "sugam" os recursos e, consequentemente, suas vidas valem menos. Ao invés de dar voz aos mitos eugenistas que colocam essas pessoas como um peso nas comunidades e não merecedoras de financiamento público, nós precisamos abordar o fato de que é incrivelmente caro criar filhos com deficiências em uma sociedade que não proporciona direitos básicos a ninguém. Nós precisamos ir contra a ideia de que a deficiência dita a saúde do indivíduo, o seu direito de ouvir e de ter uma escolha. A eugenia torna o argumento de que membros de diversas comunidades não são capazes ou merecedores de tomar as suas próprias decisões reprodutivas e, então, não dignas de constituir uma família. Essa retórica é carregada desde a cultura pop até a ciência médica.

* * *

Apesar do foco primário das pesquisas em mortalidade materna ser em mães negras nos Estados Unidos, devido ao fato dos índices de mortalidade materna serem mais altos para nós — mulheres negras são 243% mais prováveis de morrer de causas relacionadas a gestação —, os mesmos fatores estão na cabeça de muitas comunidades. Os desfechos nessas outras comunidades, no entanto, são um pouco melhores, porque seus membros não têm que lidar tanto com a ideia de que não são merecedores de respeito ou cuidado. Já nas comunidades negras nos Estados Unidos, mesmo quando fatores como saúde física, acesso a cuidado pré-natal, nível socioeconômico, educação e classe são controlados, as mulheres negras ainda são mais propensas a experienciar maiores índices de mortalidade materna, índices que lembram a época quando a maternidade negra era visto como um problema a ser resolvido pela esterilização.

    Os fatores de risco sociais e ambientais que influenciam os resultados de uma saúde materna de má qualidade impactam desproporcionalmente as comunidades marginalizadas. Os fatores de risco resultantes da pobreza, desde instabilidade habitacional, níveis altos de exposição a toxinas devido a habitações inapropriadas até maior risco de violência, contribuem para níveis mais altos de estresse e para um menor acesso a atendimento médico de qualidade. Fatores adicionais como locais de trabalho e insegurança alimentar podem facilmente encurralar uma pessoa não só em um ambiente tóxico, mas em uma gravidez tóxica também.

    Seguindo essa linha, nós precisamos estar dispostos a confrontar todos os -*ismos* que fazem com que pessoas acreditem que a maternidade é algo que só pode ser recebido com celebração quando a mãe é branca. Se você ler os comentários em artigos sobre mães negras como Serena Williams, Beyoncé ou Meghan Markle, você irá perceber que há um tema presente em todos eles: o racismo. Por algum motivo, uma mãe negra é vista como vulgar ao abraçar a sua barriga, mas as mesmas pessoas veem isso como adorável quando a mãe é branca. É uma forma passível de racismo, raramente estudada, muito menos discutida. E, sim, comentários de artigos são praticamente uma latrina, mas equipes médicas também fazem comentários em fóruns. Então, quando você vê pessoas no Twitter, no Instagram ou Facebook dizendo que bebês de mães negras são cupons de alimentação ou macacos, ou quando transformam o ódio em um hobby tão costumeiro que ficam conhecidos por isso na imprensa, você precisa se perguntar se eles são o tipo de profissionais que tratam bebês como bonecos e os chamam de Satã em vídeos do Snapchat.

Quando pessoas como Serena Williams ou Beyoncé compartilham fotos e vídeos de complicações durante a gestação, por um breve momento isso traz à tona a discussão do problema de mortes maternas em mulheres negras em círculos feministas dominantes. Mas não deveríamos precisar de uma história emocionante de uma das mulheres negras mais famosas do mundo para que todos entendessem que os Estados Unidos não podem mais ignorar a saúde das mães negras. Abordar o assunto completamente requer questionar não só as falhas óbvias no sistema de saúde, mas todas as outras instituições que podem afetar os aspectos da acessibilidade a um sistema de saúde de qualidade para pessoas marginalizadas. Por muito tempo, os mesmos sistemas e instituições que supervisionaram a escravidão, internatos indígenas e programas de eugenia foram autorizados a operar sem lidar com os preconceitos enraizados em sua formação. Para abordar por completo a mortalidade materna é necessário reconhecer que os preconceitos velados, dentro e fora do sistema de saúde, têm sido um fator essencial para a escassez de cuidados para aquelas comunidades onde a maternidade é percebida como um pecado ao invés de algo sagrado.

O padrão da mídia são as mães brancas, vestidas, dos pés à cabeça, com o que as feministas brancas reconhecem como moda materna e falando das maneiras em que a maternidade mudou a vida delas. Frequentemente, escondidas nessas narrativas estão as babás que elas contrataram para ajudar a criar seus filhos. Olhando de perto, você pode ver as marcas das pessoas que precisam das comunidades não-brancas para mão de obra, mas que não entendem o significado disso de forma relevante. De uma forma, essa reação é apoiada pelo mundo a nossa volta: nós vemos mães brancas na TV, em *outdoors*, em pôsteres e muito mais. Não importa se a história é de sêxtuplos ou de uma família de 19, os canais estão felizes em nos mostrar o dia a dia dentro desses lares. Para humanizar, validar e valorizar essas escolhas. Mesmo assim, apesar de um histórico de crianças brancas tendo cuidadores negros, asiáticos, indígenas e latinos, a mídia popular te faz acreditar que esses grupos são todos desqualificados para cuidar e criar de seus próprios filhos.

Na verdade, apesar do fato de que as agressões a corpos marginalizados e à sua liberdade reprodutiva tenham sido bem documentadas, as narrativas feministas convencionais, muitas vezes, falham em se envolver com as consequências dessa mensagem na cultura ou nas políticas que surgiram por resultado dessas construções.

E, embora as armadilhas mais evidentes de subjugação não estejam mais presentes aos olhos do público nos Estados Unidos, os remanescentes podem ser vistos nos próprios sistemas que foram criados para neutralizar o preconceito atualmente. Famílias marginalizadas foram separadas por causa da violência do Estado, seja por conta de encarceramento em massa ou pelo impacto de políticas punitivas para com os pobres. Mulheres encarceradas ainda são esterilizadas sem o seu consentimento; o acesso de imigrantes ao sistema de saúde é impactado por políticas públicas que os punem por buscar ajuda; aqueles em empregos de baixa remuneração têm dificuldade não só para ter acesso à saúde, mas para ter um tratamento de qualidade — quando assim conseguem.

Imagens estereotipadas e percepções de pessoas marginalizadas dentro da mídia não são apenas território dos formuladores de políticas conservadoras — até mesmo a forma como o acesso ao aborto é discutida, para comunidades de baixa renda, é enquadrada de uma maneira que invoca a promiscuidade sexual e irresponsabilidade como razões para que o acesso seja necessário. Só recentemente vimos cair no convencional a ideia de que pessoas pobres merecem escolher o tamanho de sua família. Muito frequentemente, a necessidade de limitar o tamanho da família é apresentada como uma solução para problemas de escassez de recursos, o que acaba desvalorizando essas famílias e fazendo com que a sociedade as considere menos dignas de existir. O efeito cascata dessas atitudes pode ser visto na maneira com que as organizações feministas dominantes frequentemente negligenciam programas e políticas que mostram mínima consideração com a saúde das comunidades marginalizadas. A desvalorização de famílias não-brancas é manifestada através do racismo estrutural não desafiado de um sistema onde políticas públicas, práticas institucionais e representações midiáticas não só trabalham de mãos dadas para criar essa diferença entre a mortalidade materna negra e branca, mas trabalham para contribuir com o apagamento dos índices de mortalidade materna em outras comunidades marginalizadas.

Organizações lideradas por essas comunidades estão trabalhando para resolver esse problema, mas desafiar a supremacia branca nesses espaços não pode ser um trabalho somente dos mais impactados. Ao confrontar o papel que o racismo tem em espaços de saúde reprodutiva, o feminismo pode ajudar a reduzir a mortalidade materna e, em troca, mudar o futuro de muitas comunidades.

Programas feministas que trabalham com o intuito de ampliar o acesso a sistemas de saúde de qualidade e de mencionar os preconceitos raciais entre profissionais da saúde podem falar sobre os aspectos importantes de uma abordagem compreensiva para a redução da mortalidade materna. Reforçar os esforços para bloquear as propostas que planejam eliminar a licença maternidade da lista de benefícios essenciais é um grande passo. Mas proteger *Medicaid*, e desafiar as tentativas de impor requisitos de trabalho como condição para convenio médico, também é.

Justiça reprodutiva significa não apenas lutar para defender o *Planned Parenthood*[138] ou o programa de planejamento familiar Título X. Também significa proteger pro-

---

[138] Organização sem fins lucrativos que promove acesso à testagem e tratamento de IST, tratamentos anticoncepcionais e de infertilidade, exames ginecológicos, exames preventivos de câncer, abortos, terapia hormonais e outros serviços voltados a saúde no geral.

gramas de nutrição, como o programa Mulheres, Bebês e Crianças (WIC) e o Programa de Assistência à Nutrição Suplementar (SNAP). Enquanto os políticos se apressam em mostrar seu desprezo pelas pessoas de baixa renda que lutam para alimentar suas famílias, o feminismo precisa intensificar e apoiar o trabalho de ativistas de todas as comunidades. Para aqueles que já lidam com tantos obstáculos em suas comunidades, é mais difícil encontrar energia para lutar também por assistência médica de melhor qualidade sem o apoio de quem tem mais recursos.

A PARENTALIDADE ENQUANTO MARGINALIZADO

Quando eu tinha oito anos, meu tio ficou bêbado, apareceu na casa dos meus avós e balançou com uma arma por algumas horas enquanto fazia ameaças. Era alguma disputa por dinheiro que ninguém consegue lembrar agora, mas o que eu me lembro é que ele não teve medo de fazer isso porque sabia que meu avô não estava em casa. Sua esposa (a tia com quem ele estava tendo problemas de dinheiro) não morava lá, mas ele sabia que ela tinha armas em sua casa. E uma vez que ela já havia respondido às suas primeiras explosões de violência esfaqueando-o ou atirando nele, ele sabia que era melhor não a testar.

Ele achou que uma casa cheia de mulheres era um alvo fácil, contanto que meu avô não estivesse em casa. Ele estava errado. Minha tia, que morava lá, estava mais do que disposta a se defender com sua coragem e uma garrafa pronta para voar na cabeça dele. O que mais me lembro daquela noite não é a arma ou o discurso bêbado. Foi que, depois que ele saiu, ela se sentou para fazer a sua lição de casa e eu me sentei com ela para fazer a minha. Eu não era filha dela, mas ela estava ajudando meus avós a me criar, e tínhamos lição para fazer. Ela garantiu que eu tivesse uma ideia clara do que eu deveria fazer para que eu pudesse ter um futuro sem o tipo de instabilidade que havia marcado a minha vida até então.

Eu entrei para o exército depois do ensino médio sem pensar muito além das oportunidades que eram prometidas. Ter conhecido meu primeiro marido e ter tido meu primeiro filho foram passos na estrada da minha vida que tinham muito pouco a ver com quaisquer ideias sobre tradição. Eu me casei para que pudéssemos ficar no mesmo lugar, engravidei porque decidimos que queríamos filhos. Quando pensei em ter um filho, pensei na vida que queria para minha família. Nunca quis que meus filhos se preocupassem com homens bêbados, muito menos com homens bêbados armados.

Por causa de noites como aquela, eu nunca realmente participei das *Mommy Wars*.[139] A vida me ensinou desde cedo, e com frequência, que comer era muito mais importante do que ficar discutindo se a comida vinha dos lugares certos. Uma casa segura e estável era o que importava, não se aquela casa estava no endereço correto. Antes mesmo que os olhinhos do meu filho mais velho pudessem sequer focar, me peguei lidando com as suposições de outras pessoas sobre se eu era qualificada para tomar decisões por ele porque eu era pobre e negra.

Eu não era uma mãe solteira, mas os médicos agiam como se eu fosse, a menos que meu então marido estivesse fisicamente na sala. Às vezes, embora fôssemos muito claros que era eu quem ficava em casa com nosso

---

[139] Mommy Wars é o termo dado às discussões entre mães, nas quais elas justificam e defendem a sua ideologia e as disciplinas utilizadas para a criação de seus filhos.

bebê, as médicas começavam a falar como se meu marido fosse o único qualificado a tomar decisões só porque ele era branco. A parte hilária e deprimente de tudo isso? É que muitas vezes esses comportamentos vinham de mulheres brancas que eram ostensivamente feministas. De alguma forma, eles se convenceram de que meu status socioeconômico significava que o que eu mais precisava era das opiniões delas sobre a maternidade, como se suas suposições racistas "benevolentes" tivessem algum valor em minha vida.

Uma conversa sobre algo tão mundano como a maneira como eu posicionei meu filho para arrotar (ele preferia se deitar sobre um joelho) se transformou em uma palestra condescendente sobre a "maneira certa" de arrotar vinda de uma profissional branca. Uma das enfermeiras latinas interrompeu para dizer que o jeito que eu estava fazendo era bom, mas a mulher branca estava estranhamente insistente que o meu jeito estava errado. Ter aparência jovem e ser negra se somavam em sua cabeça e equalizava que eu precisava de alguém para me ensinar a arrotar uma criança que carreguei e que estaria criando até a idade adulta. Mais tarde, quando meu filho estava na pré-escola, sua alergia ao leite foi questionada pela diretora da pré-escola. Não porque faltasse um atestado médico, mas porque ela achava que perguntar a um amigo dela que era nutricionista era o mesmo que eu o levar ao pediatra. Ela decidiu mudar sua dieta com base em suas suposições, não nas necessidades dele, e ficou profundamente ofendida quando não aceitei sua ajuda. E, no final das contas, as mudanças na dieta que ela tentou fazer quase o levaram ao pronto-socorro.

Passar pela amamentação versus fórmula e o levar para vacinar foram as partes mais fáceis de aprender com relação a ser uma boa mãe. A parte difícil foi ter que admitir para mim mesma que, no que diz respeito às outras pessoas, as próprias suposições racistas delas superaram todos os meus esforços para manter minha família no caminho certo, mesmo quando os obstáculos variavam do mundano ao importante. Tive que lidar com deixar um casamento ruim sem nenhum dinheiro, ir para a faculdade com um filho e criar um caminho para seguirmos em frente.

Na versão *Mommy Wars* da maternidade, minha incapacidade de fornecer uma dieta orgânica significava que eu não me importava o suficiente. Na realidade, o pacote ocasional de Oreo significava que ele poderia tomar leite de amêndoa e comer vegetais frescos enquanto eu vivia com uma dieta a base de cafeína e *fast-food* barato. Sair do meu apartamento e entrar em uma habitação pública pode ter parecido um fracasso visto de fora. Mas, por dentro, significava que eu também podia fazer refeições regulares. Anos tendo que tomar decisões difíceis sem ter nenhuma opção boa me ensinou algumas lições sobre quais questões parentais realmente importam.

À medida que meus filhos foram amadurecendo, minhas preocupações têm sido menores com o que estranhos consideram como prioridade. Como a maioria dos pais negros, tenho que ensinar meus filhos sobre raça e como isso afetará a maneira como as pessoas os percebem. Não perdemos muito tempo nos estressando se a escola tem os materiais certos para o parquinho. Em vez disso, estamos preocupados se a escola sobreviverá à última rodada de fechamentos e permanecerá aberta. Se os professores estão sendo pagos e, claro, se há policiais na escola. Não é uma questão de ser pai coruja ou aquele que entrega tudo mastigado para o filho; é uma questão de pais que precisam que seu filho sobreviva.

Para os pais em comunidades marginalizadas, as principais preocupações são manter as crianças fora das gangues, do fogo cruzado e da prisão. Para algumas comunidades, é evitar a sua deportação ou a dos seus filhos. Não há espaço para pensarmos em ser capazes de dirigir todos os aspectos da vida dos nossos filhos ou de limpar o caminho para que as coisas sejam fáceis para eles. Você está os preparando para uma vida em que precisarão ser engenhosos, resilientes e, ainda, capazes de sonhar.

Sabemos que o sexismo é um problema, sabemos que a misoginia é um problema, mas nem sempre queremos abordar o papel que o racismo desempenha nas maneiras que essas questões podem se manifestar entre diferentes grupos de mulheres. Em um país com uma enorme diferença salarial que está diretamente ligada à raça, qual o significado de enquadrar o conceito de bons pais a escolhas que só são acessíveis para aqueles com renda excedente? Qual o significado de supor que por ser pobre e não-branco significa que você é menos capaz de ser um bom pai? Especialmente quando você leva em consideração o poder que as mulheres brancas podem ter sobre as mulheres não-brancas e seus filhos.

Insistir que é algo inofensivo ceder a estereótipos racistas, ou fingir uma total falta de conhecimento sobre o porquê dos pais não-brancos se preocuparem com obstáculos específicos de suas comunidades requer um nível de miopia que é intrinsecamente perigoso para todas as crianças. Não criamos leis de trabalho infantil simplesmente porque pensamos que era uma boa ideia; fizemos isso porque as crianças precisam ser protegidas de maneiras que os adultos não precisam. Para pais marginalizados, cada decisão acarreta o risco adicional de seus filhos serem afetados pelo preconceito de outra pessoa.

O medo de perder seu filho por causa de problemas como atrasos escolares, porque você escolheu usar o endereço de um amigo para o colocar em uma escola melhor, ou porque você tinha que trabalhar e não tinha creche, está sempre presente. No entanto, você não pode deixar esse medo ditar suas decisões. Não se você quiser manter seu filho alimentado, vestido e abrigado. Ser um pai marginalizado é estar em uma corda bamba emocional e social sobre um piso duro para amortecer a queda.

Não pretendo saber como seria criar uma criança em uma reserva ambiental ou ser um trabalhador migrante que precisa se preocupar com a deportação e o acesso à educação. Eu sei que preciso ouvir as mulheres nessas posições, seguir seu exemplo sobre o que mais ajudaria e o que seria prejudicial. Elas são especialistas em suas próprias necessidades, e posso reconhecer que essas necessidades, sendo diferentes, não as tornam menos importantes.

Mais e mais pessoas estão falando sobre a brutalidade policial. Infelizmente, é um problema muitas vezes enquadrado apenas como uma questão racial, que impacta desproporcionalmente os homens negros, apagando seu impacto nas jovens mulheres negras. Ou naquelas que são trans ou não-binárias. Ou em outras comunidades não-brancas que não sejam negras. Diferentes fatores de risco não são a mesma coisa que nenhum fator de risco. Nós não falamos sobre o aumento de policiais em alguns lugares ou a violência policial como uma questão feminista, e mesmo assim, para mulheres não-brancas, o policiamento pode ser uma das principais fontes de opressão estrutural. Na verdade, a segunda reclamação mais comum contra os policiais é a má conduta sexual. Isso não começa na idade adulta. Adolescentes correm risco, geralmente nos mesmos lugares que deveriam ser seguros, porque a suposição padrão é que adicionar mais policiais resolverá o problema.

Ficamos sabendo de menos nomes de mulheres negras, cis e trans, que foram vítimas de brutalidade policial do que qualquer outro grupo. Há pouca discussão sobre o risco de agressão sexual, prisão e até morte. O fato de que menos mulheres negras cis morrem de brutalidade policial apoia a ideia errônea de que ser uma mulher negra é estar mais segura da opressão do que um homem negro. Da mesma forma, apagar as maneiras pelas quais a má conduta policial pode ser sexual, enquadrando-a como sendo apenas sobre violência física, contribui para os riscos enfrentados pelas mulheres em comunidades marginalizadas. Também ignora que, para os jovens, o risco de serem explorados por figuras de autoridade é maior. Não são apenas as crianças negras em risco; ignorar a brutalidade e a má conduta policial coloca em risco todas as crianças, exceto as mais privilegiadas e isoladas.

A graça que você mostra para crianças brancas? Experimente mostrá-la a todas as crianças. Nossas meninas não cresceram aos cinco anos e nossos meninos não são armas no nascimento. Posso contar histórias de como fui assediada por policiais, de como tive que lidar com adultos predadores durante a puberdade, e todas são difíceis de contar e mais difíceis de ouvir. Mas se essas histórias apenas *me* tornam humana para você, e não para o resto da minha e de outras comunidades, então, para que serve o seu feminismo? De que adianta desaprovar e balançar a cabeça e não desafiar os paradigmas racistas em vigor?

Então por que não estamos falando sobre maternidade enquanto marginalizadas como uma questão feminista? Por que não estamos olhando para a parentalidade menos como uma competição, e mais como um aspecto da nossa sociedade que precisa de intervenção séria, diretamente com as mulheres brancas e com o preconceito racial? A realidade inadequada é que os jovens negros estão mais em risco de preconceitos conscientes e inconscientes tendo impacto nas decisões que envolvem disciplina escolar e policial. Os profissionais da educação são predominantemente brancos e do sexo feminino; como você discute o policiamento excessivo e a discriminação como uma questão feminista quando as mulheres que se encaixam na ideia dominante do feminismo são as que tem a maior probabilidade de serem cúmplices de uma forma particular de opressão?

A resposta, claro, é enfrentar o problema — para o feminismo, examinar os preconceitos que contribuem para os administradores das escolas verem o vandalismo de uma garota branca como uma pegadinha resolvida com restituição, e o vandalismo de uma garota negra como um crime que requer intervenção judicial. Sim, é importante que as mulheres trabalhem juntas contra a opressão de gênero. Mas quais mulheres? Quais formas de opressão de gênero? Afinal, as mulheres cis podem e oprimem as mulheres trans, as mulheres brancas têm o poder institucional e social para oprimir as mulheres negras, as mulheres saudáveis podem oprimir as mulheres com deficiência e assim por diante. A opressão das mulheres não é apenas uma força externa; isso acontece também entre grupos de mulheres. Enquanto os oprimidos podem e lutam contra a opressão, o que acontece quando as pessoas que deveriam ser seus aliados em uma luta são seus opressores em outra?

Se você é um jovem negro em idade escolar, e o racismo internalizado não examinado faz com que seu professor veja um comportamento seu como uma ameaça e, em um colega branco, como comportamento problemático e que precisa de aconselhamento, o que você pode fazer? O que acontece quando o seu empoderamento é uma ameaça ao *status quo*? Se você não se enquadra como uma das "crianças boas" por causa da cor da sua pele e da textura do seu cabelo, como você se torna parte da comunidade? Nenhuma dessas perguntas tem respostas fáceis, mas não cabe às crianças encontrar as respostas. Honestamente, essas respostas também não cabem à tentativa de mulheres negras adultas convencerem mulheres feministas brancas que mulheres negras têm humanidade, ou o que seus filhos têm o direito de existir e de ter acesso às mesmas oportunidades que qualquer outro.

As feministas brancas convencionais terão que enfrentar o racismo das mulheres brancas, e os danos que isso causa, sem passar a responsabilidade para os homens brancos. Quer seja a maneira como as mulheres brancas nas escolas podem exercer poder institucional contra os jovens negros, ou a mensagem enviada em Nova York quando os professores em Staten Island usam camisas para apoiar o policial que matou Eric Garner, essa é uma conversa que já passou da hora de acontecer. Os apelos à solidariedade ou à irmandade têm de começar com a ideia de que todas as mulheres são importantes, que todas as famílias são importantes, que as questões relativas ao cuidado das crianças não se resumem apenas a quem está cuidando delas dentro de casa, mas como as crianças são tratadas pela sociedade. Se a ideia de que uma garota negra pode ser inocente o suficiente para fazer a coisa errada e ainda merecer um futuro é um anátema para você, então, você não pertence a uma sala de aula, e também não pertence ao movimento feminista. Não até que você possa olhar para as garotinhas negras e imaginar as mesmas possibilidades que você imagina para as garotinhas brancas.

E isso não é uma responsabilidade que acaba com as meninas negras. Todas as meninas de todas as raças merecem ter acesso à oportunidade, merecem ter sua cultura e comunidade respeitadas. Para pais de outras comunidades, os problemas podem ser ligeiramente diferentes, mas o impacto subjacente geralmente é o mesmo. Quando um candidato à presidência sugere seriamente que os imigrantes mexicanos são estupradores, e uma comediante feminista branca faz piadas nesse mesmo sentido, qual é a diferença no impacto social? Sim, esse candidato pode prometer fazer um monte de leis e construir um muro, mas quem faz isso soar menos racista é a feminista branca, que normaliza esse tipo de retórica minando a seriedade do racismo inerente a ela.

O medo de um homem negro, menino ou adolescente, não-binário, não é uma ameaça real; é sobre o racismo internalizado e o movimento anti-negritude que permeia nossa cultura, e as pessoas que fazem pouco caso dessa ideologia perigosa normalizam a violência contra as comunidades marginalizadas.

Afinal, uma das coisas que as crianças negras têm em comum com as crianças indígenas e imigrantes é o risco maior do que o normal de serem levadas para um orfanato. Contornamos os limites das questões que a pobreza cria para os pais que não têm a proteção do privilégio. Sim, o Estado intervir para tratar de questões de abuso ou negligência é algo que eu absolutamente apoio.

Mas a narrativa mais comum é a do salvador branco, que alimenta a ideia de que um filho não-branco está intrinsecamente melhor com um pai rico, mesmo que esse pai não compartilhe sua origem étnica ou racial. Presumimos que a falta de estabilidade financeira é um indicador da capacidade dos pais, apesar de sabermos que as razões para a disparidade econômica têm muito pouco a ver com o que pode ser melhor para uma criança, emocional e socialmente.

A realidade esmagadora da pobreza pode forçar os pais a fazer escolhas que colocam as crianças em risco, como deixá-las sozinhas em casa ou com cuidadores inseguros. O estresse tóxico pode deixar os pais entorpecidos demais para atender às necessidades emocionais dos filhos. Isso é muito importante porque a maioria das crianças removidas de casa é levada por negligência, não por abuso. A pobreza pode parecer negligência, mesmo que os pais estejam fazendo o melhor que podem. Quando sua renda é substancialmente inferior ao necessário para criar seu filho e todas as soluções econômicas possíveis não estão disponíveis, são ineficazes ou ilegais, o que você faz?

O que você faz quando cuidar do seu filho custa mais do que você ganha por hora e os programas de subsídio são subfinanciados ou inexistentes, mas você tem que trabalhar por causa dos requisitos de ajuda pública para ter acesso a TANF, aos vales-refeição e assim por diante? Então, você junta o que pode quando pode, mas ainda assim não tem uma boa escolha a sua frente para fazer. Você apenas tem que tirar o melhor proveito da sua situação e esperar não entrar em conflito com a lei. Isso é especialmente difícil agora na era dos pais corujas. Financeiramente prósperos, socialmente privilegiados e quase completamente ignorantes do estilo de vida dos que têm menos, eles estão entre os mais propensos a chamar as autoridades por causa do que percebem como negligência, tal como algo tão mundano quanto uma criança caminhando sozinha para casa.

Claro, você pode argumentar que eles estão apenas tentando agir no melhor interesse da criança, mas se o melhor interesse da criança fosse a única preocupação, então aliviar a pobreza para pais de baixa renda seria uma questão feminista primária. Em vez disso, encontramos o feminismo dominante na versão Hispter das *Mommy Wars*, onde, na melhor das hipóteses, a discussão é sobre a culpa que você pode sentir por deixar seu filho com uma babá enquanto vai para o trabalho. Escrever um longo parágrafo sobre culpa que você pode sentir por não ser feminista o suficiente porque escolheu ficar em casa pode ser pessoalmente satisfatório, mas o que isso faz pelos pais marginalizados?

Educar-se sobre os problemas que outras pessoas estão enfrentando talvez seja a maneira mais fácil para uma feminista abordar a parentalidade. Eu não aprendi sobre crianças indígenas e lares adotivos por acidente; busquei ativamente mais informações sobre a Lei do Bem-Estar da Criança Indígena depois que uma série de casos judiciais foram cobertos pelo noticiário. Isso significa que sou um especialista em ICWA? Claro que não. Mas entender o legado terrível de internatos para indígenas americanos me ajudou a entender a importância disso — e, portanto, a importância de ouvir os ativistas que lutam tanto para manter as crianças em sua comunidade, mesmo quando as situações familiares são imperfeitas. É fácil dizer que "só o amor importa" quando você assume que uma cultura não tem valor e que apagar a conexão de uma criança com ela não é prejudicial.

O preconceito internalizado pode tornar mais fácil acreditar em mitos racistas que desumanizam os pais de comunidades severamente desfavorecidas, mas o ônus recai sobre aqueles com privilégios, como feministas e como responsáveis, de se controlar, de perguntar o que estariam dispostos a fazer para dar a seus filhos acesso a uma vida que eles nunca tiveram. Eles também arriscariam vidas e partes do corpo para imigrar, independentemente de fronteiras e leis arbitrárias? Eles venderiam drogas? O privilégio, especialmente o privilégio econômico, pode fazer com que seja fácil esquecer que, embora todos os pais enfrentem desafios, nem todos têm os mesmos recursos.

Hoje em dia, meu filho mais velho está na faculdade, em minha *alma mater*. Meu mais novo está no ensino médio. Eu poderia fingir que ser classe média agora significa que esqueci de onde vim, esqueci o que foi preciso para me fazer passar de uma "juventude em risco" a uma escritora publicada com dois diplomas. Mas isso não serviria à minha comunidade, não seria um bom exemplo para meus filhos e não me deixaria viver comigo mesma. Esse verniz de respeitabilidade que veio de adquirir mais educação e ser capaz de escrever profissionalmente é bom. Gosto de saber que as pessoas vão ouvir o que tenho a dizer, mas estou sempre ciente de que as pessoas geralmente não ouvem meninas negras como eu, e que mesmo agora algumas vão cavar um espaço para mim que é separado das outras pessoas que são como eu. Porque você vai decidir que eu, por ser capaz de chegar aonde eles não chegaram, sou um exemplo de que elas não estão se esforçando o suficiente. Na verdade, elas estão tentando da mesma forma, mas não tiveram a mesma sorte, os mesmos parentes, a mesma comunidade. Não é uma questão de "por que elas não podem fazer o que você fez?". É uma questão de "por que não podemos dar a todos o mesmo suporte e acesso?". Essa é a batalha que o feminismo deve travar. Sem os obstáculos extras do racismo e do classicismo, muito mais pessoas como eu teriam sucesso. Esse é o futuro em que esta liberal quer viver.

ALIADOS, RAIVA E CÚMPLICES

Eu costumava ser péssima com relação a algumas questões trans e não-binárias, especificamente em relação a banheiros. Não era grande coisa para mim ter banheiros separados. Então, um amigo disse que não poder usar um banheiro público é o mesmo que ser forçado a sair da vida cotidiana normal. Eu me via como uma boa aliada a pessoas trans e não-binárias, afinal, nunca passou pela minha cabeça que elas não tinham o direito de existir ou de que elas mereciam ser isoladas ou excluídas do local de trabalho e do sucesso.

Eu não tinha problemas com mulheres trans no banheiro feminino e pensei que isso era o suficiente. Eu não precisava me preocupar com a disponibilidade de um banheiro que correspondesse à minha identidade de gênero; então, nunca me ocorreu o quão difícil ou perigoso pode ser para alguém que não é cisgênero. Mas eu não fui uma boa aliada. Ser aliado é apenas o primeiro passo, o mais simples. É o espaço onde os privilegiados começam a aceitar as dinâmicas imperfeitas que geram a desigualdade. Ser um bom aliado não é fácil, não é algo em que você possa entrar com tudo, embora possa parecer que você é um super-herói ou um sabe-tudo. Privilégio não só te cega para a opressão, mas também te cega para a sua própria ignorância, mesmo quando você percebe a opressão.

Por que é tão difícil se tornar um aliado? Muitos aspirantes a aliados têm uma reação imediatamente defensiva quando alguém os desafia sobre seus conselhos, suas intenções, sua necessidade de estarem no centro. É nesse exato momento que eles precisam parar, dar um passo para trás e perceber que ainda fazem parte do problema. Não é o privilegiado do lado de fora do problema que decide se ele é ou não é um bom aliado. Principalmente, quando sua única intenção é usar o status de aliado para conseguir o perdão por tudo o que fez que ofendeu alguém do grupo que afirmava apoiar.

Um problema comum é que, quando os aliados são desafiados, eles frequentemente insistem que não há como fazerem parte do problema. Eles costumam recitar um extenso currículo das coisas que "fizeram por vocês". Ao invés de ouvir as preocupações que uma pessoa marginalizada está tentando expressar, eles ligam o modo "Eu marchei com o Dr. King, eu era um aliado quando ninguém mais era, eu ganhei o direito de dizer essas coisas no passado", que muitas vezes se destina a cobrir tudo sem nunca se envolver com o problema atual. É difícil ficar fora da mentalidade que o privilégio cria, abandonar as narrativas que "essas pessoas" posicionam os privilegiados como uma figura de autoridade nas experiências dos outros.

Identificar-se como um aliado é uma maneira conveniente de se dar ao luxo de rejeitar as palavras ou experiências de pessoas com menos privilégios e poder do que você. Você pode ficar ao lado delas — enquanto é confortável para você. Então, porque você acha que eles estão exagerando ou que "não tem nada a ver com raça", você pode dizer a si mesmo que tentou ajudar, que "aquelas pessoas" são realmente o problema. Se você para de ser um aliado ou nunca se torna um bom aliado, você pode se enganar e apaziguar qualquer tipo de culpa que possa sentir lembrando daquele único momento em que você fez alguma coisa. Não importa se foi algo necessário ou não, contanto que você tenha se sentido melhor por isso.

Os aliados tendem a obstruir o espaço que ocupam com a raiva e com exigências de que as coisas sejam confortáveis para eles. Eles querem ser educados e querem que alguém seja gentil com eles, quer tenham conquistado essa gentileza ou não. O processo de se tornar um aliado requer muito investimento emocional e, com muita frequência, o peso desse trabalho emocional é levantado pelos marginalizados, não pelos privilegiados. Mas, parte da jornada de ser um suposto aliado e se tornar um aliado de fato para, então, realmente ser um cúmplice do movimento, é a raiva.

A raiva não precisa ser erudita para ser válida. Não precisa ser agradável ou calma para ser ouvida. Na verdade, eu argumentaria que, apesar das narrativas que apresentam a raiva das mulheres negras como perigosas, que tornam a raiva em público um motivo para ignorar as vozes das pessoas marginalizadas, é essa raiva e expressão que salva as comunidades. Ninguém jamais se livrou da opressão pedindo gentilmente. Em vez disso, essas pessoas tiveram que lutar, às vezes com palavras e às vezes com balas. Venho de um grupo de pessoas que pediam apenas uma vez; então, *bem*, eles começavam a tomar o que a sociedade se recusava a lhes dar — respeito, paz, direitos, o que quer que fosse — e os movimentos realizados para alcançá-los foram ridicularizados e considerados rudes. Muito barulhento, muito bravo, muito tudo. Mas foram eficazes e, por fim, estabeleceram as bases para que a raiva fosse vista como algo de que nem sempre precisamos.

A raiva pode ser catártica, motivadora e, acima de tudo, uma expressão da humanidade inata de qualquer comunidade. Exigir que os oprimidos sejam calmos e educados e que o perdão venha antes de qualquer outra coisa são, fundamentalmente, desumanizantes. Se seu filho é morto pela polícia, se a água que sua comunidade bebe é envenenada, se zombaria é a resposta da sua dor, como você se sente? Você quer ficar calmo e quieto? Você quer perdoar para que os outros se sintam confortáveis? Ou você quer gritar, berrar e demandar justiça por todos os males causados?

É a raiva que faz com que as petições sejam ouvidas, que motiva marchas, que leva as pessoas às urnas. A raiva, às vezes, é o único combustível que resta no final de um longo e horrível dia, semana, mês ou geração. É uma força poderosa e, às vezes, quando os opressores querem demonizar os oprimidos, ela é a primeira coisa que eles apontam. "Por que você tem que ser tão mau?" ou "Estou tentando ajudar". Existe um elemento de salvadorismo que é sorrateiro naquele que se identifica como um aliado. No papel, ser um aliado parece ótimo: você chega e usa seu privilégio para ajudar uma pessoa ou grupo marginalizado. Mas, quando falamos sobre uma abordagem interseccional para o feminismo, também temos que entender que a razão pela qual o conceito de interseccionalidade se centra nas mulheres negras e na justiça é que as mulheres negras são as que têm menos probabilidade de ter o tipo de privilégio de classe que pode conceder-lhes acesso a qualquer coisa como justiça. Mesmo agora, com telefones com câmera e várias outras câmeras para documentar as irregularidades, ser capaz de gerar apoio público pode trazer uma grande diferença na questão de se a justiça vai mesmo ser uma opção ou não.

Depois de todas as hashtags e discussões online e offline, talvez eu seja mais conhecida por minha raiva, a maneira como a controlo e a maneira como ela foi considerada muito perigosa. Minha raiva, às vezes, é eloquente e frequentemente eficaz, e, às vezes, parece eviscerante em sua intensidade. Eu acredito na raiva, acredito em apontá-la ao alvo quando eu a libero, porque eu sei que ela pode ser muito poderosa. Meus alvos tendem a estar para cima, não para baixo ou para os lados, de onde estou sentada.

É verdade que a mídia social tornou mais fácil ver emoções inflamadas. Facebook e Twitter são lugares onde os marginalizados não podem ser silenciados tão facilmente. É um lugar onde atrair a atenção para os males sociais é mais fácil se as soluções não estiverem necessariamente disponíveis. Nas redes sociais, as narrativas em torno da raiva, especialmente a raiva pública, podem ser distorcidas pela colisão de diferentes normas sociais. Mas, parafraseando James Baldwin, estar ciente do que está acontecendo neste mundo é estar em um estado de raiva quase perpétuo. Todos deveriam ficar zangados com a injustiça, não apenas aqueles que a experimentam.

E não podemos nos dar ao luxo de fugir da raiva. Porque os fanáticos que usam a raiva como instrumento político, como forma de motivação, como incitamento à violência também têm acesso a grandes plataformas. E, de certa forma, eles têm a vantagem em termos de organização da opressão, precisamente porque qualquer tentativa de confrontar as questões dentro do feminismo é recebida por apelos para não ser algo que cause divisão, em detrimento de ser eficaz e honesto. Embora os políticos e analistas brancos do sexo masculino sejam alguns dos maiores vendedores de raiva, o fato é que a misoginia e o racismo se infiltram nas interpretações da raiva dos marginalizados. O poder que poderia ser exercido ao abordar as raízes da raiva e trabalhar para resolver os problemas é desperdiçado em demandas de que os sentimentos individuais sejam uma prioridade acima da segurança.

A polidez filtrada pela fragilidade e supremacia não tem a ver com boas maneiras; trata-se de uma metodologia de controle da conversa. Brancos educados que respondem a apelos por respeito, por tirar as botas do pescoço com exigência de decoro, não estão interessados em resistência ou ruptura. Eles estão interessados no controle. Eles reproduzem os costumes dos Estados Unidos de Jim Crow, exigindo deferência e obediência; eles querem uma fachada educada em vez de perturbação. Eles insistem que sabem melhor o que deve ser feito ao tentar combater e derrotar o preconceito, mas na verdade eles estão felizes por serem inúteis. Eles são obstáculos para a liberdade que não sentem remorso, que não oferecem nenhum conhecimento valioso, porque, no final das contas, eles estão contentes em ficar no meio do caminho. Eles são turistas da opressão, voluntários sinalizadores de virtude que estão realmente aqui apenas para conseguir o que podem, e bloquear o caminho para que nenhum outro possa passar sem cumprir quaisquer padrões arbitrários que eles mesmo criam. E, se você conseguir juntar um número suficiente deles em um só lugar, eles podem evitar que qualquer progresso real ocorra enquanto eles colhem os benefícios da supremacia branca escarranchada por serem "desconstruídos". Eles têm menos poder do que pensam, do que qualquer um imagina, mas como qualquer pequeno predador, eles conseguem ser chamativos o suficiente para serem vistos.

Em geral, o feminismo, como carreira, pertence aos privilegiados; é difícil ler dezenas de livros sobre a teoria feminista enquanto você trabalha em um salão de cabeleireiro ou outros trabalhos que colocam comida na mesa, mas também exigem muita energia física e mental. Para muitas que chegam ao feminismo da maneira que eu fiz, por meio da experiência vivida, o trabalho que as feministas fazem na comunidade é mais relevante do que qualquer texto. Devemos entender que qualquer trabalho feminista feito em público é apoiado pelo trabalho pouco reconhecido e feminizado feito por cuidadoras, profissionais do sexo, vendedoras e faxineiras. Devemos ter cuidado para não agir como gentrificadores no feminismo que surge da sobrevivência. Temos o poder de ajudar ou causar danos, e o risco imposto às comunidades ao ignorar o que foi construído — em favor de alguma ideia de que podemos fazer isso melhor do que as pessoas que têm que viver com as consequências, mesmo quando não o fazemos — não pode ser ignorado.

Estou longe de ser a primeira pessoa a falar sobre ser um cúmplice ao invés de um aliado, e eu, certamente, nunca serei presunçosa o bastante ao falar por outras comunidades, mas acho que existem algumas áreas que as nossas preocupações se cruzam. Ninguém precisa de um salvador para aparecer do nada e decidir por nós qual seria a melhor maneira de resolver o problema. Ninguém tem tempo para bancar a babá emocional dos aliados que gostariam de ser cúmplices. No geral, se você vem para esses espaços com o intuito de conseguir algo para você ao invés de contribuir, você já está errado.

Este é um espaço onde devemos poder ter as conversas duras depois do conflito, porque, às vezes, o político também é pessoal. Ser um bom cúmplice é o que faz com que o verdadeiro trabalho seja feito. Isso significa correr os riscos inerentes ao exercício do privilégio para defender as comunidades desprivilegiadas, e significa estar disposto não apenas a passar o microfone, mas às vezes a sair completamente do palco para que outra pessoa possa receber a atenção de que precisa para ter o trabalho feito. Não podemos nos dar ao luxo de separar a nossa luta em o que é uma questão feminista e o que não é; ao invés disso, devemos entender que os problemas que uma comunidade enfrenta podem abranger uma ampla gama de questões, e que poder comer, ir ao médico, trabalhar e dormir em um lugar livre dos perigos do racismo a sua volta é importante. Muito frequentemente, o feminismo branco mente para si mesmo. Mente sobre a intenção e o impacto; investe mais na proteção da branquitude do que na proteção da mulher. E não são mentiras inofensivas, são mentiras que causam danos diretos às comunidades marginalizadas. Prejudicar os outros é uma fonte de poder que algumas feministas brancas abraçaram ao invés de fazer qualquer trabalho real. Elas se embriagam com o poder e não conseguem resistir ao impulso de exercê-lo tanto quanto possível. Não se trata apenas do preconceito cruel que permite que Kirstjen Nielsen chegue à Fox News e culpe a família de uma menina de sete anos pela morte da criança pelo "crime" de pedir asilo. Nem é apenas a leve sensação de se sentir poderosa que algumas mulheres brancas parecem sentir ao chamar a polícia. O feminismo não pode se dar ao luxo de priorizar o apoio à branquitude em vez de combater ativamente as políticas racistas e misóginas que acabarão prejudicando a todos.

O problema fundamental com o feminismo branco sempre foi a recusa de admitir que o seu foco principal é trazer poder para mulheres brancas e mais ninguém. É um feminismo que diz apoiar o empoderamento de todas as mulheres brancas, independentemente de serem éticas ou não. Para o feminismo branco, qualquer um pode reivindicar ser um aliado, desde que ocasionalmente façam a coisa certa, mas a realidade é que o desempenho desses aliados é, em última análise, indigno de confiança e inútil. Isso permite que o feminismo branco controle os danos que causam com desculpas — como foi o caso de Laurie Penny, uma autora feminista que, depois de um comportamento incrivelmente ruim, provavelmente ainda se considera uma aliada, apesar de seu trabalho ter sido absolutamente cúmplice na validação das narrativas da supremacia branca em torno da cultura e raça. Embora Penny ter reconhecido em *A Letter To My Liberal Friends* que sua decisão de dar a Milo Yiannopoulos acesso a um palco mais amplo tenha sido um momento bem-vindo de se responsabilizar por seus erros, resta saber o tamanho do dano que pode ser amenizado com apenas algumas palavras. Ela é uma aliada, tudo bem, mas não é uma boa aliada, e, provavelmente, nunca será cúmplice, porque seu privilégio permite que ela encontre pessoas que aceitarão seu desempenho sem esperar nenhum trabalho real dela.

De certa forma, faz sentido que o feminismo branco proteja reflexivamente as mulheres brancas das consequências de suas ações. Um movimento que quer direitos iguais para poder oprimir tem pouco interesse em resolver seus problemas internos. Mas a natureza inerentemente abusiva da supremacia branca moldou o feminismo branco, visto que investir na supremacia branca é mais fácil do que investir na igualdade real para elas mesmas com todas as mulheres. O feminismo branco tem que superar qualquer ideia de ser um aliado e se tornar um cúmplice para que seu trabalho seja significativo.

Feministas cúmplices desafiariam ativa e diretamente as pessoas, políticas, instituições e normas culturais da supremacia branca. Elas saberiam que não precisam ter o mesmo interesse na luta para trabalhar com comunidades marginalizadas. Elas colocariam seus egos e suas necessidades de serem o foco nas lutas dos outros de lado, em favor de seguir as nossas instruções, porque elas internalizariam a realidade de que o privilégio delas não as faz experientes nas nossas opressões. Esse tipo de feminismo não seria realizado fingindo, e sim com atuação, buscando por igualdade enquanto apoiando e mantendo aqueles que ativamente trabalham contra a opressão. Tornar-se uma feminista cúmplice não é simplesmente uma questão de semântica. Cúmplices não apenas falam sobre o preconceito; cúmplices fazem algo a respeito.

Feministas cúmplices não apenas abordam os perigos da normalização das visões da supremacia branca extrema, elas interrogam e desafiam os padrões culturais que sustentam essas visões. Eles não ficam apenas nas laterais, assistindo enquanto as pessoas marginalizadas são brutalizadas por protestar, eles ficam entre os sistemas da supremacia branca (que são menos propensos a prejudicá-las) e aqueles que os sistemas estão tentando prejudicar. Esta não é uma luta de um dia; este é um compromisso de trabalhar contra a supremacia branca da mesma forma que outras comunidades marginalizadas fazem.

Isso vai além das narrativas de salvadoras brancas feministas e desafia aqueles que estão mais interessados em armar o fanatismo do que em promover os direitos das mulheres. Temos que superar o ápice do feminismo branco e entrar no feminismo real. Isso não quer dizer que os problemas dentro das comunidades marginalizadas não devam ser tratados, mas eles não podem mais ser usados para desviar da responsabilidade e do trabalho de ser cúmplice. Comunidades marginalizadas já desenvolveram estratégias e soluções enquanto faziam seu próprio trabalho interno. Agora, o feminismo dominante tem que dar um passo à frente, tem que chegar a um lugar onde passe mais tempo oferecendo recursos e menos tempo exigindo validação. Ser cúmplice significa que o feminismo branco devotará suas plataformas e recursos para apoiar aqueles em comunidades marginalizadas que fazem trabalhos em prol do feminismo.

AGRADECIMENTOS

Para meus ancestrais, para minha comunidade, para minha família e amigos. À Husbeast, Rugrat e Karndilla... obrigado. Eu amo vocês. Obrigada a Jill Grinberg, minha incrível agente, e a Georgia Bodnar, que editou este livro com tudo que tinha. Isso é para Mariah, que não tinha permissão legal para ler, mas garantiu que suas filhas pudessem fazer o que ela não pôde. Para Penny Rose, que fez o que foi preciso. Para Dorothy, Denise, Karyce, Penny e Maria. Para Lisa, Pint, Jamie, Chesya, Jackie, Julia, Gatorface, CJ, Justine, Nora, Tempest, Cat, Heather, Sydette, De Ana, Carole, Erin, Beth, Christa, Erika e tantas outros que me ajudaram quando eu precisei, mesmo quando isso envolvia um bom chute na bunda. Aos bibliotecários e aos professores que me ajudaram. Chicago: Você me construiu. Espero ter te deixado orgulhosa.

Exemplares impressos em OFFSET sobre papel cartão LD 250 g/m² e Pólen Soft LD 80 g/m² da Suzano Papel e Celulose para a Editora Rua do Sabão.